JN321232

一番くわしい
パワーストーンの教科書

天晶礼乃　須田布由香　著
玉井宏　監修

Power Stone Book

ナツメ社

Prologue

パワーストーンは、あなたの「願い」や「思い」を
実現へと導いてくれるサポート役です。
とはいえ、今では多くの店舗やネットショップで
多種多様なパワーストーンが販売され、
はじめて買う人にとっては
「何を買えばいいのか」「何が自分に合っているのか」、
なかなか分からないことも多いはず。
本書では、そんな方のために、多くのパワーストーンを
「星座別」「願い事別」「チャクラ別」
に分けてご紹介しています。
紹介する石も出来るだけ多くのものを
セレクトしているので、きっと、あなたにとって
一番必要なパワーストーンが見つかるはずです。
本書を読んで実際に石を選んでいただいた方に、
素晴らしい未来が待っていることを心より願っています。

天晶礼乃／玉井宏／須田布由香

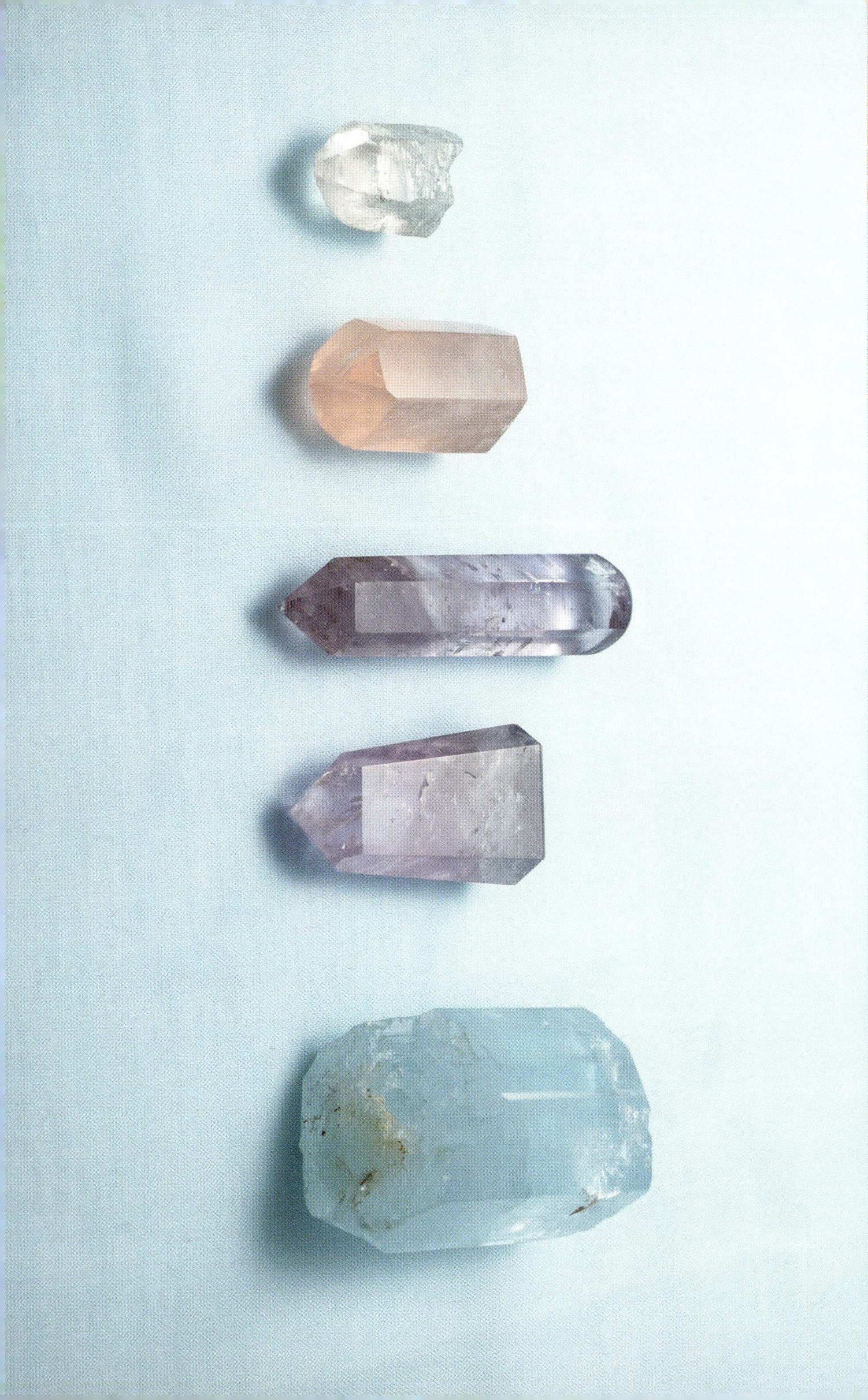

CONTENTS

- 2 プロローグ
- 8 パワーストーンとは
- 10 パワーストーンとうまく付き合うには?
- 12 この本の見方

Part 1 星座×パワーストーン 13

- 14 **おひつじ座**
  - カーネリアン
- 15 サードオニキス
  - ダイヤモンド
  - クリソプレーズ
  - シトリン
- 16 **おうし座**
  - エメラルド
- 17 クンツァイト
  - ジェイド
  - ブルーレースアゲート
  - アベンチュリン
- 18 **ふたご座**
  - ブルートルマリン
- 19 クリソコラ
  - ブルーアゲート
  - ブルーカルセドニー
  - ゴールデンベリル
- 20 **かに座**
  - ムーンストーン
- 21 ロードナイト
  - オパール
  - レモンクォーツ
  - モスアゲート

- 22 **しし座**
  - サンストーン
- 23 ルビー
  - キャッツアイ
  - ゴールデントパーズ
  - タイガーアイ
- 24 **おとめ座**
  - サードオニキス
- 25 コーラル
  - ペリドット
  - アマゾナイト
  - アンバー
- 26 **てんびん座**
  - ローズクォーツ
- 27 ウォーターメロントルマリン
  - サファイア
  - ツインクォーツ
  - オパール
- 28 **さそり座**
  - マラカイト
- 29 ガーネット
  - オブシディアン
  - チャロアイト
  - ルチルクォーツ

- 30 **いて座**
  - ラピスラズリ
- 31 ピンクトルマリン
  - シトリン
  - ターコイズ
  - ゴールデントパーズ
- 32 **やぎ座**
  - オニキス
- 33 ガーネット
  - ジェット
  - ラブラドライト
  - ホークスアイ
- 34 **みずがめ座**
  - セレスタイト
- 35 ロードクロサイト
  - アクアマリン
  - エンジェライト
  - アラゴナイト
- 36 **うお座**
  - フローライト
- 37 モルガナイト
  - アメジスト
  - スギライト
  - アメトリン

- 38 COLUMN クラスターの上手な活用方法

Part 2 願い事別パワーストーン 39

- 40 ●LOVE
  - 愛を呼び寄せたい ローズクォーツ
- 41 幸せな結婚をしたい エメラルド
- 42 魅力を高めたい クリソコラ
- 43 意中の相手を振り向かせたい ロードクロサイト

44	失恋の傷を癒す ダイオプテーズ		68	仲直りしたい クンツァイト
45	恋にまつわるネガティブな感情を解消したい ロードナイト		69	コミュニケーション力をアップしたい アパタイト
46	マンネリを解消したい ガーネット		70	家族関係を良くしたい アベンチュリン
47	誠実な関係を育みたい ダイヤモンド		71	悪縁を遠ざけたい デザートローズ
	幸せな結婚生活を送りたい サードオニキス		72	●浄化
48	●仕事			心身の浄化 クリアクォーツ
	天職につきたい ラピスラズリ		73	電磁波の浄化 アマゾナイト
49	出世したい ホークスアイ		74	●癒し
50	才能を発揮したい サファイア			心身を癒したい モスアゲート
51	リーダーシップをとりたい オブシディアン		75	リラックスしたい プレナイト
52	職場の雰囲気を良くしたい クリソプレーズ		76	優しくなりたい モルガナイト
53	勝負時に勝ちたい パイライト		77	ストレスを解消したい アメジスト
54	転職を成功させたい ヘマタイト		78	●健康
55	ミスを防ぎたい スティルバイト			健康になりたい ブラッドストーン
56	●勉強		79	女性特有の不調を和らげたい ムーンストーン
	記憶力をアップしたい アズライト		80	出産運を高めたい コーラル
57	試験に合格したい アクアマリン		81	不眠を解消したい ハーキマーダイヤモンド
58	●才能		82	●保護
	クリエイティブな才能を発揮したい ターコイズ			不運を避けたい スタウロライト
59	感性を豊かにしたい フローライト		83	人からの念を防御したい トルマリン
60	●金運		84	いじめを避けたい スギライト
	収入アップしたい シトリン		85	心の領域を守る チャロアイト
61	お金を貯めたい アンバー		86	●全体運
62	浪費癖を直したい タイガーアイ			運をあげたい ゴールデントパーズ
63	ギャンブル運を上げたい ルビー		87	負のスパイラルから脱出したい ルチルクォーツ
64	●人間関係		88	COLUMN パワーストーンの取扱上の注意点
	友情に恵まれる ブルーレースアゲート			
65	人徳を高めたい ジェイド			
66	グループ活動を円滑にしたい ブルーカルセドニー			
67	ギスギスした関係を和らげたい エンジェライト			

CONTENTS

Part 3 チャクラ別（色別）パワーストーン 89

- 90 パワーストーンとチャクラ
- 92 **第0チャクラ（ブラウン）**
- 93 ボージーストーン
- 94 リンガム
- 95 ワイルドホース
- 96 スモーキークォーツ
- 97 **第1チャクラ（ブラック／レッド）**
- 98 ゴールデンオブシディアン
- 99 オニキス
- 100 キャッツアイ
- 101 ジェット
- 102 シュンガイト
- 103 スノーフレークオブシディアン
- 104 スパイダーウェブオブシディアン
- 105 テクタイト
- 106 ヌーマイト
- 107 ハイパーシーン
- 108 ピーターサイト
- 109 モリオン／レインボーオブシディアン
- 110 ブラックスピネル／シャーマナイト（ブラックカルサイト）
- 111 クロコアイト
- 112 シナバー
- 113 モスコバイト
- 114 ユーディアライト
- 115 カーネリアン
- 116 **第2チャクラ（オレンジ）**
- 117 ファイヤーアゲート
- 118 インペリアルトパーズ
- 119 ゴールデンヒーラーズレムリアン
- 120 オレンジカルサイト
- 121 **第3チャクラ（ゴールド／イエロー）**
- 122 マーカサイト
- 123 ゴールド
- 124 アラゴナイト
- 125 イエローフローライト
- 126 レモンクォーツ
- 127 ルチルクォーツ
- 128 ゴールデンオーラ
- 129 サーペンティン
- 130 リビアングラス／サルファー
- 131 **第4チャクラ（グリーン／ピンク）**
- 132 ストロベリークォーツ
- 133 ピンクオパール
- 134 ピンクスミソナイト
- 135 ピンクトパーズ
- 136 ローズオーラ
- 137 ピンクトルマリン
- 138 ピンクカルサイト
- 139 チューライト／ピンクカルセドニー
- 140 スフェーン
- 141 ペリドット
- 142 マラカイト
- 143 モルダバイト
- 144 エピドート
- 145 グリーンガーネット
- 146 セラフィナイト

147	クロムダイオプサイト		183	ダンビュライト
148	ネフライト		184	エレスチャルクォーツ
149	グリーントルマリン		185	アイスクリスタル
150	ベスビアナイト／ユナカイト		186	アゼツライト
151	ワーベライト／フックサイト		187	アポフィライト
152	**第5チャクラ**（スカイブルー）		188	パール
153	アクアオーラ		189	ハウライト
154	アホイト イン クォーツ		190	ミルキークォーツ
155	ジェムシリカ		191	セレナイト（ジプサム）
156	セレスタイト		192	マザーオブパール
157	ブルートパーズ		193	ゼオライト
158	ラリマー		194	ファントムクォーツ
159	シーブルーカルセドニー		195	ナトロライト
160	ジラライト イン クォーツ		196	フェナカイト
161	ヘミモルファイト		197	まりも水晶
162	**第6チャクラ**（インディゴブルー）		198	キャンドルクォーツ
163	アイオライト		199	スターホーランダイトインクォーツ／ヒューランダイト
164	アズライト		200	デンドライト（デンドリチックォーツ）／
165	カバンサイト			メタモルフォーシス
166	コスモオーラ		201	**その他**（マルチカラー）
167	タンザナイト		202	オパール／ラブラドライト
168	**第7チャクラ**（バイオレット）		203	アズライトマラカイト／アレキサンドライト
169	チャロアイト		204	オーシャンジャスパー／スーパーセブン
170	ラベンダーアメジスト		205	ハックマナイト／ペトリファイドウッド
171	ティファニーストーン		206	ボツワナアゲート／アイアンタイガーアイ
172	スキャポライト		207	ルビーインゾイサイト／ウォーターメロントルマリン
173	レピドライト		**【パワーストーンの基礎知識】**	
174	パープライト		208	上手な石選びのコツとは
175	**第8チャクラ**（シルバー／ホワイト）		209	プログラミングをしよう
176	ガレナ		210	パワーストーンの浄化
177	スティブナイト（輝安鉱）		212	石の形状によるエネルギーの違い
178	ギベオン隕石		214	アイテム別パワーストーンのエネルギー特性
179	シルバールチルクォーツ		216	パワーストーンでオリジナルアクセサリーを作ろう
180	水晶		218	パワーストーン Q&A
181	ロシアンレムリアン		220	パワーストーン用語集
182	アゲート		221	インデックス

パワーストーン とは

今や一時的なブームではなく、
比較的ポピュラーなものとして浸透しつつある
「パワーストーン」の基礎知識を
お教えします。

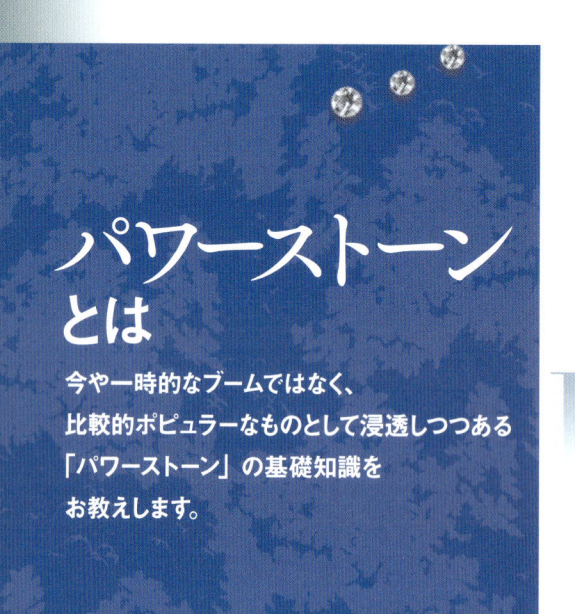

人類との付き合いは250万年前から

　パワーストーンは、地球に存在する石(鉱物)の中で、特に不思議な力を持つものを指します。鉱物と人類の歴史は古く、およそ250万年前から絵具の材料や狩猟の道具など、さまざまな用途に使われてきました。いわゆる「パワーストーン」としての使われ方も、魔よけのお守りや宗教上の儀式などに用いられたのが起源とされ、石についての伝承や言い伝えも世界各国に残されています。近年ではそれぞれの石が持つ特性なども研究され、今なお新しい石が発見されるなど、「パワーストーン」は人々に愛されています。

ジュエリーとパワーストーンの違い

　本書で紹介しているパワーストーンの中には、ダイヤモンドやルビー、エメラルドなど、「ジュエリー」と呼ばれている鉱物もあります。鉱物学的には全く同じものですが、品質や希少性、財産的価値の高いものは「ジュエリー」と呼ばれ、パワーストーンと区別されています。

持っているだけでは「パワーストーン」にはならない

　パワーストーンは、持ち主が明確な意思を持ち、それをしっかりと伝えることで初めてその力を発揮します。石と持ち主の関係が希薄だとなかなか効果は表れず、手に入れても何もせずに放っておくだけでは、パワーストーンではなくただの「石」と同じこと。持ち主の手にわたってから、しっかりと石と自分の関係を築いて想いを込める──。
　そうすることで、初めてその「石」は「パワーストーン」になるのです。

パワーストーンと
うまく付き合う
には？

せっかく手に入れたパワーストーン。どうせならそのエネルギーを存分に発揮してほしいものです。ここでは、石が持つ力を最大限発揮させるためのポイントをご紹介します。

石に依存し過ぎない

まず心に刻んで欲しいのが『石に依存し過ぎない』ということ。パワーストーンが力を発揮するためには、しっかりと想いを込めて、石との関係性を深めることが大切ですが、それだけであなたの願いが叶うわけではありません。パワーストーンは、あくまでもあなたの「サポート役」。何でも叶えてくれる神様では決してないのです。そのためには、自分自身の努力や行動は不可欠。石に想いを込めたからといって何もせず、「さぁ、願いを叶えてください」では、石はあなたの想いにはこたえてくれません。一番大切なのはあなた自身が「何をするか」。あなたが目標や夢に向かってしっかりと前に進めば、パワーストーンはきっと背中を押してくれるはずです。

つねに近くに置いておく

　パワーストーンをできるだけ身近なところに置くことも大切です。特に、手に入れたばかりの石は、まだあなたとの間にエネルギーのラインがしっかりと結ばれていないことが多いため、最低でも1週間程度はブレスレットやネックレスなどのアクセサリーとして常に身につけたり、バッグに入れて持ち歩くことをおすすめします。そうすることで石とあなたの間には「絆」が生まれ、エネルギーの恩恵を受けやすくなります。

しっかりと浄化してあげる

　こまめに「浄化」してあげることも大切です。パワーストーンは、持ち主の身代わりになってマイナスのエネルギーや邪気を吸い取ってくれるともいわれています。定期的に浄化を行わないと、そういったネガティブなものが石に溜まってしまうため、エネルギーが発揮しにくくなってしまいます。浄化の方法は本書のP210に記載していますので、ぜひ参考にしてメンテナンスを行ってあげてください。

　パワーストーンは、あなたにとって「パートナー」のようなもの。自分の想いを押しつけるだけでなく、しっかりとケアをしてあげることが、上手に付き合うコツといえるでしょう。

この本の見方

本書では「星座別」、「願い事別」、「チャクラ別」に
おすすめのパワーストーンを紹介しています。

PART 1 星座×パワーストーン

星座名
パワーストーンの名前
石の名前、欧文表記、和名を記載しています。

星座の特徴
その星座の人が持つ特徴や性質を紹介しています。

キーワード
紹介している石の特徴を表すキーワードを記載しています。

願い別おすすめストーン
星座別に、願いによっておすすめの石のプロフィールを紹介しています。

パワーストーンの意味・効果
紹介している石がその星座の人にどのような意味、効果をもたらすのかを記載しています。

PART 2 願い事別パワーストーン

願い事

パワーストーンの名前
石の名前、欧文表記、和名を記載しています。

石のパワー・特徴・歴史
石が持つエネルギー特性や鉱物的な特徴、歴史を記載しています。

キーワード
紹介している石の特徴を表すキーワードを記載しています。

DATA
色、産地、成分、硬度、浄化方法、効果的な使用方法などのデータを記載しています。

おすすめの組み合わせ
メインで紹介している石と組み合わせることで、相乗効果が生まれよりエネルギーが高まる石を紹介しています。

[使用方法のマーク]
指輪 ネックレス ピアス イヤリング ブレスレット 置石

石のDATAの詳細
- 産地：石が産出されるおもな地域です。
- 成分：石を形成する成分です。
- 硬度：石の硬さを表す数値で、この数値が高いほど硬い鉱物ということになります。
- 浄化法：石に適した浄化の方法を紹介しています。

PART 3 チャクラ別(色別)パワーストーン

パワーストーンの名前
石の名前、欧文表記、和名を記載しています。

DATA
色、産地、成分、硬度、浄化方法、効果的な使用方法などのデータを記載しています。

こんな時に使うと効果的
どんなシチュエーションで使うと、その石がより効果を発揮するのかを紹介しています。

石の特性
紹介している石が持つ特性を紹介しています。

石の特徴・意味・効果
石が持つエネルギー特性や鉱物的な特徴、歴史を記載しています。

相性の良い石
組み合わせて使うと、より効果の高まる石を紹介しています。

Part 1
星座×パワーストーン

ここでは、12星座別のおすすめパワーストーンを紹介します。星座が持つ運命や性質をベースにそれぞれ相性の良い石を紹介していますので、ぜひ参考にしてみてください。

Aries
おひつじ座

3月21日～4月19日生まれ

おひつじ座のパワーストーンは
カーネリアン
Carnelian ［和名：紅玉髄］

おひつじ座の情熱と元気を強調してくれる石

おひつじ座の特性

わが道をゆく情熱家

　おひつじ座のあなたは、情熱と自己の確立が人生のテーマとなっています。天性のひらめきとパワフルな行動力を活かし、新しいアイデアを積極的に実行するエネルギーの持ち主です。人一倍負けず嫌いなので、自分が納得できるまでとことん戦う人も多いでしょう。内側から湧き出る情熱を尽きることなく燃やしながら、独自の道を歩みます。

星座に対するパワーストーンの意味や効果

心と体の安定をサポート

　カーネリアンは、おひつじ座のパワーの源である、情熱とやる気が枯れないように働いてくれる石です。第2チャクラを刺激して、情緒と健康を健全に保つ効果があるとされています。いつもの元気が出ない時には、カーネリアンを身近に置くことで感情と体調のバランスが整い、おひつじ座の本来のパワーを蘇らせてくれるでしょう。

Keyword ✴ 情熱、元気、ひらめき、純粋、独立独歩、戦う力

おひつじ座の願い別 おすすめストーン

恋愛

サードオニキス (P24,47)

大切なパートナーと長続きさせる

　おひつじ座は一般的に恋愛下手な星座といわれてしまうことが多いかもしれません。恋多きモテるタイプが多い傾向がありますが、正直すぎて自分の意見を曲げられないためにパートナーシップを長続きさせるのが苦手な一面も。サードオニキスは情緒を安定させ、ケンカを防いでくれるでしょう。

仕事

ダイヤモンド (P47)

ひらめき力をアップさせる

　ひらめきのすごさは12星座中トップクラスのおひつじ座。独自の発想と直感力で思いがけないアイデアを生み出すこともあるでしょう。そんなおひつじ座のインスピレーションをより発揮させる石がダイヤモンドです。ダイヤモンドは計算や策略ではない、本物のインスピレーションを授けてくれます。

人間関係

クリソプレーズ (P52)

人を思いやる気持ちをもたらす

　独立独歩のおひつじ座は、他者の意見に耳を傾けたり、周囲と歩調を合わせることが苦手な人が多いかも。強すぎる自己主張が抑えられない時は、クリソプレーズが他者を受容する力を与えてくれるでしょう。クリソプレーズを持つことで、周囲からの理解や信頼を得ることもできるでしょう。

金運

シトリン (P31,60)

お金について前向きに考える

　一般的にお金を獲得する力があるとされるおひつじ座ですが、無欲な一面もあり、お金に対する興味が薄れがちになることも。お金に対して前向きになり、物質をコントロールする意志力を培ってくれるシトリンは、おひつじ座の金運をさらにアップさせてくれるでしょう。

Part 1　星座×パワーストーン

15

Taurus
おうし座
4月20日～5月20日生まれ

おうし座のパワーストーンは
エメラルド
Emerald ［和名：翠玉・翠緑玉］

おうし座の
感性の豊かさを
維持してくれる石

おうし座の特性

感性を大事にする努力家

　おうし座をつかさどる天体は、美と喜びの星といわれる「金星」です。そのため、美的センスが発達している人が多く、また喜びを堪能する能力に長けています。美しいものを鑑賞したり、おいしい食事を味わったり、五感を満たすことが重要なテーマでしょう。さらに、衣食住の維持といった生活力があり、「継続は力なり」を実践します。

星座に対するパワーストーンの意味や効果

心の豊かさや忍耐力を与える

　エメラルドは友情やパートナーシップを永続させ、豊かさをもたらすといわれています。エメラルドの美しい緑色は、ハートをつかさどる第4チャクラに働きかけ、愛や喜びを深く実感する力、また苦しいことでも忍耐し継続できる力を与えてくれます。地上の喜びをしっかり受け止める、おうし座本来のパワーを助けてくれるでしょう。

Keyword ✴ **感性、五感、所有、豊かさ、美的感覚、継続、こだわり**

おうし座の願い別 おすすめストーン

恋愛

クンツァイト (P68)
嫉妬心を抑え、心を穏やかにする

恋愛は決して苦手ではないおうし座。親密なパートナーシップを築くことは得意でしょう。もし難点があるとしたら所有欲が行きすぎて嫉妬深くなってしまうところかも。パートナーに窮屈な思いをさせてしまいそうな時は、クンツァイトが激しい感情を穏やかに整えてくれるでしょう。

仕事

ジェイド (P65)
誠実さで人望と信頼を得る

高貴さと尊敬をつかさどる石です。何事もじっくりと取り組むおうし座は、スピード感には欠けるとされていますが、人望を集め、確かな仕事ぶりで信頼を築くことができます。ジェイドは、おうし座の道徳的な面を強調し、あらゆる災難から守ってくれるでしょう。

Constellation Powerstone

人間関係

ブルーレースアゲート (P64)
素直な気持ちで自分を表現できる

誠実な心を持つおうし座ですが、その気持ちを素直に出すのは苦手なほうかもしれません。また、こだわりが強く頑固で、内にこもってしまう傾向も。そんなおうし座の誠実さをうまく表現できるように助けてくれるのが、ブルーレースアゲートです。表現能力と友情を育む作用があります。

金運

アベンチュリン (P70)
更なる金運アップに効果大

おうし座は12星座の中で、最も金運に恵まれる星座といわれています。金銭感覚が発達し、お金を得る能力と貯蓄する能力に長けています。そのパワーをさらに高めてくれるのが豊かさと繁栄の石として有名なアベンチュリンです。

Part 1 星座×パワーストーン

Gemini ふたご座

5月21日～6月21日生まれ

ふたご座のパワーストーンは
ブルートルマリン
Blue Tourmaline ［和名：電気石］

ふたご座の知性と伝達力を
後押ししてくれる石

ふたご座の特性

才能あふれる社交家

　ユーモアのセンスに長け、サービス精神旺盛なふたご座。細やかな神経と記憶力を活かし、才能を発揮します。その分神経は消耗しやすく、精神的に疲れやすい面も。人間味があり好奇心旺盛なために、さまざまな現実的な知識を得るパワーがあります。頭の回転が良いので、知識を人々にわかりやすく伝達する能力にも恵まれています。

星座に対する パワーストーンの意味や効果

センスを引き出す、疲労回復にも

　ブルートルマリンは自己表現力を高め、ふたご座が持つ人を惹きつけるセンスを存分に発揮させてくれる石です。またいくつかの物事を同時進行するのが得意なふたご座が、神経をすり減らしてしまうような時には、強力なヒーリングパワーで癒してくれます。人間好きなふたご座が時に受けてしまう邪気も跳ね除けてくれるでしょう。

Keyword ✶ コミュニケーション力、言語能力、観察力、知性、ユーモア、人間味、好奇心

ふたご座の願い別 おすすめストーン

恋愛

クリソコラ (P42)
女性らしい魅力をアップさせる

サッパリとした魅力を持つふたご座。その爽やかさは、男性の場合はそっけなく、女性の場合は中性的な雰囲気になりがちに。クリソコラは知的な石でありながら、特に女性性や女性の美しさを開花させてくれます。愛と美、平和をハートの奥深くに吹き込んでくれる愛の石ともいわれています。

仕事

ブルーアゲート
情報整理で、仕事の精度を高める

ブルーアゲートは常にたくさんの情報に囲まれているふたご座が、真に必要な情報を選び、判断ができるように助けてくれる効果があります。またアゲートの仲間は地に足を着ける力を授けるため、浮き足立つことなく、落ち着いて仕事を進められるように導いてくれるでしょう。

Constellation Powerstone

人間関係

ブルーカルセドニー (P66)
ストレスを溜めない対人関係に

コミュニケーションはふたご座の得意分野で、誰とでもすぐに仲良くなれるフレンドリーさを備えています。あえて弱点を言えば、相手を楽しませようと気を使うあまり、対人関係で神経を消耗してしまうところでしょう。ブルーカルセドニーは痛みがちな神経を癒し、温かみのある人間関係を築かせてくれます。

金運

ゴールデンベリル
お金としっかり向き合う

ゴールデンベリルは、無欲なふたご座がお金や豊かさ、成功に対してしっかりと向き合えるように促します。散漫になりがちな神経を集中させ、金運向上に必要なパワーを与えてくれます。お金にまつわるストレスも解消してくれるでしょう。

Part 1 星座×パワーストーン

Cancer
かに座
6月22日～7月22日生まれ

かに座のパワーストーンは
ムーンストーン
Moon Stone ［和名：月長石］

かに座の豊かな情緒を 上手にコントロールしてくれる石

かに座の特性

世話好きな気分屋

　情緒豊かで母性愛にあふれている特性があります。世話好きな一面があるため、一度打ち解けるとどんな相手にも親切で温かい気配りをします。いつの間にか集団のムードメーカーになっていることもしばしば。一般的に気分の浮き沈みが激しく気分屋な一面があるとされています。しかし、癒し系の魅力を持ち、家庭的なため、愛され上手な人が多いでしょう。

星座に対する パワーストーンの意味や効果

気分を安定させ、優しくなる

　かに座に関係がある天体は「月」です。ムーンストーンは月の波動を持つ石で、満ちては欠ける月の変化のリズムをコントロールする力を持ちます。月の影響を大きく受けるかに座は感情の起伏が激しくなりやすい面がありますが、ムーンストーンが感情の変化が穏やかになるように導きます。情緒の豊かさはそのままに、激しい感情を安定させてくれるでしょう。

Keyword ✻ 母性、情緒、感情、優しさ、世話好き、熱情、癒し、家庭、臆病

かに座の願い別 おすすめストーン

恋愛♥

ロードナイト (P45)
おせっかいな気持ちを抑える

母性豊かで癒し系なかに座は男女問わずモテるでしょう。温かな関係性を築くのも得意ですが、難点があるとすれば世話好きが高じて他者に干渉しすぎてしまうところにあるかもしれません。ロードナイトはおせっかいさや感情の起伏を抑え、嫉妬などのマイナスな感情も解消してくれます。

仕事

オパール (P27,202)
豊かな情緒からひらめきにつなげる

オパールは、優れたインスピレーション力を持つかに座の潜在能力を目覚めさせ、表に引き出してくれる石です。豊かな情緒を意識に結びつけ、情熱とひらめきをもって仕事に集中できるように導きます。自分の考えに自信が持てない時も背中を押してくれるでしょう。

Constellation Powerstone

人間関係

レモンクォーツ (P126)
どんな相手とも温かな関係に

基本的に愛情と思いやりがあるかに座ですが、初対面の相手には人見知りをする傾向が。そんな臆病なかに座が明るくコミュニケーションできるように、快活さを象徴するレモンクォーツが助けてくれるでしょう。気になる人へのアプローチにも効果的。

金運

モスアゲート (P74)
自然にお金が集まる力を与える

かに座の金運は一般的に決して悪くはありませんが無欲な一面があり、あまり積極的にお金を獲得しようとは思わないでしょう。モスアゲートは自然と富を引き寄せる効果があります。まるで自然の恵みが与えられるかのような、自然体で豊かな金運を授けてくれるでしょう。

Part 1 星座×パワーストーン

Leo しし座

7月23日〜8月22日生まれ

しし座のパワーストーンは
サンストーン
Sun Stone ［和名：日長石］

しし座の使命である創造性と自らを輝かせる力を持つ石

しし座の特性

情熱的で自ら輝きを放つ

　しし座の支配星は太陽です。太陽は自ら燃えて発光する星で、周囲の星は太陽の輝きに照らされて光ります。そのため、しし座は情熱的で自ら輝きを放つ性質を持つといわれ、注目される存在になりやすいでしょう。また華やかで若々しく、活動的な生き方を求め実践しようとします。面倒見が良く、周囲にも楽しさを提供しようとする姿もしし座の魅力です。

星座に対するパワーストーンの意味や効果

自尊心と明るさを与える太陽の石

　サンストーンは古代より、太陽の石といわれてきました。自尊心と明るさ、自己表現力を高める効果があるといわれており、持ち主が喜びを持って人生を開拓していけるように前向きな気持ちにさせてくれるでしょう。また、しし座らしいクリエイティブで新鮮な生き方を発揮できるように、その道のりをサポートしてくれるでしょう。

Keyword ✳ 情熱、自己主張、クリエイティブ、オリジナリティ、リーダー、子ども好き、明るさ

しし座の願い別 おすすめストーン

恋愛

ルビー (P63)
愛の原動力となる情熱の石

　ドラマチックな恋愛を求めるといわれるしし座にとって、情熱の石・ルビーは枯れることのない愛の原動力となってくれます。ルビーは心に喜びを与え続けてくれる生命の石ともいわれています。恋愛においても二人の関係性をいつまでも楽しくフレッシュな状態に保たせてくれるでしょう。

仕事

キャッツアイ (P100)
直感とひらめきで成功へと導く

　猫の目のように光り方が変化する不思議な石・キャッツアイは直感とひらめきを与えてくれます。また地に足を着けさせる力を持つため、しし座らしく堂々と安定感を持ちながら力強く仕事を進めていけるでしょう。着実に成功を収め、結果を出せるように導いてくれます。

人間関係

ゴールデントパーズ (P31,86)
本来のカリスマ性を引き出す

　しし座は面倒見が良く親分肌といわれます。プライドが高く自分から歩み寄るのが苦手なしし座ですが、人間的魅力でカリスマ性を発揮して、リーダーシップを執るのが本来の姿といえるでしょう。ゴールデントパーズは、そんなしし座の人望を得る力を後押ししてくれる石です。

金運

タイガーアイ (P62)
意志と情熱を現実世界に落とし込む

　タイガーアイは古くから富を引き寄せる石といわれてきました。自尊心を高め、得るべき富を得られるようにしし座本来の力を発揮させてくれます。また、しし座の意志の力と情熱を現実世界に落とし込む効果があるため、理想通りの金運を得るためにすべきことを気づかせてくれるでしょう。

Part 1 星座×パワーストーン

Virgo
おとめ座
8月23日～9月22日生まれ

おとめ座のパワーストーンは
サードオニキス
Sardonyx ［和名：紅縞瑪瑙］

おとめ座の献身的な行動が報われるように導く石

おとめ座の特性

献身的で細かな気配りができる

　おとめ座は献身的な精神の持ち主が多く、無意識のうちに人に役立つように行動します。また完璧主義者が多いといわれ、仕事、芸術など何に対しても完成度の高さにこだわり、天性のプロ意識を持っています。合理主義でなおかつ細かいところに目が届くため、気配りもできますが、その繊細さから神経質なタイプと思われる場合もあるでしょう。

星座に対するパワーストーンの意味や効果

尽くす心を無駄にしない

　サードオニキスは、情緒を安定させる効力の他に、大切な相手との関係性をしっかり結びつけ、さまざまな恩恵を得られるように導いてくれます。献身的なおとめ座の尽くした分の愛情が無駄にならないように守ってくれるでしょう。また健康に不安を持ちやすいおとめ座の心身に活力を与え、健康を維持させてくれるでしょう。

Keyword ＊ 献身、緻密、合理的、完璧主義、健康、潔癖、プロ意識

おとめ座の願い別 おすすめストーン

恋愛

コーラル (P80)

おとめ座の献身的な愛を形にする

　コーラルは古くから幸福を授けるといわれ、特に女性の幸福をもたらすとされてきました。コーラルの指輪で恋人を授かったり結婚に導かれたりという話も多く聞かれます。長い年月をかけて形成されるコーラルは、献身的で根気強いおとめ座と相性が良く、愛を形にしてくれるでしょう。

仕事

ペリドット (P141)

緊張や神経過敏を和らげる

　太陽の石、ペリドットはおとめ座の意志を前向きに保たせてくれます。優れた鎮静作用がある石でおとめ座特有の神経過敏も和らげ、持ち前の明晰な頭脳による才能を存分に発揮させてくれます。緊張でここ一番に力を発揮できない場合も、ペリドットが強力なパワーで手助けしてくれます。

Constellation Powerstone

人間関係

アマゾナイト (P73)

持ち主の気持ちを平穏に保つ

　アマゾナイトは敏感なおとめ座の神経をなだめてくれる石です。他人からのネガティブな影響から持ち主を守り、心身の平和を授けます。リラックスした気持ちを保たせてくれるので、おとめ座がついやり過ぎてしまう人間関係の深読みや疑いの念からも解放してくれます。

金運

アンバー (P61)

堅実だが確実に金運を上げる

　コツコツと堅実にお金を貯めることが得意なおとめ座。大胆に収入を上げるというよりは、堅実さを心がけるのがおすすめです。そんなおとめ座と波長が合うのはアンバー（琥珀）です。長い年月を経て黄金の結晶となったアンバーは、古くから富を授けるといわれています。

Part 1　星座×パワーストーン

Libra てんびん座

9月23日〜10月23日生まれ

てんびん座のパワーストーンは
ローズクォーツ
Rose quartz ［和名：紅水晶］

てんびん座の
美的センスと社交性を
さらにアップしてくれる石

てんびん座の特性

強い正義感と美的感覚を持つ

　美的センスに優れ、洗練された社交術で心地良い人間関係を作り上げるのが得意なてんびん座。また正義感が強く公平さに関しては徹底して追求する真面目さがあります。知的でバランス感覚に優れていますが、迷いやすく決断力に欠ける一面も。しかし、自分の意見も他人の意見も同じように客観視できるので、経験を重ねることによって的確な決断力と多くの人望を得ることができるでしょう。

星座に対する パワーストーンの意味や効果

美と調和をもたらし平和を広げる

　ローズクォーツは金星に対応する石です。金星を守護星に持つてんびん座特有の美と調和をもたらす性質をローズクォーツがさらに高めます。てんびん座にとって最も重要なパートナーシップにまつわる問題も、ローズクォーツの愛の波動で解決してくれるでしょう。てんびん座の使命である「平和」を広げる役目を強力にサポートする石です。

Keyword ✷ 美意識、調和、正義、公平、優柔不断
社交性、平和の使者

てんびん座の願い別 おすすめストーン

恋愛

ウォーターメロントルマリン(P207)

愛と平和を象徴し穏やかな関係に

　グリーンとピンクの2色のカラーのトルマリンが組み合わさっています。愛と平和を象徴する石で、恋愛にまつわる問題をすばやく解消し、パートナーとのより良い関係構築を手助けしてくれます。調和がとれたパートナーシップを保たせてくれるので、穏やかな恋愛を求める方におすすめです。

仕事

サファイア(P50)

正しい判断を下す後押しになる

　てんびん座が生まれ持っている知的な頭脳を際立たせる石です。冷静で正しい決断ができるように導き、仕事をより円滑に、効率的に進められるよう後押ししてくれます。また、てんびん座が陥りやすい「迷い」を一掃してくれる石で、優れた判断力を発揮させてくれるでしょう。

人間関係

ツインクォーツ

平等性をもたらし不公平を解消

　社交術に長けているてんびん座は、相手を心地良くさせることができる天性の才能があります。ただし正義感が強く平等性にこだわるため、不公平さが許せません。そんなてんびん座の願いを叶えてくれるのが平等性をもたらすツインクォーツです。

金運

オパール(P21,202)

才能を発揮させる守護石

　オパールは古くからてんびん座の守護石といわれてきました。てんびん座が持つ隠れた才能を掘り起こし、十分に発揮できるような手助けとなることで、見返りとしての正しい収入が得られるようにサポートしてくれるでしょう。

Part 1 星座×パワーストーン

Scorpio
さそり座
10月24日～11月21日生まれ

さそり座のパワーストーンは
マラカイト
Malachite ［和名：孔雀石］

さそり座の
変容と感情の昇華を
助けてくれる石

さそり座の特性

深い愛情とエネルギーの持ち主

　深い感情を持つといわれるさそり座は、思い入れがある人や物に対して徹底的に関わっていきます。そのため興味があることにエネルギーを注ぎ、優秀な成果を上げることも。人や組織に対しても深く関わり、相手に合わせて変容するため、人生が大きく変わっていくこともあるでしょう。特別な相手には理屈抜きの深い愛情を注ぐ情熱家です。

星座に対するパワーストーンの意味や効果

感情を具現化させる変容の石

　マラカイトは変容の石といわれています。色々な経験を経て、さそり座が自分自身をより大きな存在へと成長させ、殻を破っていけるようにサポートします。強力なヒーリングエネルギーを持つので、マイナスエネルギーの浄化にも役立ってくれるでしょう。さそり座の深い感情を具現化させるために常に助けになってくれる石です。

Keyword ✴ 変容、深い愛情、執着、徹底的、秘めた情熱、秘密主義

さそり座の願い別 おすすめストーン

恋愛♥

ガーネット (P33,46)
秘めた情熱を引き出してくれる

　一見クールに見えるさそり座ですが、実は心の内側に燃えたぎる情熱を秘めているといわれています。そんなさそり座の情熱を引き出すのが愛を貫かせてくれる石であるガーネット。また、コントロールが効かなくなった感情を調整してくれる作用もあり、心を落ち着かせてくれます。

仕事

オブシディアン (P51)
本来の底力を存分に引き出す

　さそり座は尋常ではない底力を持っているといわれています。ここぞという時に周囲も驚くパワーを発揮します。オブシディアンはさそり座の強力なパワーを引き出してくれます。カリスマ性と統率力をもたらし、その場をコントロールする力を授けてくれるでしょう。

Constellation Powerstone

人間関係

チャロアイト (P85,169)
こじれた人間関係を修復する

　物事を深く考えるさそり座は、ちょっとした誤解がきっかけで人間関係に確執を生じさせてしまうことがあります。チャロアイトは変容を促す石で、あらゆる感情をポジティブな方向へと変換してくれます。こじれた人間関係を修復し、円滑にする手助けになってくれるでしょう。

金運

ルチルクォーツ (P87,127)
お金の運用を強力にサポート

　遺産運があるといわれるさそり座は、基本的に金運は高めです。蓄財が得意な人も多いでしょう。ルチルクォーツはお金の計画を力強く推進する力を与え、収入計画や貯蓄計画を現実化できるようにサポートしてくれるので、本来持つ金運をより実用的な方向へと導いてくれます。

Part 1　星座×パワーストーン

Sagittarius いて座

11月22日～12月21日生まれ

いて座のパワーストーンは
ラピスラズリ
Lapis lazuli ［和名：瑠璃］

いて座の探究心と
大いなる可能性を
広げてくれる石

いて座の特性

チャレンジ精神旺盛な楽天家

　いて座は冒険心がありチャレンジ精神が旺盛、そして楽天家でオープンな性質を持つといわれています。現状に決して満足せず、外国に旅立ったり、学問や哲学を探求するなど、常に向上心を持っています。ディスカッションが好きで意見をぶつけ合いながら刺激を受けることを好みます。熱しやすく冷めやすいので、向上心が高いがゆえに地に足が着かなくなってしまうことも。

星座に対するパワーストーンの意味や効果

いて座の持つ善性を高める

　いて座の守護星・木星がつかさどる「学問に対する探求心や向上心」を高めてくれる石です。宇宙の石と呼ばれるラピスラズリは、持ち主が真理に気づけるように助けます。洞察力を高める作用があるので、いて座本来の探究心をいっそう深めてくれるでしょう。また、木星はあらゆる「善」をつかさどり、ラピスラズリは、そんないて座の善性をいっそう高めてくれます。

Keyword ★ 冒険心、楽観的、おおらか、哲学、裏表がない、地に足が着かない

いて座の願い別 おすすめストーン

恋愛♥

ピンクトルマリン (P137)
燃え上がった情熱を持続させる

いて座は恋愛において、初期の段階で燃え上がり過ぎて持続性に欠けてしまうことがあるとされています。そんないて座の愛情を持続させ、常に新鮮な気持ちを維持させながら精神的な絆を育んでくれるのがピンクトルマリンです。ソウルメイト（※）を引き寄せる石といわれています。

仕事

シトリン (P15,60)
計画や願いを現実のものにする

シトリンはいて座ととても相性が良い石です。いて座の持つ、自己肯定感と明るさ、積極性をいっそう高めてくれます。持ち主の願いを叶えたり、目的を達成させたりする石として有名で、仕事面での計画や願いが現実化され、うまく進むように助けてくれるでしょう。

人間関係

ターコイズ (P58)
相手との共感を深めてくれる

深い共感をもたらしてくれる石です。いて座が求める本質的なコミュニケーションのチャンスを与えてくれるので、相手との関係性をより深くしてくれます。あらゆる人間関係のバランスを保ちながら、創造的な関係性を構築する力を育みます。

金運

ゴールデントパーズ (P23,86)
富を引き寄せる意志を強くする

ゴールデントパーズは、古くから豊かさの石とされてきました。意図した物事にエネルギーを注ぎ込む力があり、富を引き寄せたいという意志を現実化してくれます。あまり欲が無いといわれるいて座ですが、お金のエネルギーが滞らないように守ってくれるでしょう。

Part 1 星座×パワーストーン

※ソウルメイト＝お互いに深い精神的なつながりを感じる人物

Capricorn
やぎ座
12月22日～1月19日生まれ

やぎ座のパワーストーンは
オニキス
Onyx ［和名：黒瑪瑙］

やぎ座の目標と努力を
成就させてくれる石

やぎ座の特性

高いプロ意識と責任感を持つ

　やぎ座は責任感があり、努力家といわれています。社会的に通用する振る舞いを心がけ、何事もそつなくこなすことができます。楽観的になれず何事に対してもシビアな視点を持っているので、自分に対しても厳しく、慎重で用心深い一面もあります。プロ意識が人一倍高いため、公的に認められるような立場を確立する人が多いでしょう。

星座に対する パワーストーンの意味や効果

試練を乗り越える手助けに

　オニキスは、やぎ座の強さを発揮させてくれる石です。困難な状況を乗り越え、高い目標を達成できる力をもたらします。特にストレスに耐える力を与え物事が計画通りに進むように導きます。

　自ら試練を受け入れる傾向があるといわれるやぎ座が壁に直面したとき、くじけないようにサポートし、集中力を高めてくれるでしょう。

Keyword ✴ 責任感、管理能力、野心、忍耐強さ、理性的、現実的、生真面目

やぎ座の願い別 おすすめストーン

恋愛

ガーネット (P29,46)
慎重なやぎ座の背中を押してくれる

　愛と情熱を呼び覚ます石といわれており、恋愛面でも慎重な性質を持つ山羊座が、素直に感情を解放できるように助けてくれるでしょう。目的達成の力も持つ石なので、なかなか前に進まない恋愛成就の願いを叶えてくれるでしょう。

仕事

ジェット (P101)
あらゆるトラブルから持ち主を守る

　強力な保護力を持つ石です。仕事上のさまざまなトラブルから持ち主を守り、目的を達成できるように導いてくれるでしょう。事業全体を守る石といわれているため、組織のトップに立つ人や、経営・管理に携わる人にもおすすめです。

Constellation Powerstone

人間関係

ラブラドライト (P202)
精神を開放し、ストレスを軽減

　ラブラドライトは慎重なやぎ座の精神を自由にします。臨機応変さをもたらし、人間関係にまつわる不安や恐れ、ストレスなどから守ってくれます。過去の関係性からもたらされた抑圧も解放し、浄化してくれるでしょう。

金運

ホークスアイ (P49)
新たな金運を引き寄せる

　富や名声を引き寄せる石といわれています。もともとお金に対して慎重でお金に困ることはないやぎ座ですが、金運を妨げている障害を解消し、豊かさに向かう道を強力に推進させてくれます。新たな金運のチャンスを与えてくれるでしょう。

Part 1　星座×パワーストーン

Aquarius
みずがめ座
1月20日～2月18日生まれ

みずがめ座の**パワーストーン**は
セレスタイト
Celestite ［和名：天青石］

みずがめ座の
革新的なアイデアと
行動力を高めてくれる石

みずがめ座の特性

常識にとらわれない価値観を持つ

　博学で知性的なみずがめ座。豊富な知識の中から独自の価値観を築き上げ実践します。常識をもろともせずに未来思考を貫くため、個性的と思われることも多いでしょう。友人関係を大切にし、仲間が多いのですが、冷静さゆえに孤高の雰囲気を持つこともあります。独自の生き方を徹底させるために滅多なことでは考えを曲げません。

星座に対するパワーストーンの意味や効果

頭脳の明晰さと冷静さを高める

　みずがめ座の頭脳の明晰さと冷静さを高める石で、みずがめ座の守護星である天王星と同じ性質を持ちます。高次元からの知識やインスピレーションを地上にもたらし、新しい生き方を実現させてくれるでしょう。

　平和な波動で、みずがめ座の友愛主義をサポートし、個性的でありながら平等な人間関係を育みます。

Keyword ✴ 幅広い知識、個性、友愛、改革、先進的、人とのつながり

みずがめ座の願い別 おすすめストーン

恋愛

ロードクロサイト（P43）
愛されている実感を与える

　何事においてもクールな感覚を持つみずがめ座。恋愛においてもうぬぼれることがないため、愛されている実感を得にくい傾向があるかもしれません。ロードクロサイトは、そんなみずがめ座が異性からの愛に目覚め、愛情を上手に受け取れるようにサポートしてくれます。

仕事

アクアマリン（P57）
集中力を高め目的達成へと導く

　アクアマリンは冷静さと集中力を高める石です。意識が散漫にならないように助け、目的達成に導いてくれるので、仕事上のノルマや目標達成の手助けになってくれます。また、頑固な面があるみずがめ座が自分の考えや創造力を素直に発信できるようにサポートしてくれるでしょう。

人間関係

エンジェライト（P67）
相手との共感を持つ手助けに

　エンジェライトは人間関係に思いやりや癒しをもたらす石といわれています。みずがめ座が本来持っている博愛精神を高め、インスピレーションと共感を持って相手と接することができるように導いてくれるので、より人間関係が円滑になり、トラブルを回避してくれます。

金運

アラゴナイト（P124）
現実感覚をもたらし堅実さを与える

　地上の恵みをもたらすといわれるアラゴナイト。あまり現実的ではないみずがめ座に現実感覚をもたらし、必要な物やお金を引き寄せられるように導きます。みずがめ座が苦手意識を持ちやすい「所有」の感覚を育むことで、入ってくるお金をしっかりと貯める事をサポートしてくれます。

Part 1　星座×パワーストーン

Pisces うお座

2月19日～3月20日生まれ

うお座のパワーストーンは
フローライト
Fluorite ［和名：螢石］

うお座の豊かな感性と
インスピレーション
を守る石

うお座の特性

場の雰囲気を察知し調和をもたらす

　共感力が豊かで、場の雰囲気や相手の気持ちを敏感に察知できます。同情心に厚く優しい人が多いでしょう。目に見えない世界に対して敏感な感性を持っているため、音楽やアートなど芸術や芸能などの仕事にも向いています。他人や環境の影響を受けやすく自己犠牲的になってしまい、つい相手に合わせて曖昧な態度を取ってしまうことがあるかもしれません。

星座に対するパワーストーンの意味や効果

豊かな感性を正しい方向へと導く

　フローライトはインスピレーションや集中力を高め、うお座特有の豊かな感性を育みます。

　その一方で、精神的な領域に境界線を引き、外からの影響を受け過ぎないように精神を保護する作用があります。心の世界と現実の境目が曖昧になりやすいといわれるうお座の精神的な方向性を、しっかりと示してくれる石です。

Keyword ✴ 慈悲の精神、芸術的、幻想的、共感力、自他との境界線がない、夢想的、現実逃避

うお座の願い別 おすすめストーン

恋愛

モルガナイト (P76)
無条件の愛や癒しを与える

愛情を引き寄せて、現実的な恋愛関係を維持させてくれる石といわれています。お互いが無条件の愛や癒しを与え合えるような関係性を構築できるように導き、パートナーとの関係をより良いものへと昇華させてくれます。恋愛にまつわるトラブルやストレスも解消するでしょう。

仕事

アメジスト (P77)
ストレスを解消し前向きにさせる

古くから神聖な石といわれてきました。仕事面でも、うお座の高い精神性と感性豊かな才能を活かせるように導くでしょう。また障害から心身を守り、目的を達成させてくれます。ストレスなどを解消し、常に前向きに仕事ができるように導いてくれるでしょう。

人間関係

スギライト (P84)
自己犠牲で傷ついた心を癒す

強力なヒーリング作用があるといわれているスギライト。人間関係において自己犠牲的になりやすい、うお座の心をリカバリーしてくれるでしょう。また複雑な人間関係に巻き込まれた時にも解決の糸口を与え、問題に正面から向き合えるように助けます。

金運

アメトリン
無理なく財力を得るための道標に

アメジストとシトリンが組み合さった強力な石です。金運にまつわるインスピレーションを与え、無理なく財力を得られるようにサポートします。またお金の管理を上手にできるように、所有力や管理力を育んでくれるでしょう。

Part 1 星座×パワーストーン

COLUMN

クラスターの上手な活用方法

　小さなクリスタルがたくさん集まった結晶体を「クラスター」といいます。パワーストーンを売っているお店などでも必ず見かけると思いますが、このクラスターには「邪気」を浄化する働きがあると言われています。
　見た目も美しく、置物やインテリアとしても人気が高いため、部屋に置いておくだけでさまざまなネガティブなエネルギーを吸収、浄化してくれ、空間のエネルギーをクリアにしてくれます。リビングや寝室、仕事場、トイレなどに置くほか、テレビやパソコンなど電磁波を発するものの横に置いておくのもおすすめします。
　また、クラスターは空間だけでなく、他のパワーストーンやアクセサリーを浄化する働きも持っており、クラスターの上に石を置くことでその石のマイナスエネルギーを吸収・浄化し、クリアなエネルギーをチャージしてパワーアップさせてくれます。
　そのため、アクセサリーなどは外した後に保管場所としてクラスターを使うと、その都度浄化されるのでおすすめです。石の浄化にはほかにもさまざまな方法がありますが（P210参照）、クラスターを使った浄化はどんな石にも使えるので、パワーストーン愛好者にはとても重宝されています。
　空間や石を浄化し、なおかつインテリアとしても使える。パワーストーンを活用するのであれば、クラスターはぜひ持っておくことをおすすめしたいアイテムです。

Part 2
願い事別
パワーストーン

恋愛運や金運、仕事運など、願い事に応じた
おすすめのパワーストーンを紹介。あなたが持つ悩みや願いに
ぴったりの石が、必ず見つかるはずです。

> 願い事
> LOVE

愛を呼び寄せたい

ローズクォーツ
Rose quartz ［和名：紅水晶］

愛の石の代表格
優しさと共感力を育み、
愛の波動を広げる

石のパワー

心を開き、愛を引き寄せる

　愛の石の代表格といわれるローズクォーツ。誰に対しても心を開き、共感できるように促します。やさしい波動を持つ石で、女性らしさや慈愛の心を育みます。老若男女を問わず愛情が湧いてくる関係性を引き寄せるとされているため、温かい人間関係を築く手助けをしてくれるでしょう。また失恋や人間関係から生じた感情の痛みを癒す作用があり、ささくれた気持ちをやわらかくしてくれます。愛で溢れた気持ちを取り戻すよう、導くでしょう。

石の特徴と歴史

装飾品に多く使われるクォーツの仲間

　石英の仲間で、透明度が高くなるほど石英から水晶に近づきます。六角柱の形になっているものは、稀にしか産出されず大変希少です。大きめな石も多く、古くから彫刻の材料とされたほか、装飾品にも多く使われてきました。

DATA
色：淡いピンク
産地：ブラジル、マダガスカル、インド等
結晶系：六方晶系
成分：SiO_2
硬度：7
浄化法：流水、月光浴、セージ、クラスター
効果的な使用方法：

Keyword
愛情、共感、思いやり、美しさ、女性性、心を開く

効果を高める　+α　おすすめの組み合わせ

アメジスト (P37,77)
相性抜群の組み合わせ。ローズクォーツの愛情とアメジストの霊性が調和し恋愛運を高めます。

ピンクトルマリン (P31,137)
心の扉を開けて愛を吹き込むピンクトルマリンと組み合わせることで、情熱を呼び覚まします。

スモーキークォーツ (P96)
愛情に落ち着きをもたらす組み合わせです。嫉妬などの感情を消して愛を育みます。

アベンチュリン (P17,70)
永続的な愛を実らせる組み合わせです。穏やかな関係性を持続させることができるでしょう。

願い事 LOVE ― 幸せな結婚をしたい

エメラルド
Emerald ［和名：翠緑玉］

愛を成就させ、永続的に守る石

石のパワー

危機から救い、無償の愛を与える

古くから恋愛成就や幸せな結婚を導き、無償の愛を与えてくれる石として有名です。家庭の繁栄や幸福な人間関係を守る石ともいわれ、結婚生活が物心ともに満たされるものになるようにサポートしてくれるでしょう。また気の迷いをなくして心を強く保つ作用もあり、結婚に至る道に起こりえる危機を乗り越える力を授けます。あらゆる邪念から持ち主を守り、大切な人との人生を前向きに進めてくれるでしょう。健康面では眼病治療に用いられてきました。

石の特徴と歴史

クレオパトラに愛された石

ベリルの仲間でグリーン色が際立つものをいいます。原石は安価に手に入りますが、宝石として研磨されたものは高価です。紀元前1650年にエジプトで発見され、古代エジプト女王・クレオパトラにも愛された石として珍重されてきました。

DATA
色：グリーン
産地：コロンビア、オーストラリア、インド等
結晶系：六方晶系
成分：Be 3Al 2Si6O18
硬度：7.5～8
浄化法：月光浴、セージ、クラスター
効果的な使用方法：

Keyword
愛の成就、家庭繁栄、無償の愛、保護、感情を鎮める、危機の回避

Part 2　願い事別パワーストーン

効果を高める +α おすすめの組み合わせ

ロードクロサイト (P43)
愛を引き寄せるロードクロサイトと、愛を持続させるエメラルドとの組み合わせは最強です。

ダイオプテーズ (P44)
愛の危機が訪れた時に回避する力を与え、感情のしこりも速やかに癒します。

トルマリン (P83)
問題を解決する力を持つトルマリンとの組み合わせで、愛を育み保護する力を強化できます。

ゴールデンベリル (P19)
家庭に繁栄をもたらす組み合わせです。物心ともに豊かな結婚を引き寄せてくれます。

41

願い事 LOVE

魅力を高めたい

クリソコラ
Chrysocolla ［和名：珪孔雀石］

女神の石といわれ
魅力を発信する力を与える

石のパワー

魅力を高め、繁栄をもたらす

感受性を豊かにし、センスと魅力を高めます。そして自分の魅力を発信する表現力も授けてくれるでしょう。「女神の石」といわれ、特に女性の魅力を高めます。また心身のバランスを安定させる作用があるため、日々のストレスを癒してくれます。繁栄の石としても有名で、仕事の成功や富を授けるともいわれます。クリエイティブな仕事をする人が才能を発揮できるようサポートしてくれるでしょう。個性やオリジナリティを大切にしたい人におすすめです。

石の特徴と歴史

硬度が高いと珍重される

混合物が多く、マラカイト・アズライト・キュープライトなどと一緒に生成されます。一般的に硬度は低く脆いのですが、稀にクォーツとともに生成され固化したものは硬度7まで固くなり、ジェムシリカと呼ばれ珍重されています。

DATA
色：青緑
産地：メキシコ、チリ、ロシア、ザイール等
結晶系：単斜晶系
成分：(Cu2 + ,Al)2H2Si2O5(OH)4・nH2O
硬度：2～4
浄化法：月光浴、セージ、クラスター
効果的な使用方法：

Keyword
魅力、センス、感受性、芸術、表現能力、豊かさ

効果を高める　　+α　**おすすめの組み合わせ**

ロードクロサイト (P43)
女性性を高める組み合わせです。女性の幸福と豊かさを受け取る力を授け、魅力を高めるでしょう。

エメラルド (P16,41)
心を解放してくれる組み合わせです。豊かな感性を育み、愛がこもった表現力を授けるでしょう。

ストロベリークォーツ (P132)
女性の魅力やはつらつとした元気さを高めます。相手に好印象を与えることができるでしょう。

エンジェライト (P35,67)
「天使の石」といわれるエンジェライトとの組み合わせは癒し系の魅力を高めます。

願い事 LOVE

意中の相手を振り向かせたい

ロードクロサイト
Rhodochrosite ［和名：菱マンガン鉱］

恋愛成就をサポートし、意中の相手へのアピール力を高める

石のパワー

恋愛力を高めるパワフルな石

　恋愛成就を強力にサポートする石といわれています。美意識が高まり、内に秘めた魅力を引き出してくれます。運命の相手を引き寄せ、持ち主に幸福なパートナーシップを授けてくれるでしょう。恋愛に対する恐れや心の傷を打ち消す作用もあり、次の恋愛に踏み出す勇気を与えます。恋愛体質に導き、意中の相手へのアピール力を高めるでしょう。健康面では、ホルモンの働きを助け、心臓を強化するといわれています。うつ病の改善にも効果が期待されます。

石の特徴と歴史

中南米原産の薔薇の石

　かつてインカ帝国が栄えた中南米で産出されてきたため、日本では「インカローズ」の別名で呼ばれることが多いでしょう。鉄分を含むと赤みが強いピンクになります。古くから「薔薇の石」と呼ばれ、大切にされてきました。

DATA
色：ピンクと白い縞
産地：ペルー、アメリカ、アルゼンチン等
結晶系：六方晶系
成分：$Mn2 + CO3$
硬度：3.5～4
浄化法：日光浴、月光浴、セージ、クラスター、流水
効果的な使用方法

Keyword
幸福な恋愛関係、愛を受け取る、恋愛成就

Part 2 願い事別パワーストーン

効果を高める +α おすすめの組み合わせ

ローズクォーツ (P26,40)
女性性を高める石を組み合わせることで恋愛力を強化します。意中の相手との距離を縮めてくれます。

ロードナイト (P21,45)
感情を上手にコントロールしてくれる石です。思い通りにならない時も冷静さを維持してくれます。

ルビー (P23,63)
愛と情熱の石ルビーとの組み合わせは、意中の相手を引き寄せてくれるでしょう。

ブルーレースアゲート (P17,64)
友情を育むブルーレースアゲートとの組み合わせは友情から恋愛への発展を応援します。

> 願い事 LOVE

失恋の傷を癒す

ダイオプテーズ
Dioptase ［和名：翠銅鉱］

心の痛みを取り去り、癒しをもたらす石

石のパワー

心の傷を癒し、前向きな気持ちに

　心の傷や痛みを癒す石として有名です。滞ったエネルギーを循環させ、心に潤いを与えてくれます。失恋などつらい経験による感情的な痛みを和らげ、愛の欠乏を補ってくれます。マイナスの感情にとらわれてしまっている時や寂しさを感じやすくなっている時にも、優しい波動で徐々に心を満たしてくれるでしょう。ダイオプテーズの強いヒーリング効果は、癒しだけでなく、前向きな気持ちになれるように導く力を持つのが特徴です。

石の特徴と歴史

希少品だがヒーリングに効果大

　短いポイントが母岩の上に密集しているか、菱形の塊となって形成される石でとても希少です。1785年に発見され、当初はエメラルドと間違われていました。精神の痛みと同時に身体の切り傷などを癒すと信じられてきました。

DATA
色：グリーン
産地：カザフスタン
結晶系：六方晶系
成分：$Cu_2 + SiO_2(OH)_2$
硬度：5
浄化法：月光浴、セージ
効果的な使用方法：

Keyword
心を癒す、心をリカバリーする、愛の欠乏を補う、心の潤い

効果を高める +α おすすめの組み合わせ

ロードナイト (P21,45)
負の感情をすみやかに吸収してくれるロードナイトとの組み合わせは穏やかな癒しをもたらします。

ピンクスミソナイト (P134)
どちらも心の傷をリカバリーする力に長けています。強力な組み合わせです。

エメラルド (P16,41)
心が折れそうな時、感情的なピンチを感じている時に奇跡を呼ぶ組み合わせです。

スギライト (P37,84)
ヒーリングの石・スギライトとの組み合わせはハートと精神の両方を癒してくれるでしょう。

願い事 LOVE
恋にまつわるネガティブな感情を解消したい

ロードナイト
Rhodonite [和名:薔薇輝石]

感情を吸収しながら愛を育む石

石のパワー

感情の起伏を抑え、穏やかにする

　感情の起伏を落ち着かせてくれる石です。不安や恐怖心を消し、嫉妬などのマイナス感情を吸収してくれるといわれています。また愛の欠乏や裏切りからくる復讐心などを緩和させ、自分を取り戻させてくれます。ストレスが溜まって感情的になってしまうような時に応急処置として用いるのもおすすめです。愛情を安定させ、穏やかな気持ちを維持できるように導いてくれるので、落ち込んだ時や傷ついた時、持ち主の気をポジティブにしてくれます。

石の特徴と歴史

薔薇のように深みのある色彩

　和名は「薔薇輝石」ですが、後に輝石ではなく珪酸マンガン鉱物であることが判明します。全体はピンク色で黒や白の模様が入り、薔薇のような美しさが特徴です。しかし、色合いが良質でジュエリーに加工されるようなものはとても希少です。

DATA
色：ピンク
産地：ブラジル、スペイン、オーストラリア、アメリカ等
結晶系：三斜晶系
成分：$(Mn^{2+}, Fe^{2+}, Mg, Ca)SiO_3$
硬度：5.5～6.5
浄化法：月光浴、セージ、クラスター
効果的な使用方法：

Part 2 願い事別パワーストーン

Keyword
感情を解放する、嫉妬心の解消、安定感のある愛情

効果を高める +α おすすめの組み合わせ

スモーキークォーツ (P96)
ともに感情を吸収してくれる組み合わせです。ネガティブな気持ちを解消してくれます。

ムーンストーン (P20,79)
感情を穏やかになだめてくれる組み合わせです。女性特有の感情の起伏に効果を発揮します。

カルセドニー
ギスギスしてしまった気持ちを和らげ、傷ついた心を落ち着かせてくれます。

ダイオプテーズ (P44)
感情的になってしまい心に痛みを感じる時に、つらい気持ちを和らげてくれるでしょう。

願い事 LOVE

マンネリを解消したい

ガーネット
Garnet ［和名：柘榴石］

情熱を呼び覚まし、愛を再燃させる石

石のパワー

快活さを取り戻す、愛と情熱の石

　ガーネットは生命力を高める、愛と情熱の石として有名です。その強力なエネルギーで、持ち主の魅力や活発さを高めます。恋愛の情熱が停滞し、マンネリ感が出てきてしまった時は、ガーネットが再び情熱を呼び覚ましてくれるでしょう。憂鬱な気分を一掃して、活き活きとした感情がよみがえってきます。深い愛を与え、大切な人との関係性を活気づける石でもあります。健康面では心臓や血液を活性化する石とされ、低血圧などに効能があるとされています。

石の特徴と歴史

変わらぬ愛を誓う石

　古くから、貞節や変わらぬ愛を守る石として知られてきました。歴史的にも古くから用いられてきた石で、治療薬や宝飾品、教会の飾りなどにも使用されてきました。ラテン語の柘榴（ざくろ）が名前の由来となっています。

DATA
色：レッド
産地：インド、アメリカ等
結晶系：等軸晶系
成分：A3B2 (SiO4) 3
硬度：7～7.5
浄化法：日光浴、セージ、クラスター、流水
効果的な使用方法：♉

Keyword
愛情、情熱、生命力、健康、勝負、怒りの解消

効果を高める +α おすすめの組み合わせ

ターコイズ (P31,58)
冒険心と好奇心を高めるターコイズは、二人の関係にクリエイティブさをもたらします。

オパール (P21,27,202)
変化をもたらすオパールは、二人の関係性にひらめきをもたらしてくれるでしょう。

ロードナイト (P21,45)
ガーネットの情熱を程よくコントロールするロードナイトは、感情を上手に解放してくれます。

スモーキークォーツ (P96)
マンネリ感や不満を吸収し、ガーネットの情熱が行き過ぎて喧嘩にならないように導きます。

願い事 LOVE 誠実な関係を育みたい

ダイヤモンド
Diamond ［和名：金剛石］

真実を明らかにし、
誠実な関係性を維持する

DATA
色：透明
産地：ボツワナ、オーストラリア、コンゴ、ロシア等
結晶系：等軸晶系
成分：C
硬度：10
浄化法：月光浴、流水、セージ、クラスター
効果的な使用方法：

石のパワー
濁りがない人間関係を育む

　正直さと誠実さの象徴といわれる石で、何者にも屈しない強い意志を保たせてくれるため、自分の信念を貫くことができるでしょう。長い間、愛と献身の証である結婚指輪として贈られてきました。真実を明らかにし、透明性をもたらす石として、誠実で偽りがないパートナーシップを育みます。

石の特徴と歴史
最も硬く、強力なエネルギーを持つ石

　天と地を表す八面体の原石が最も理想的なエネルギーですが、カッティングすると美しさとエネルギーがさらに高まります。ただし、マイナス面も強化されてしまうため、扱いに注意しましょう。

Keyword
誠実、正直、純潔、プライド、勇気、屈しない心

願い事 LOVE 幸せな結婚生活を送りたい

サードオニキス
Sardonyx ［和名：紅縞瑪瑙］

感情レベルの絆を深め、
夫婦関係を安定させる

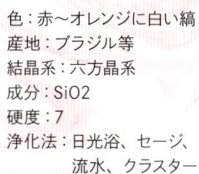

DATA
色：赤～オレンジに白い縞
産地：ブラジル等
結晶系：六方晶系
成分：SiO2
硬度：7
浄化法：日光浴、セージ、流水、クラスター
効果的な使用方法：

石のパワー
情緒を安定させ平穏な結婚生活に

　情緒に深く関わる石で身近な人との感情的な絆を築く石といわれています。パートナーシップの基盤を安定させ、強い絆で結んでくれます。また健康や衣食住に関わる石で家族、家庭の繁栄をもたらします。強い保護力を持っているので、結婚生活を危険から守ってくれるでしょう。

石の特徴と歴史
古来より伝わる夫婦和合の石

　赤～オレンジの部分はカーネリアンと同じ成分で、白い層のように縞が入るとサードオニキスとなります。旧約聖書などの歴史書で多く登場する石で、古くから夫婦和合の石とされてきました。

Keyword
情緒の絆、パートナーシップの安定、健康、家庭運

Part 2　願い事別パワーストーン

> 願い事
> **仕事**

天職につきたい

ラピスラズリ
Lapis-lazuli ［和名：青金／瑠璃］

真の才能に気づかせ、
潜在能力を表面化する石

石のパワー

真実を理解し、進路が明確に

　洞察力と直感力を高め、真実に気づかせる石といわれています。そして真実を受け入れ、自分自身の課題を見つめ直す力を授けてくれます。そのインスピレーションにより考え方が飛躍的に具体性を帯び、進むべき道を明確に認識させてくれるでしょう。持ち主を「自分が進むべき道」へと近づけてくれるので、自分の天職が何かを次第に気づかせてくれるはずです。健康面では、偏頭痛や喉の痛み、視力回復のパワーがあるとされています。

石の特徴と歴史

深い青が美しい聖なる石

　夜空のような藍色に星のような金色が入り混じっています。青がはっきりした美しいものほどエネルギーが高くなります。各国で幸運の石として大切にされ、古代エジプトでは聖なる石として使用されました。現代では宇宙の石ともいわれています。

DATA
色：紺に金色が少し混じる
産地：アフガニスタン、ブラジル、ロシア、アメリカ等
結晶系：等軸晶系
成分：$(Na,Ca)_{7-8}(Al,Si)_{12}(O,S)_{24}[(O,S_4Cl_4(OH)_2)]$
硬度：5 〜 5.5
浄化法：月光浴、セージ
効果的な使用方法：

Keyword
知性、洞察力、天の啓示、
潜在能力の発揮、願望成就

効果を高める ＋α おすすめの組み合わせ

アメジスト (P37,77)
直感力とインスピレーションを高める組み合わせです。自分の天職に気づかせてくれるでしょう。

シトリン (P15,31,60)
広い視野を持たせてくれる組み合わせです。新しい可能性を示してくれるでしょう。

パイライト (P53)
精神を覚醒させ、目的意識を明確にします。正しい道を進むサポートをしてくれるでしょう。

ゴールデントパーズ (P23,31,86)
幸運を引き寄せる組み合わせです。天職につき、成功できるように導くでしょう。

願い事 **仕事**

出世したい

ホークスアイ
Hawks' Eye ［和名：鷹目石／青虎目石］

鷹のような力強さと
落ち着きをもたらし、
野心を遂げさせる

石のパワー

ビジネスの成功と富の石

　力強さと前進する力を授ける石です。目的意識と決断力を高めるため、迷うことなく自信を持って前進できるようになります。深い洞察力と地に足がついた現実的な判断力をもたらすため、実現可能な目標を設定できるようになるでしょう。また、道をさえぎる障害を跳ね飛ばすパワーもあり、ビジネスで大きな成功を勝ち取るサポートをしてくれます。健康面では、全身のコリを癒したり、髪の毛を成長させたりする効果があるとされています。

Keyword
洞察力、判断力、保護力

石の特徴と歴史

鷹の目のような重厚感のある輝き

　タイガーアイと同じ種類の石で、一緒に産出されることも多いです。黒に灰色の縞が入り、研磨すると鷹の目のように見えることから名づけられました。古くから護符として使用され、強力な守り石とされてきました。

DATA
色：黒に縞目
産地：南アフリカ
結晶系：単斜晶系
成分：Na2(Mg,Fe2+)3(Al,Fe3+)2Si8O22(OH)2
硬度：7
浄化法：日光浴、月光浴、流水、セージ
効果的な使用方法：

Part 2 願い事別パワーストーン

効果を高める +α おすすめの組み合わせ

タイガーアイ (P23,62)
ビジネスの成功をつかさどる強力な組み合わせです。確実な成功に導いてくれるでしょう。

シトリン (P15,31,60)
目的意識を高める組み合わせです。視野を広げ、さらに向上できるでしょう。

アンバー (P25,61)
成功と豊かさに向けてコツコツと歩んでいける安定感をもたらす組み合わせです。

パイライト (P53)
強い決意と前進力をもたらす組み合わせです。勝負時に強い気持ちに導きます。

願い事 **仕事**

才能を発揮したい

サファイア
Sapphire ［和名：青玉］

潜在能力を引き出し、
精神力を高める叡智の石

石のパワー

精神に働きかけ、才能を発揮させる

　潜在能力を発揮できるように精神と頭脳ともに高めてくれる石です。思考だけでは得られない叡智に気づかせ、自然と能力を発揮できるように導きます。考えが混乱して本来の能力が発揮できない時にも、冷静な判断力を取り戻させてくれる作用があります。仕事に積極的になれる強い精神力を与え、どんな場でも物怖じせず自分の才能をアピールできるようにしてくれるでしょう。中世では目のできものを治すと信じられてきました。

Keyword
才能発揮、頭脳明晰、精神性、叡智、思考力

石の特徴と歴史

変化に敏感な、賢者の石

　色は青が最も一般的ですが、他にも紫色、黄色、緑色、黒色があります。色によって効能が異なります。古くから賢者の石とされ、宗教儀式など特別な場で使用されてきました。また夫婦間の裏切りがあると色が変わるともいわれています。

DATA
色：青、紫、黄、緑、黒
産地：ミャンマー、スリランカ、タイ等
結晶系：六方晶系
成分：Al_2O_3
硬度：9
浄化法：月光浴、流水、セージ
効果的な使用方法：

効果を高める　+α　おすすめの組み合わせ

アメジスト (P37,77)
精神力や霊性を高める組み合わせです。潜在能力に気づかせてくれます。

ホークスアイ (P33,49)
ビジネス上の才能に気づかせてくれる組み合わせです。得意分野を見つけることができるでしょう。

ソーダライト
言語能力や表現力を発揮させてくれます。自分の考えをうまく伝えられるようになるでしょう。

オパール (P21,27,202)
潜在能力を見つけ出して、表面に浮かび上がらせてくれる組み合わせです。

願い事
仕事

リーダーシップをとりたい

オブシディアン
Obsidian　［和名：黒曜石］

冷静に自分や他者をコントロールし、正しいパワーを授ける

石のパワー

リーダーに必要な真の強さをもたらす

リーダーシップに必要なパワーと判断力、正しくコントロールする力を授けます。会社組織を動かすエネルギーを与えてくれるでしょう。強力な保護作用を持つため、外部からくる負のエネルギーを寄せ付けず、悪縁を絶つように導きます。心理的な強さをもたらす石ですが、一時的に浄化という形で弱さが表面化する場合もあります。持ち続けることで真の強さが徐々に表れてくるでしょう。自信を持って自ら進んでいけるように、持ち主を導いてくれます。

石の特徴と歴史

光の加減で変化する美しさ

火山性の溶岩が急速に冷却し固まったもので、古代には武器として使われていました。黒をベースに赤味やレインボーカラーなどがうすく混ざっているものがあります。ガラスのような光沢があり、光の加減で黒や混ざった色が浮かびあがります。

DATA
色：ブラック
産地：メキシコ
結晶系：溶融溶岩（非晶質）
成分：SiO_2 + CaO,Na,K
硬度：5
浄化法：日光浴
効果的な使用方法：

Keyword
権力、保護、マイナスエネルギーの遮断

Part 2　願い事別パワーストーン

効果を高める +α おすすめの組み合わせ

クリアクォーツ (P72)
浄化を助ける組み合わせです。持ち主に真のパワーをもたらしてくれるでしょう。

スモーキークォーツ (P96)
マイナスエネルギーをすみやかに除去してくれます。物事をスムーズに進められるでしょう。

サルファー (P130)
勢いと爆発的なパワーをもたらす組み合わせです。瞬発力が必要な時に。

ホークスアイ (P33,49)
現実的な視点でパワフルにリーダーシップを発揮する組み合わせです。

願い事 **仕事**

職場の雰囲気を良くしたい

クリソプレーズ
Chrysoprase ［和名：緑玉髄］

人間関係に信頼感とリラックスした雰囲気をもたらす

石のパワー

信頼関係を構築させる

　人間関係に思いやりをもたらします。自己中心的な考えやエゴを落ち着かせ、信頼関係を重視できるように導きます。特にビジネスシーンでチームワークや信頼感を高めるといわれています。他者の能力を認めることでより発展的なビジネスが展開できるでしょう。オフィスに置くことでリラックスした雰囲気をもたらします。
　健康面では、体内の毒素を排出し、リラクゼーション効果がある石とされています。

石の特徴と歴史

翡翠のような光沢で人気の石

　カルセドニーの仲間で、ニッケル分が多く含まれグリーン色になったものをいいます。翡翠のようななめらかな光沢がある石ですが、黒が少し混ざっている場合もあります。古くから装飾品として使用され、とても人気が高い石でした。

DATA
色：グリーン
産地：オーストラリア、ロシア、アメリカ等
結晶系：六方晶系
成分：iO_2＋ニッケル＋酸化物
硬度：7
浄化法：日光浴、流水、セージ
効果的な使用方法：

Keyword
信頼関係、思いやり、自信、気配り、リラクゼーション

効果を高める ＋α おすすめの組み合わせ

カルセドニー
ギスギスした人間関係を解きほぐし、円満な組織を作る作用がある組み合わせです。

デザートローズ (P71)
長年の習慣を解除してくれ、職場などに新しい風を吹き込んでくれる組み合わせです。

ジェイド (P17,65)
人間関係に秩序と礼儀、尊敬をもたらす組み合わせです。他者からの信頼を与えるでしょう。

アベンチュリン (P17,70)
職場や人間関係に友情と繁栄、喜びをもたらし、仕事を円滑にすすめてくれる組み合わせです。

> 願い事
> **仕事**

勝負時に勝ちたい

パイライト

Pyrite ［和名：黄鉄鉱］

思考をクリアにして、勝負に集中できるように導く

石のパワー

集中力を高め、勝利を勝ち取る

　精神を目覚めさせ、目的に集中させてくれる石です。意志の力を高め、自信をつけさせてくれるでしょう。勝負時には強い気持ちで勝利を獲得できるように精神力を高めます。駆け引きが必要な場面にも有効です。邪気を払うなど優れた保護力を持ち、危険や妨害から守って邪魔されることなく勝負に臨むことができるでしょう。意志薄弱に悩む人におすすめの石です。健康面では、古くから気管支や肺の不調を癒す作用があるとされています。

石の特徴と歴史

過去はダイヤモンドの代用品

　きれいな立方体または多面体として産出されます。色は金色がかった鉄色です。かつてはダイヤモンドの代用品とされていたように、比較的簡単に入手できます。また古代では火打ち石として使用されてきたともいわれています。

DATA
色：金に近い鉄色
産地：スペイン、メキシコ等
結晶系：等軸晶系
成分：FeS_2
硬度：6～6.6
浄化法：セージ
効果的な使用方法：

Keyword
勝利、意志、保護力、積極性、男性性、駆け引き

効果を高める +α おすすめの組み合わせ

ルビー（P23,63）
勝負運を高める組み合わせです。ここ一番という時のお守り石となります。

サファイア（P27,50）
頭脳を明晰にし、冷静な勝負ができるように導きます。頭脳戦におすすめです。

ダイヤモンド（P15,47）
自信を持って勝負できるように導きます。一番を目指したい時に力を発揮してくれるでしょう。

エメラルド（P16,41）
勝利による幸運と繁栄をもたらす組み合わせです。人徳による勝利が望めます。

Part 2　願い事別パワーストーン

> 願い事
> **仕事**

転職を成功させたい

ヘマタイト
Hematite ［和名：赤鉄鉱］

目的を達成するための勇気を与えてくれ、自立心を高める

石のパワー

勇気を与え、前進させてくれる

　チャレンジ精神を高め、勇気を持って目的達成できるように導く石です。変化に対する不安や恐れを克服して、目的達成に向けて力強く前進できるように後押ししてくれます。

　あらゆる状況に負けることなく、堂々と立ち向かうことができるでしょう。自立心や自尊心を高める作用があるため、転職活動での自己アピールに役立つでしょう。古くから勝利をもたらす石とされ、転職の成功を願う人におすすめです。

石の特徴と歴史

止血効果で戦士を支えた石

　研磨される前はデコボコしていますが、研磨されたものはなめらかで光沢があります。戦士を守る石といわれ、古代ローマの軍神マルスに関連がある石とされています。血や貧血の治療に用いられてきたと言い伝えられています。

DATA
色：黒っぽい銀
産地：アメリカ、ブラジル等
結晶系：六方晶系
成分：α-Fe2O3
硬度：5〜6
浄化法：日光浴、セージ
効果的な使用方法：

Keyword
勇気、チャレンジ、勝利、生命力、自信、やる気

効果を高める +α おすすめの組み合わせ

シトリン (P15,31,60)
願望成就を達成する組み合わせです。目的意識を高めてくれるでしょう。

ルチルクォーツ (P29,87,127)
幸運のお守り・ルチルクォーツとの組み合わせでツキを呼び、新たな環境で働くサポートになります。

デザートローズ (P71)
心機一転したい時に、これまでの習慣を断ち切って前進させてくれる組み合わせです。

ホークスアイ (P33,49)
ビジネスの成功を達成する強力な組み合わせです。どんな転機も乗り越えていけるでしょう。

> 願い事
> **仕事**

ミスを防ぎたい

スティルバイト
Stilbite ［和名：束沸石］

直感力を高め、早い段階で間違いに気づかせてくれる石

石のパワー

危険回避、問題解決に一役

　強力な気づきをもたらす石です。危険をいち早く察知し、ミスを事前に回避させる直感力を鋭くさせてくれる作用があります。仮に誤った方向に進んでしまっても、すばやく方向転換をし、問題解決できるように導いてくれます。常に思考を研ぎ澄ませられるように助けてくれるでしょう。集中力を高め、機転を利かせることができるようになるでしょう。健康面では、解毒作用があるとされ、心身を浄化するといわれています。

石の特徴と歴史

置き石として使うのがおすすめ

　同じゼオライトの仲間であるアポフィナイト、プレナイトなどと一緒に産出され、針状の結晶が束になっています。硬度が低いので装飾品として使う時は注意。コンビネーションストーンとして置き石を部屋に飾ると場を整えます。

DATA
色：白、黄
産地：アメリカ、インド等
結晶系：単斜晶系
成分：NaCa2Al5Si13O36・14H 2O
硬度：3.5～4
浄化法：クラスター、セージ
効果的な使用方法：

Keyword
直感力、集中力、本質を見抜く、気づき、問題解決

Part 2 願い事別パワーストーン

効果を高める +α おすすめの組み合わせ

アポフィライト（P187）
強力なリラクゼーション作用を持つ石です。落ち着いて物事に対処できるでしょう。

オケナイト
安心感を与え、委縮した心を解きほぐしてくれます。ミスを恐れないように導きます。

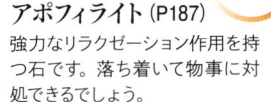

プレナイト（P75）
真実を見抜けるように導きます。根気強さを培い、ミスを防ぐことができるでしょう。

スタウロライト（P82）
ストレスを軽減し、のめり込んでしまう性質を改善することでミスを防ぎます。

> 願い事
> **勉強**

記憶力をアップしたい

アズライト
Azurite ［和名：藍銅鉱］

語学など記憶力を必要とする勉強をサポートする

石のパワー

洞察力と直感力アップ

　頭脳を明晰にし、頭の中の記憶の倉庫をすっきりと整理してくれます。洞察力と直感力を高める作用があり、必要な記憶に気づかせてくれます。また頭脳を活発にする効果があるため、記憶のキャパシティを広げ、集中力を高めてくれるでしょう。認識する力や視野を広げる力を授けるため、これまで理解に苦しんだ物事も理解できるように助けます。語学などの記憶を必要とする勉強に適しています。

石の特徴と歴史

宗教や芸術、幅広く活躍した石

　鮮やかな青色で、古代文明で珍重されてきた歴史ある石です。霊的な力がある石といわれており、儀式などで装飾品として使用されました。また日本画を中心に、絵画の顔料として使用されることも多かったようです。

DATA
色：ディープブルー
産地：ナミビア、フランス、アメリカ、ロシア、オーストラリア等
結晶系：単斜晶系
成分：$Cu_3^2 + (CO_3)_2(OH)_2$
硬度：3.5～4
浄化法：月光浴、セージ
効果的な使用方法：

Keyword
洞察力、記憶力、視野を広げる、直観、冷静

効果を高める +α おすすめの組み合わせ

マラカイト (P28,142)
集中力を高める組み合わせです。日々変化する情報を取捨選択する能力も高めます。

サファイア (P27,50)
頭脳を明晰にする組み合わせです。冷静さと理性を発達させるため思考力が冴えます。

ブルートルマリン (P18)
暗記力を強化する組み合わせです。語学の記憶に効力を発揮し、言語能力の発達を助けます。

フローライト (P36,59)
集中力と記憶力を高める組み合わせです。頭の中を整理して落ち着かせる効果もあります。

> 願い事
> 勉強

試験に合格したい

アクアマリン
Aquamarine ［和名：藍玉］

不安を解消し、才能を発揮させてくれる石

石のパワー

緊張緩和、本来の実力発揮をサポート

　勇気と冷静さをもたらす石です。不安を解消し、混乱を鎮める作用があり、真の知性を発揮させるといわれています。試験などの場では、緊張を緩和して、冷静に臨むことができるようにサポートしてくれるでしょう。また暗い気持ちを吹き飛ばし、光を呼び込む浄化作用を持つ石です。たとえうまくいかないことがあっても、次のチャンスを活かせるように気持ちをリセットさせてくれるでしょう。健康面では目、のど、リンパの不調を癒すとされています。

石の特徴と歴史

水とのつながりが強い、海のお守り

　まるで海のような透明～半透明の水色が特徴なため、英語名では海にちなんだ名前がつけられました。名前の通り、水とのつながりが強い石です。そのため、古くから航海や豊漁など、海のお守りとして優れたエネルギーを発揮したといわれています。

DATA
色：透明な水色
産地：ブラジル、ロシア、マダガスカル等
結晶系：六方晶系
成分：$Be_3Al_2Si_6O_{18}$
硬度：7.5 ～ 8
浄化法：クラスター、セージ、流水、月光浴
効果的な使用方法：

Part 2 願い事別パワーストーン

Keyword
知性、勇気、飛躍、前進、コミュニケーション

効果を高める +α おすすめの組み合わせ

パイライト (P53)
勝負運を高める組み合わせです。試験などの勝負時に運を授けてくれるでしょう。

アメジスト (P37,77)
精神的なストレスを取り去る組み合わせです。リラックスした気持ちで試験に臨めるでしょう。

サファイア (P27,50)
冷静さを授ける組み合わせです。不安や弱気を取り去り、本来の力を発揮させます。

ベリル
堅実な努力ができるように、地道な道のりをサポートする組み合わせです。

> 願い事
> 才能

クリエイティブな才能を発揮したい

ターコイズ
Turquoise ［和名：トルコ石］

冒険心と自由な発想をもたらす石

石のパワー

発想と自己表現に力を与える

心を解放し、自由な発想力をもたらす作用があるため、勇気と冒険心を授ける石といわれています。クリエイティブなセンスを高め、周囲を驚かすような新しい発想を与えてくれるでしょう。自己表現力を高めるため、大事な場面で自分の考えをうまく伝えることができるように促します。健康面では目を守り、目の病を癒す石とされています。インスピレーションを高め、持ち主が正しい判断をするための手助けをし、理想を現実に具現化してくれます。

石の特徴と歴史

危険から身を守る、旅の守り石

古代インカでも使用されてきた歴史ある石です。古くから旅の守り石として大切にされ、危険から身を守るとされてきました。現在でも多くの装飾品に使用されていますが、良質なターコイズの産出量が減少し、加工品が多く出回っています。

DATA
色：スカイブルー
産地：メキシコ、イラン、アメリカ、中国等
結晶系：なし
成分：$Cu^{2+}Al(PO_4)_4(OH)_8・4H_2O$
硬度：5～6
浄化法：日光浴、クラスター、セージ
効果的な使用方法：

Keyword
クリエイティブ、冒険心、表現力、発想力、勇気、旅

効果を高める +α おすすめの組み合わせ

クリソコラ (P19,42)
クリエイティブなセンスや人間的な魅力を高めます。自分の個性を知ることができるでしょう。

レピドライト (P173)
古い観念を捨てて、新しいことに挑戦させてくれる石です。一歩踏み出す勇気を与えてくれるでしょう。

スティルバイト (P55)
直観力と独創性を授ける組み合わせです。独自のひらめきを得ることができるでしょう。

セレスタイト (P34,156)
宇宙感覚の石ともいわれるセレスタイトは、まったく新しいアイデアをひらめかせてくれる石です。

> 願い事
> 才能

感性を豊かにしたい

フローライト
Fluorite ［和名：蛍石］

目には見えない、感性の世界を豊かにする石

石のパワー

独創的な感性の開花

　直感とインスピレーションの石といわれています。目には見えない世界を感じ取る感性を高める作用があります。独自のひらめきが得られるため、芸術など独創性が必要とされる分野での才能の発揮を促します。またヒーリング効果があり、頭の疲れを解消してくれます。精神的にすっきりと癒してくれるため、感性もより豊かになるでしょう。精神性を高め、自分の内面を見つめ直したり、深い気づきを与える石としても知られています。

Keyword
直観、感性、インスピレーション、芸術、ヒーリング、霊性

石の特徴と歴史

色によって変わる、さまざまな効能

　さまざまな色があり、中にはレインボーカラーのように複数の色が混ざっているものもあります。色により効能に特徴があります。クリアはインスピレーション、紫は精神性、青はコミュニケーション、緑は感情の保護、黄は協調性などを高めます。

DATA
色：クリア、青、緑、紫、黄等
産地：アメリカ、中国、イギリス等
結晶系：等軸晶系
成分：CaF_2
硬度：4
浄化法：月光浴、流水、セージ、クラスター
効果的な使用方法：

Part 2 願い事別パワーストーン

効果を高める +α おすすめの組み合わせ

セラフィナイト（P146）
感性を鋭くする組み合わせです。穏やかな心を育み、特にスピリチュアルな感覚を高めます。

オケナイト
繊細な感性を育む組み合わせです。純粋な世界観を構築し、表現できるでしょう。

ミルキークォーツ（P190）
潜在能力を引き出すパワーがあります。ピュアなひらめきを得ることができるでしょう。

ハーキマーダイヤモンド（P81）
夢のメッセージを受け取る石といわれ、独自のひらめきをもたらしてくれるでしょう。

> 願い事
> 金運

収入アップしたい

シトリン
Citrine ［和名：黄水晶］

意志を明確にして、豊かさを引き寄せる

石のパワー

富を呼び、人生の充実感を高める

豊かさを引き寄せる石として有名で、仕事の成功や金運の上昇に効果があります。精神的にも物質的にも充実することで、人生を明るくポジティブに歩んでいけるようにサポートしてくれるでしょう。自己肯定感を高める作用があり、富を所有し管理する強い精神力を身につけさせてくれます。また部屋の隅など「気」の貯まる場所に置くと、家全体の財運が発展します。快活なエネルギーを持っており、好奇心を高めてくれます。子供のお守りとしてもおすすめです。

石の特徴と歴史

商人に愛された、金運の石

古くから富を呼び込む石とされ、商売繁盛を願う商人の間で人気がありました。天然のものは比較的希少で、市場に流通しているものはアメジストを熱処理したものがほとんどです。日光で色が抜けてしまうことがあるため、日光浴は避けましょう。

DATA
色：イエロー
産地：ブラジル、ロシア、アメリカ等
結晶系：六方晶系
成分：SiO_2
硬度：7
浄化法：流水、セージ、クラスター
効果的な使用方法：

Keyword
豊かさ、引き寄せる力、自己肯定感、自信

効果を高める +α おすすめの組み合わせ

タイガーアイ (P23,62)
ビジネスの成功を導く組み合わせで、長期にわたる金運をもたらします。

アメジスト (P37,77)
シトリンと相性抜群の石で豊かさをコントロールする力をもたらします。

ゴールデントパーズ (P23,31,86)
繁栄をもたらす組み合わせです。収入アップの願望を叶えるでしょう。

デンドライト (P200)
豊かさを引き寄せる最強の組み合わせです。古くから農作物の豊穣をもたらすとされてきました。

| 願い事 金運 | お金を貯めたい |

アンバー
Amber ［和名：琥珀］

長い年月をかけ、
豊かさを築き上げる力を
もたらす

石のパワー

永続的な富と家内安全

　長い時間をかけて凝固されたアンバーは永続的な富の象徴とされてきました。アンバーの安定感のある波動により、財産の正しい使い道をきちんと判断し、無理なく貯蓄ができるように導いてくれるでしょう。また家庭の安全と繁栄をもたらすものとされているため、出産や受験のお守りとしても力を発揮します。持ち主を危険から守り、富を与え、美しい琥珀色により、心を明るく照らすとされています。より豊かな人生を歩みたい人におすすめです。

石の特徴と歴史

歴史ある樹液の化石

　本来は植物の樹液が固まって化石化したものです。鉱物とはいいきれない性質を持ちますが、地層から発見されることから鉱物の一種とみなされています。歴史は古く、石器時代にさかのぼり、装飾品など多岐にわたり使用されてきました。

DATA
色：琥珀色
産地：ロシア、ドミニカ共和国、リトアニア等
結晶系：なし
成分：$C,H,O + H_2S$
硬度：2～2.5
浄化法：セージ、クラスター
効果的な使用方法：

Keyword
豊かさ、年月をかけた成功、富の結晶

Part 2 願い事別パワーストーン

効果を高める +α おすすめの組み合わせ

アラゴナイト (P35,124)
地上の女神と呼ばれ、物質的な富と喜びをもたらす組み合わせです。

シトリン (P15,31,60)
豊かさを引き寄せる組み合わせです。目標額を明確にすることで達成率を高めます。

ガーデンクォーツ
財産を増やす組み合わせです。貯蓄額が徐々にアップするように導きます。

タイガーアイ (P23,62)
堅実で計画的な金運を授ける組み合わせです。地道に貯蓄できるように導きます。

> 願い事
> 金運

浪費癖を直したい

タイガーアイ
Tiger's eye ［和名：虎目石］

計画性を授け、
堅実な金運を
授けてくれる石

石のパワー

洞察力を高め、財産を守る

　意志の力と堅実な行動力を高める石で、理想を現実化できるように導きます。名前の通り目のように見える石なので、洞察力を高める作用があり、計画性を持ってお金を使えるようになるでしょう。お金をコントロールできる意志の力を授け、衝動買いや無駄な出費を我慢させてくれます。また富の石として有名で、お金が手元に残るように導いてくれます。目的達成のために必要な財産が出て行かぬよう、守ってくれるでしょう。堅実さと地道さをもたらす石です。

石の特徴と歴史

虎の目のように輝く、魔除けのお守り

　縞目が光に反射して、虎の目のように見えることから名づけられました。キャッツアイの代用品として使用されることも多いです。古代より魔除けのお守りとして珍重され、儀式や護符などさまざまな用途に用いられてきました。

DATA
色：茶と黄の縞
産地：南アフリカ、アメリカ、インド等
結晶系：単斜晶系
成分：$NaFe(SiO_3)_2$＋混合物
硬度：7
浄化法：日光浴、流水、セージ、クラスター
効果的な使用方法：

Keyword
地に足が着く、堅実、貯める力、意志力、目的達成

効果を高める ＋α おすすめの組み合わせ

デザートローズ (P71)
悪習慣を断ってくれるデザートローズとの組み合わせは、無駄遣いの習慣がなくなるように導きます。

オニキス (P32,99)
努力と忍耐力をもたらす組み合わせです。浪費を我慢させてくれるでしょう。

スタウロライト (P82)
知恵と守りのパワーを持つ石で、持ち主を良い方向へと転換してくれます。

スティルバイト (P55)
うっかりミスを防ぎます。無駄な浪費をしないように導いてくれるでしょう。

| 願い事 金運 | ギャンブル運を上げたい |

ルビー
Ruby ［和名：紅玉］

勝負運を授けてくれる、勝利の石

石のパワー

勝利と富を引き寄せる

　勝負運を高め、繁栄を呼ぶ石とされているため、ギャンブル運を高める石としてはピッタリです。勝負ごとに勝ちたい時は、ルビーを身につけると良いでしょう。思い切った賭けができる勇気と大胆さを授けてくれるはずです。勝負強さに加えて、情熱と集中力を与えるため、勢いに乗れるように導きます。自信を持った勝負ができるでしょう。健康面では、心臓や血液に働きかけるといわれ、全身を活性化させるとされてきました。

Keyword
勝負運、勝利の女神、金運、繁栄、生命力

石の特徴と歴史

勝利を導く、宝石の女王

　女性的な華やかさをもったルビーは、「宝石の女王」と呼ばれています。古くから愛情と勇気、戦いの石とされてきました。危険を回避して勝利を導く効果があるとされ、兵士が戦場に向かう際にお守りとして携帯したという言い伝えもあります。

DATA
色：レッド
産地：アフガニスタン、ミャンマー、スリランカ等
結晶系：六方晶系
成分：Al_2O_3
硬度：9
浄化法：日光浴、セージ、クラスター
効果的な使用方法：

Part 2 願い事別パワーストーン

効果を高める +α おすすめの組み合わせ

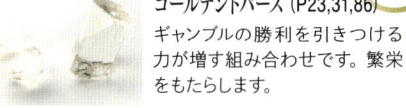

ゴールデントパーズ (P23,31,86)
ギャンブルの勝利を引きつける力が増す組み合わせです。繁栄をもたらします。

スティルバイト (P55)
直感力を高め、ギャンブルの成功率をアップさせてくれるでしょう。

パイライト (P53)
思いきったギャンブルができるように、勇気と大胆さを与える組み合わせです。

ヘマタイト (P54)
集中力を高める組み合わせです。ギャンブルのカンを鋭くさせてくれるでしょう。

> 願い事
> **人間関係**

友情に恵まれる

ブルーレースアゲート
Bluelace agate ［和名：空色縞瑪瑙］

友情を育む、優しさとコミュニケーションの石

石のパワー

癒しを与え、感情を穏やかにする

癒しのエネルギーを持つ石で、持ち主が優しい気持ちで友情を育めるように導きます。長い間押さえこまれた感情にも緩やかな解放をもたらし、心をオープンにできるように促します。また穏やかに自己表現できるように上手なコミュニケーション力を授けてくれるでしょう。友情の石として有名で、友達同士の関係がうまくいかない時にも問題解決に導くように助けてくれるでしょう。健康面では喉や肩、首周りの詰まりをほぐすといわれています。

石の特徴と歴史

やわらかな色彩が美しい、友愛の象徴

アゲートの仲間で穏やかな波動が特徴です。友愛の石として有名で、きれいな空色に白いレースのような細かい縞目模様が入っています。現在は原石の産出が減少し、流通量は少ないものの、依然として高い人気を誇っています。

DATA
色：水色に白の縞
産地：ブラジル、南アフリカ、インド等
結晶系：六方晶系
成分：SiO_2
硬度：6.5〜7
浄化法：月光浴、流水、クラスター、セージ
効果的な使用方法：

Keyword
友情、優しさ、コミュニケーション、自己表現力、解放

効果を高める +α おすすめの組み合わせ

カルセドニー
同じ波動を持つ石同士の組み合わせで親和性があります。穏やかでリラックスした友情を育みます。

アクアマリン (P35,57)
友達の輪を広げてくれる組み合わせです。コミュニケーションの力を飛躍させてくれます。

アマゾナイト (P25,73)
神経質になっている時や人間関係がギスギスした時に、神経を鎮めて良い雰囲気をもたらします。

ブルーアゲート (P19)
友情の絆を深める組み合わせです。お互いが求めるものを明確にして意気投合を促します。

> 願い事
> **人間関係**

人徳を高めたい

ジェイド
Jade ［和名：翡翠］

人間性を高め、人徳を身につけさせる石

石のパワー

尊重と平和の心をもたらす

　尊敬や人徳が必要とされる立場の人のための石とされ、リーダー的な役割を担う人におすすめの石です。求心力を高め、人を惹きつけるような人間性に導いてくれるでしょう。また友情や家庭の平和をつかさどる石ともいわれています。人間関係に尊敬の心をもたらし、平和な関係性を築かせてくれるでしょう。道徳心を育む石として有名で、礼節や思いやりの精神を高める作用があります。人望を集める石とされ、歴史的にも指導的な立場の人が用いてきました。

石の特徴と歴史

東洋で珍重された、護符や魔除けの石

　落ち着いた緑色（硬玉）と白に近い色（軟玉）のものがあります。硬玉はジェダイト、軟玉はネフライトともいい、総称してジェイドと呼ばれます。古くから護符や魔除けとして使用され、中国では高貴な立場の人物が持つ石とされてきました。

DATA
色：グリーン
産地：ミャンマー、アメリカ、グアテマラ、中国
結晶系：単斜晶系
成分：$Na(Al,Fe^{3+})Si_2O_6$
硬度：6.5〜7
浄化法：月光浴、セージ
効果的な使用方法：

Keyword
道徳心、礼節、人徳、人望、尊敬、友愛

Part 2　願い事別パワーストーン

効果を高める +α おすすめの組み合わせ

コーラル (P25,80)
人徳とともに繁栄をもたらす組み合わせです。豊かな人間関係を築きたい時におすすめです。

サファイア (P27,50)
古くから高貴な石として有名なサファイアとの組み合わせは、人徳を高めてくれるでしょう。

エメラルド (P16,41)
大切な相手との敬愛し合える関係を永続させてくれる組み合わせです。

ラピスラズリ (P30,48)
高次の世界とつながり、より広い視野をもたらします。寛大な人間性を育む組み合わせです。

> 願い事
> 人間関係

グループ活動を円滑にしたい

ブルーカルセドニー
Blue Chalcedony [和名：玉髄]

人間関係にリラックスと寛大さをもたらす石

石のパワー

共感と理解を与え、結束力を育む

　思いやりや共感力、リラックスした雰囲気をもたらす石です。特にグループ活動を円滑にする作用があるといわれています。共通の目標を達成できるように創造性や独創性を発揮させてくれるでしょう。グループの絆を深める作用もあります。思いやりのある人間関係を築き、結束力、共感力を強め、一体感をもたらしてくれるでしょう。人間関係に癒しと安定感をもたらします。目的を達成するための協力関係を築かせてくれるでしょう。

石の特徴と歴史

人間関係に絆をもたらす石

　ブルーの他にもピンクや白などもあり、色によって多少効能が異なります。いずれも穏やかな波動を持つ共通点があります。より色彩がはっきりしている石はアゲートと呼ばれます。古くから人間関係に絆をもたらす石といわれてきました。

DATA
色：薄い水色、ピンク、ホワイト
産地：アメリカ、ギリシャ、ブラジル
結晶系：六方晶系
成分：SiO_2
硬度：6.5〜7
浄化法：月光浴、セージ
効果的な使用方法：♀

Keyword
リラックス、共感、理解、心のとげを取り去る、友愛

効果を高める +α おすすめの組み合わせ

ブルーレースアゲート（P17,64）
友情を高める組み合わせです。グループ内の相互理解を深めます。

ブルーアゲート（P19）
コミュニケーション力を高め、グループ内の意思疎通をスムーズにします。

アマゾナイト（P25,73）
グループの雰囲気がピリピリしてしまった時に神経をなだめ、雰囲気を和らげます。

クリソプレーズ（P15,52）
信頼関係を深める組み合わせです。特に仕事上の関係性を円滑にするといわれています。

> 願い事 人間関係

ギスギスした関係を和らげたい

エンジェライト
Angelite ［和名：硬石膏］

優しさと癒しをもたらす、天使の石

石のパワー

争いをなくし、愛情を取り戻す

　思いやりの石として有名で、人間関係がギスギスしてしまった時にやわらかい雰囲気を与え、緊張を和らげます。また無欲な心をもたらし、自己中心的な争いを解消します。他者を許して受け入れるように促す作用によって、一度ギクシャクしてしまった相手でも、再び愛情のある関係性へと修復してくれるでしょう。ヒーラーの石ともいわれ、自他ともに癒します。健康面では喉の詰まりを和らげる作用があるといわれています。

石の特徴と歴史

大切なものに気づかせる、天使の石

　ニューエイジの石といわれ、植物や鉱物に関わる人や、癒しを行う人の守り石とされています。硬度が低く、衝撃に弱い石ですが、わりと多く流通しています。天使の石としても有名で、大切なものに気づくように導く石とされています。

DATA
色：ブルー
産地：ペルー、南アフリカ、イギリス等
結晶系：斜方晶系
成分：SrCaSO4
硬度：3.5
浄化法：月光浴、セージ
効果的な使用方法：

Part 2　願い事別パワーストーン

Keyword
優しさ、癒し、エンジェルハート、ヒーリング

効果を高める +α おすすめの組み合わせ

ブルーカルセドニー (P66)
ともにギスギスした関係性を緩和させる働きがあり、組み合わせると効力がアップします。

セレスタイト (P34,156)
エンジェライトと同じ波動を持つ石です。行き詰まった人間関係を打破するヒントを与えます。

アマゾナイト (P25,73)
神経をなだめ、人間関係に落ち着きをもたらす組み合わせです。イライラを抑えてくれるでしょう。

アメジスト (P37,77)
ヒーリングをもたらす組み合わせです。場を浄化し、雰囲気を良くしてくれるでしょう。

願い事 **人間関係**

仲直りしたい

クンツァイト
Kunzite ［和名：リチア輝石］

許しと共感の心を与え、感情のしこりを溶かす石

石のパワー

相手を許し、理解する心を導く

　慈愛と許しの石です。感情のしこりや思考のこだわりをほぐし、イライラや憎悪の気持ちを愛情に切り替えてくれます。傷ついた感情を癒し、次第に許しの心境に導かれるでしょう。相互の人間関係に愛と理解をもたらし、思いやりをもって素直に接することができるように促す力を持ちます。持ち主に慈悲の心を自然と授けるため、無理なく相手を許せるようになるでしょう。相手もその愛の波動に影響されて少しずつ理解を示してくれるようになるはず。

Keyword
許し、癒し、慈愛、共感、愛情

石の特徴と歴史

繊細な美しさを持った、愛の石

　1902年に発見された比較的新しい石です。ピンク色の他にも同じ仲間の石には、白、黄色、緑、紫などがあります。いずれも淡い色彩で繊細な外見です。高次の愛、慈愛の心に同調する波動を持つ石として有名です。

DATA
色：薄いピンク
産地：ブラジル、アメリカ、ミャンマー、アフガニスタン等
結晶系：単斜晶系
成分：LiAlSi2O6
硬度：6.5～7
浄化法：月光浴、セージ、クラスター
効果的な使用方法：

効果を高める +α おすすめの組み合わせ

レピドライト (P173)
状況を変える力をもたらす組み合わせです。凝り固まった考えを解放します。

ダイオプテーズ (P44)
心の奥でくすぶっている傷ついた感情を強力に癒す組み合わせです。

ブルーレースアゲート (P17,64)
優しいコミュニケーションができるように促す組み合わせです。

ミルキークォーツ (P190)
行き詰まった人間関係を解放し、被害者意識を解放してくれる組み合わせです。

> 願い事
> **人間関係**

コミュニケーション力をアップしたい

アパタイト
Apatite ［和名：燐灰石］

気持ちを外に広げ、自己発信力を高める石

石のパワー

自己表現と周囲との調和が円滑に

社交性やコミュニケーション能力を高める石といわれています。自己表現をしっかりできるようになるだけではなく、周囲との調和をはかることができるようになるとされています。引っ込み思案な人が集団の中で活き活きと自己主張できるように導きます。特に集団行動の中での立ち振る舞い方をスマートにできるように導くため、団体行動に苦手意識を持つ人にもおすすめです。健康面ではカルシウムの吸収を助け、骨や歯を守るといわれています。

石の特徴と歴史

コミュニケーションと信頼関係の石

名前は「惑わす（apate）」で、アクアマリンやトルマリンなどに似ていることに由来します。色は青の他にも黄、緑、白など多数存在し、特に青いアパタイトは古くからコミュニケーションと信頼関係の石とされてきました。

DATA
色：青、黄、緑、白など
産地：ブラジル、ロシア、アメリカ等
結晶系：六方晶系
成分：Ca5(PO4)3F
硬度：5
浄化法：クラスター、セージ
効果的な使用方法：

Keyword
自己表現力、コミュニケーション力、周囲との調和、一体感

Part 2 願い事別パワーストーン

効果を高める +α おすすめの組み合わせ

カイヤナイト
意志を的確に伝える力を授けます。人前で話をする立場の人におすすめの石です。

ソーダライト
持ち主に冷静さと客観性をもたらし、ひとりよがりを防ぐ組み合わせです。

アクアマリン（P35,57）
コミュニケーションの幅を広げる組み合わせです。勇気をもって発言する力を与えてくれるでしょう。

ブルートルマリン（P18）
相手に伝わりやすい表現力を与える組み合わせです。言葉の苦手意識を克服できるでしょう。

> 願い事
> 人間関係

家族関係を良くしたい

アベンチュリン
Aventurine ［和名：砂金水晶］

家族関係を円満にし、幸福と繁栄を呼ぶ石

石のパワー

トラブルを解決し、円満な家庭に

家庭内の人間関係を豊かにする石です。家族間の感情を安定させ、家庭に平和を呼び込む石といわれています。言葉では説明しづらい情緒的な問題や家族間のストレスを解消し、解決に導きます。家族に明るさと繁栄をもたらし財力アップにもつながる家庭の守り石といえるでしょう。健康面では自律神経を整え、疲労回復に効果があるとされています。ハートに働きかける石で、家族間の信頼感を高めます。また家の中を心からリラックスできる空間へと導きます。

石の特徴と歴史

繁栄の石ともいわれるインド翡翠

インド原産で翡翠の代用品として使われたことからインド翡翠と呼ばれることもありますが、翡翠とは別物です。しかし翡翠と同じく、高貴な石として珍重されてきました。古くから繁栄の石とされ、家庭や人間関係、財産を繁栄させるといわれています。

DATA
色：グリーン
産地：インド、アメリカ、ブラジル等
結晶系：六方晶系
成分：SiO2
硬度：7
浄化法：セージ、クラスター
効果的な使用方法：

Keyword
家族、繁栄、人間関係の豊かさ、ポジティブなエネルギー

効果を高める +α おすすめの組み合わせ

サードオニキス (P15,24,47)
家族間の絆を強固にします。感情的な問題も解決できるように促します。

エメラルド (P16,41)
家族間の永続的な絆をもたらす石です。平和な関係性を持続させるでしょう。

コーラル (P25,80)
家庭に喜びと繁栄をもたらす組み合わせです。明るく豊かな人間関係を築くことができるでしょう。

ジェイド (P17,65)
家族関係に尊敬をもたらす組み合わせです。礼節と思いやりがある家庭になるでしょう。

> 願い事
> **人間関係**

悪縁を遠ざけたい

デザートローズ
Desert Rose ［和名：砂漠の薔薇］

長年の習慣を改め、新しい変化を取り入れる石

石のパワー

悪縁を断ち、人間関係をリセット

　長年の習慣を解除する作用があり、不要な習慣や人間関係を断ち切って、誘惑や障害から守ってくれるとされています。悪縁をキッパリと遠ざけたい人に強力な効果を与えてくれるでしょう。依存的な関係性からの脱却にも効果を発揮します。健康面では、神経を鎮め、リラックス効果があるといわれています。知性を高めるエネルギーも持つといわれており、受験勉強のお守りとして、大切なテストの前などに、デスクの上に置いておくと良いでしょう。

石の特徴と歴史

自然と薔薇の形に生まれた石

　セレナイトの仲間で砂漠の中から産出されます。地底から染み出た水が周囲のミネラル分を溶かして形成した石で、その形状が薔薇に似ていることから「砂漠の薔薇」と名づけられました。硬度は低く脆いため、観賞用とするのがおすすめです。

DATA
色：白、茶
産地：メキシコ、オーストラリア、
　　　チュニジア、モロッコ等
結晶系：単斜晶系
成分：CaSO4
硬度：2
浄化法：セージ
効果的な使用方法：

Keyword
悪習慣や悪縁との決別、変化、決意

効果を高める +α おすすめの組み合わせ

スタウロライト (P82)
揺るぎない決意をもたらし、ケジメをつけさせてくれる組み合わせです。

セレナイト (P191)
自分にとって不要となってしまった関係性に気づかせてくれる組み合わせです。

エレスチャルクォーツ (P184)
長期に渡る関係性から生じる感情的なこだわりをゆっくりと解除します。

ヘマタイト (P54)
強い気持ちで決心を貫けるようにサポートし、障害を跳ねのけます。

Part 2　願い事別パワーストーン

| 願い事 浄化 | 心身の浄化 |

クリアクォーツ
Clear Quartz ［和名：水晶］

強力な浄化作用で、心身をリフレッシュする石

石のパワー

浄化作用ですべてをプラスに

石を持ったことがない人にとっても、扱いやすい石です。浄化作用に優れ、身体を包み込む磁場（オーラ）に働きかけるといわれます。身も心もリフレッシュする効果があるため、前向きな気持ちにさせてくれたり、潜在能力を引き出すサポートをしたりと、万能なパワーを持っています。

身につければお守り代わりに、部屋に置けば部屋全体をリラックスできる空間にする作用があるなど、さまざまな用途に使われます。

石の特徴と歴史

他の石のパワーを高める石

非常にポピュラーな石で、さまざまな形のものが産出されます。クラスター、レーザー、ツイン型、カテドラル型、レインボー、レコードキーパーなどがあり、形により効能に特徴があります。他の石と一緒に持つと、その石の効果を高めるといわれています。

DATA
色：透明
産地：ブラジル　アメリカ等
結晶系：六方晶系
成分：SiO_2
硬度：7
浄化法：流水、日光浴、月光浴、セージ、クラスター
効果的な使用方法：

Keyword
浄化、パワーアップ、心身の調和、癒し

効果を高める +α おすすめの組み合わせ

ミルキークォーツ (P190)
穏やかな浄化をもたらし、体内の毒素の排出を助けてくれるので、心身をリフレッシュさせてくれます。

ダイヤモンド (P15,47)
頭と精神をスッキリと浄化します。純粋な心を思い出させてくれる石です。

アメジスト (P37,77)
精神の領域を浄化し、心に平安をもたらします。強力な組み合わせです。

スモーキークォーツ (P96)
マイナスエネルギーを強力に吸収する石です。くすぶっている感情も取り去ってくれます。

> 願い事
> 浄化

電磁波の浄化

アマゾナイト
Amazonite ［和名：天河石］

電磁波などの有害エネルギーを取り除く

石のパワー

電磁波による健康被害を防ぐ

　携帯電話や電子レンジなどの電化製品による電磁波を吸収し、カットしてくれます。現代人に多く見られる電磁波によるダメージを軽減してくれるでしょう。また神経からくるイライラや落ち込みを解消します。あらゆる環境や人間関係によるマイナスエネルギーから持ち主を守り、気持ちを穏やかにさせてくれるでしょう。
　健康面では、ストレスからくる臓器の不調を改善する働きがあります。

石の特徴と歴史

南米が生んだ、翡翠のような石

　名前の由来はアマゾン川から名づけられたといわれています。翡翠のように美しい色調のため、アマゾンジェイドとも呼ばれることもあります。南米でしか産出されませんが、場所は必ずしもアマゾン川周辺ではないそうです。

DATA
色：グリーン
産地：アメリカ、ブラジル、ロシア等
結晶系：三斜晶系
成分：$KAlSi_3O_8$
硬度：6～6.5
浄化法：日光浴、月光浴、セージ、クラスター
効果的な使用方法：

Keyword
電磁波解除、イライラ解消、ストレス解消

効果を高める +α おすすめの組み合わせ

アベンチュリン (P17,70)
電磁波を強力に吸収する組み合わせです。心を穏やかにする作用があります。

スモーキークォーツ (P96)
電磁波などのマイナスエネルギーを速やかに吸収し、大地に返します。

ペリドット (P25,141)
頭と精神をスッキリと浄化します。純粋な心を思い出させてくれる石です。

レピドライト (P173)
電磁波を吸収してくれる石です。パソコンのそばに置くのがおすすめです。

Part 2　願い事別パワーストーン

| 願い事 癒し | 心身を癒したい |

モスアゲート
Moss Agate ［和名：苔瑪瑙］

自然のリズムに同調し、自然体になれる石

石のパワー
疲れを癒し、心身の健康を取り戻す

　自然体の状態を思い出させてくれる石です。自分独自のリズムを思い出せる効果があり、神経を鎮め、リラックスさせてくれます。心身の疲れをリカバリーする力に優れ、健康な心と身体を取り戻させてくれます。部屋に置くと癒しの空間となります。地上の恩恵を享受できる石とされているため、地球の一部である私たちの肉体と感情を癒します。日々の忙しさにとらわれ、自分らしさを取り戻したいと感じるときにおすすめの石です。

石の特徴と歴史
富を授ける、苔のような石

　アゲートやカルセドニーに鉱物が混じり合って、まるで苔のような独特な模様になったものをいいます。古くから富の石と呼ばれ、農業に繁栄をもたらすとされてきました。地球の波動に同調する石で地上の恵みをもたらします。

DATA
色：透明または半透明に緑の模様
産地：インド、ブラジル、アメリカ等
結晶系：六方晶系
成分：SiO_2
硬度：7
浄化法：日光浴、月光浴、流水、セージ、クラスター
効果的な使用方法

Keyword
癒し、リラックス、地に足が着く、体調を整える

効果を高める +α おすすめの組み合わせ

スミソナイト
心の傷を癒す効果が高く、ギスギスしてしまった気持ちを和らげてくれます。

セレナイト（P191）
心身を浄化してくれる石です。マイナス感情を洗い流してくれるでしょう。

ミルキークォーツ（P190）
心身の疲れを癒す石です。蓄積されたマイナスエネルギーを溶かし出します。

エンジェライト（P35,67）
天使の石と呼ばれています。植物や鉱物と同調し、癒しをもたらします。

> 願い事
> 癒し

リラックスしたい

プレナイト
Prehnite ［和名：葡萄石］

精神を浄化し、リラックスに導く石

石のパワー

負の感情を和らげ、身軽に

　心身を身軽にしてくれる石といわれています。穏やかな波動を持ち、リラクゼーションをもたらします。感情的な問題や怒りや不安を和らげ、ゆったりした気分になれるように促します。部屋に置くと部屋全体をリラックスした雰囲気にしてくれるでしょう。ついがんばりすぎてしまう人にもおすすめです。いつの間にか、ためこんでしまった疲れや緊張感、体のこわばりなどを解消してくれるでしょう。健康面では、排泄に関する不調をやわらげるといわれています。

石の特徴と歴史

ぶどうのようにフルーティーな色合い

　オランダの陸軍大佐・プレーン男爵にちなんで名づけられました。また和名は葡萄のような形状で産出されることから葡萄石と呼ばれています。色は白、グリーンやイエローに近いものがあります。精神面のバランスをとる石として有名です。

DATA
色：緑、白、黄
産地：オーストラリア、南アフリカ、アメリカ等
結晶系：斜方晶系
成分：$Ca_2Al_2Si_3O_{10}(OH)_2$
硬度：6〜6.5
浄化法：月光浴、セージ、クラスター
効果的な使用方法：

Keyword
リラックス、頭をクリアにする、精神的な浄化

Part 2　願い事別パワーストーン

効果を高める +α おすすめの組み合わせ

アゲート（P182）
心身を落ち着かせる組み合わせです。地に足が着いた安心感を与えてくれるでしょう。

ムーンストーン（P20,79）
自然のリズムを思い出させてくれる組み合わせです。月の満ち欠けに同調しリラックスできます。

ガーデンクォーツ
地球の恵みをあらわす石でゆっくりとした時間の流れを感じさせてくれます。

アポフィライト（P187）
気持ちをおおらかにしてくれる作用があります。大局的な物の見方ができ、安心感を与えます。

> 願い事
> 癒し

優しくなりたい

モルガナイト
Morganite ［和名：モルガン石］

高次の愛、慈悲の心を育む石

石のパワー

優しさや思いやりの心を育む

　無償の愛を育てる石です。高次の愛を芽生えさせ、慈愛の心を育みます。持ち主に真の優しさを授けるでしょう。また女性性を高め、女性特有の優しさや思いやりを身につけさせてくれます。柔軟性が欲しい時、優しさを身につけたい時におすすめです。健康面では、呼吸器、肺、心臓を強化する作用があるとされています。またストレス性の症状を回復させるパワーを秘めているといわれています。女性的な魅力を高める作用も期待できるでしょう。

Keyword
優美さ、優しさ、女性らしさ、慈悲、愛

石の特徴と歴史

薄付きのピンクが美しい、癒しの石

　ピンク色のベリルがモルガナイトと呼ばれます。1911年にマダガスカルで発見された比較的新しい石で、名前の由来は発見者のJ・P・モルガンからきています。産出されるものの多くは加熱処理によりアクアマリンとなって流通しているのが現状です。

DATA
色：ピンク
産地：ブラジル、ナミビア、マダガスカル等
結晶系：六方晶系
成分：$Be_3Al_2Si_6O_{18}$
硬度：7.5〜8
浄化法：月光浴、セージ、クラスター
効果的な使用方法：

効果を高める +α おすすめの組み合わせ

ローズクォーツ (P26,40)
愛の石の代表格といわれています。共感力を高め、優しい気持ちを育む組み合わせです。

ミルキークォーツ (P190)
雪のようにピュアで優しい波動を持つ石です。純粋な気持ちを育みます。

クンツァイト (P17,68)
美しいピンク色で愛の波動を持つ石です。優しすぎて気疲れしてしまう人を守ってくれます。

パール (P188)
母性を高め、女性らしい優しさを育みます。忍耐力と誠実さを授けてくれるでしょう。

> 願い事 癒し

ストレスを解消したい

アメジスト
Amethyst ［和名：紫水晶］

強力なヒーリングパワーを持ち、心身を深く癒す

石のパワー

ヒーリング効果でストレスを解消

　強いヒーリングパワーと癒しの力を持つ石として有名です。心の聖域を守り、邪悪なものを遠ざけるともいわれています。神経をリラックスさせる作用があり、緊張状態にある時に、癒し効果を発揮します。不安やストレスを感じる時には、そばに置くと良いでしょう。〝安定〟のエネルギーを持ち、精神の乱れを安定させ、疲れを感じる人にもおすすめです。また腸を整え、頭痛を和らげることによって、安眠を促すとされています。

石の特徴と歴史

ポピュラーながら多様性がある石

　古くから宗教儀式などでも使用されてきました。非常にポピュラーな石です。しかし産地によって色や原石の形状が異なるので、多様性があり、とても人気が高い石です。長時間日光にあてると色が抜けてしまうので注意しましょう。

DATA
色：パープル
産地：ブラジル、アフリカ、マダガスカル、セイロン等
結晶系：六方晶系
成分：SiO_2
硬度：7
浄化法：流水、セージ、クラスター、月光浴
効果的な使用方法：

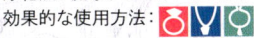

Keyword
ヒーリング、精神性を高める、心の聖域を守る

効果を高める +α おすすめの組み合わせ

スギライト (P37,84)
ショックを受けた時や強いストレス状態にある時に強力な癒し作用を発揮します。

アベンチュリン (P17,70)
不安感を取り除き、リラックスした安心感を与えます。電磁波から心身を守ります。

アマゾナイト (P25,73)
イライラを鎮める作用があります。特に電磁波の影響によるストレスに効果的です。

チャロアイト (P29,85,169)
委縮した心身を緩めてくれる石です。恐れや不安などで過敏になった神経を鎮めます。

Part 2 願い事別パワーストーン

> 願い事
> **健康**

健康になりたい

ブラッドストーン
Bloodstone ［和名：血石］

血のめぐりを促進し、体力を強化する健康の守り石

石のパワー

健康運アップに効果大

　心身の疲れを取り去り、スタミナをアップします。血液に深く関わり、血行を良くして、低血圧や貧血を緩和するとされています。また古代より出血や腫れ物などにも効果があるといわれてきました。健康に自信がない人が持つと、徐々に健康運がアップしていくでしょう。元気が無い時には、傍に置いてパワーチャージしてみましょう。ネガティブなものを遠ざけるお守りの効果もあり、精神的な強さを育み、積極性をもたらすといわれています。

石の特徴と歴史

血に関係する病気から守る

　古くから血にまつわる石とされてきました。血液を浄化し、心臓を強化するといわれています。古代には戦争で血を流すことがないように兵士がお守りとして身につけていたほか、止血剤として用いられることもあったようです。

DATA
色：深緑と赤
産地：インド等
結晶系：六方晶系
成分：SiO_2 ＋不純物
硬度：7
浄化法：日光浴、流水、セージ、クラスター
効果的な使用方法：

Keyword
元気、体力、バイタリティ、エネルギー

効果を高める +α おすすめの組み合わせ

レッドスピネル
若返りの石といわれています。心身を活性化しエネルギーを与えます。

ユナカイト (P150)
心身の回復を早める石といわれています。健康的な肉体がつくられるようにサポートします。

ペリドット (P25,141)
心臓を強化し、神経からくる腸の不調を和らげます。身体を丈夫にする石といわれています。

ジャスパー
心身のエネルギーを調和させることで、基礎体力を上げてくれる組み合わせです。

願い事 健康

女性特有の不調を和らげたい

ムーンストーン
Moonstone ［和名：月長石］

月の満ち欠けの
リズムに同調して、
体調を整える

石のパワー

感情の起伏を抑え、不調を改善する

　女性性と母性に深く関わり、月のバイオリズムに同調して、女性の体調のリズムを整える作用があります。女性特有の気分の浮き沈みや不安感、イライラなどを鎮めてくれるでしょう。婦人科系、胸に関連する不調を整える効果もあるとされています。女性の心と体は体内の水分に影響を受けやすく、体内の水分は月の満ち欠けにより変化するといわれていますが、そんな月の満ち欠けの変化に心と体がついていけず不調を感じてしまうときにおすすめの石です。

石の特徴と歴史

月に深い関わりを持つ、聖なる石

　月の満ち欠けのリズムが刻み込まれた石で、古代から聖なる石といわれてきました。月は女性性の象徴であるため、女性の生理的な部分に影響します。直観や潜在能力を発揮させる石としても有名です。自然のリズムに同調し、安眠をもたらします。

DATA
色：乳白色または白に黒が混じる
産地：インド、スリランカ、マダガスカル
結晶系：単斜晶系
成分：$KAlSi_3O_8$
硬度：6〜6.5
浄化法：月光浴、流水、セージ、クラスター
効果的な使用方法：

Part 2 願い事別パワーストーン

Keyword
月の周期、バイオリズム、感情を和らげる

効果を高める +α おすすめの組み合わせ

ロードナイト（P21,45）
苛立つ神経を鎮め、感情的な浮き沈みを収める作用があるといわれています。

ローズクォーツ（P26,40）
女性ホルモンを整える石といわれています。血行を促進し、肌を美しくするとされています。

コーラル（P25,80）
主に婦人科系に関連する症状を和らげるとされています。血行を良化し冷え性を改善します。

ロードクロサイト（P35,43）
女性ホルモンを整え、憂鬱さを和らげます。更年期の感情の浮き沈みを緩和します。

79

> 願い事
> **健康**

出産運を高めたい

コーラル
Coral ［和名：珊瑚］

女性の幸福を守り、健康と出産をサポートする石

石のパワー

子宝運のお守りに最適

　古くから子宝運を授けるお守りとして大切にされてきました。特に女性の幸せをつかさどるとされ、結婚、出産、家庭の繁栄などをサポートするといわれています。出産運を高めたい時は、なるべく赤に近いコーラルがおすすめ。血のめぐりを良くするでしょう。女性のホルモンバランスに良い影響を与え、妊娠へと導くとされています。体を温め、基礎体力を高める作用も期待できるでしょう。繁殖と繁栄を象徴するサンゴは妊娠・出産を強力にサポートします。

石の特徴と歴史

形状や色彩で価値が大きく変わる

　美しい海で生息するコーラル。色は白からピンク、赤などがあり、色や美しさにより、安価なものから非常に高価なものまでランクが大きく分かれます。日本でも産出され、アクセサリーなどさまざまな用途に使われてきました。

DATA
色：レッド、ピンク、ホワイト
産地：中国、日本
結晶系：なし
成分：$CaCO_3 + 3\%MgCO_3$
硬度：3.5〜4
浄化法：クラスター、月光浴、セージ
効果的な使用方法：

Keyword
出産運、結婚運、女性の健康、家庭の繁栄

効果を高める +α **おすすめの組み合わせ**

サードオニキス (P15,24,47)
夫婦間の絆を強く結びつける組み合わせで、子宝運をサポートしてくれます。

ムーンストーン (P20,79)
妊娠、出産、母乳の調子を整えるなど、出産に関わることにパワーを発揮します。

パール (P188)
古くから出産を助けるとされてきました。安全な妊娠・出産へと導きます。

ピンクアゲート
親子間の愛情と心の絆を深める石といわれ、胎教をサポートします。

> 願い事
> 健康

不眠を解消したい

ハーキマーダイヤモンド
Herkimar Diamond ［和名：ハーキマー産水晶］

夢のメッセージを伝え、
夢見を良くする
不思議な石

石のパワー

安眠、リラックス効果をもたらす

　安眠をもたらし、夢見を良くする石といわれています。夢の啓示を受け取ることができるとされるため「ドリームクリスタル」と呼ばれています。肉体と精神をつなぎとめる働きがあり、安心感を与え、質の良い眠りをもたらします。不眠の際に枕の下に入れると、意識をクリアにし、集中力を高めるため、遠く離れた相手との以心伝心を助けるとされています。心身を浄化し、眠っている間にたまってしまった負のエネルギーをリセットする作用も期待できるでしょう。

石の特徴と歴史

ダイヤモンドのようなクリスタル

　アメリカ・ニューヨーク州、ハーキマー地区のみで産出される水晶で強い光沢感を持っています。ダブルターミネーター型で、透明度が高いため、まるでダイヤモンドのように見えることからハーキマーダイヤモンドの名がつけられました。

DATA
色：透明
産地：アメリカ
結晶系：六方晶系
成分：SiO2
硬度：7
浄化法：流水、セージ、クラスター
効果的な使用方法：

Keyword
安眠、明晰夢、テレパシー、インスピレーション

Part 2 願い事別パワーストーン

効果を高める +α おすすめの組み合わせ

ムーンストーン (P20,79)
自然体のリズムを思い出させ、安眠をもたらしてくれる組み合わせです。

ハウライト (P189)
心を落ち着かせる作用があり、寝つきの悪さを和らげる効果があるとされています。

ミルキークォーツ (P190)
心身を穏やかに浄化し、緊張した神経を和らげリラックスさせてくれるでしょう。

スティルバイト (P55)
脳に働きかける石で、頭をスッキリさせる効果があります。雑念を取り去り、安眠をもたらします。

願い事　**保護**

不運を避けたい

スタウロライト
Staurolite [和名：十字石]

強力な守りの力を持ち、
危険を遠ざける石

石のパワー

危険を回避し、持ち主を守る

危険を察知し、持ち主を守る力を持つ神聖な石といわれています。直感を鋭くさせて、悪い人やものを寄せつけないように作用します。また何事もやり過ぎてしまう時に気持ちを落ち着かせ、バランスを取ってくれる石です。誤って悪い方向にはまってしまいそうな時にも、不運を回避し、正しい方向に導いてくれます。究極の守り石といえるでしょう。古代の英知を秘めた石でそのパワーで、持ち主に深い知恵を授け、正しい道へと導いてくれるでしょう。

石の特徴と歴史

キリスト教圏で愛される石

さまざまな鉱物が高温の変成作用の結果生成された黒褐色の鉱物です。名前の由来はギリシャ語で十字を意味する「stauros」にちなみます。十字の模様があるため、キリストの死を悲しんだ妖精の涙がこの石になったという伝説があるほど、キリスト教が盛んな地域で大切にされています。

DATA
色：灰色に茶〜黒色の十字模様が入る
産地：ロシア、アメリカ等
結晶系：単斜晶系
成分：(Fe2+,Mg,Zn) 2Al9(Si,Al)4O22(OH)2
硬度：7.5
浄化法：セージ、クラスター
効果的な使用方法：

Keyword
守護、危険を避ける、知恵、
忍耐、極端さを和らげる

効果を高める +α **おすすめの組み合わせ**

デザートローズ (P71)
自分にとって必要のないものを断ち切ってくれる石といわれています。

アズライトマラカイト (P203)
内面に変化をもたらし、進むべき道を指し示し、方向転換させてくれる石です。

モルダバイト (P143)
古い考えを一掃し、現実的な問題を前向きに解決できる知恵を授ける石です。

ラリマー (P158)
自分に厳しすぎる人を解放してくれる石です。愛と平和を授けてくれるでしょう。

> 願い事
> **保護**

人からの念を防御したい

トルマリン
Tourmaline ［和名：電気石］

強力なパワーで感情的なエネルギーを跳ね返す石

石のパワー

強力なパワーで他人の負の感情から守る

　強力なパワーで持ち主の精神を保護します。マイナスエネルギーを浄化し、円滑な人間関係をサポートします。特にブラックトルマリンは、邪念、サイキックアタック、電磁波など、目には見えない有害なエネルギーをカットする効果があります。他人にネガティブな念を持たれてしまった時には、持ち主が相手の負の感情に巻き込まれないように守ってくれるでしょう。お守りとして身に付けたり、人が出入りする玄関に置くのもおすすめです。邪気を強力に吸い取るため、マメに浄化しましょう。

Keyword
保護、問題解決、マイナスエネルギーの解除、浄化、癒し

石の特徴と歴史

多彩なカラーでパワフルな石

　石の上端と下端が異極となり、加熱すると電気を発生することから和名を「電気石」といいます。カラーバリエーションはさまざまで、色によって効能に違いがありますが、共通して非常にパワフルな石でヒーリングや健康促進など広い用途に使われています。

DATA
色：黒、緑、ピンク、黄、青
産地：ブラジル、スリランカ
結晶系：三方晶系
成分：XY9B3Si6O27
硬度：7～7.5
浄化法：セージ、クラスター
効果的な使用方法：

Part 2　願い事別パワーストーン

効果を高める +α おすすめの組み合わせ

ヘマタイト（P54）
強い気持ちでマイナスエネルギーを跳ね返せるように導き、外からの干渉を防いでくれます。

アメジスト（P37,77）
ネガティブなエネルギーを感じてしまった時に浄化と癒しをもたらしてくれます。

ルチルクォーツ（P29,87,127）
あらゆる感情的なエネルギーを取り除く石で、強力な浄化作用があります。

ラピスラズリ（P30,48）
魂を守り、人からの念に対しても冷静に対処できるように導いてくれるでしょう。

願い事 **保護**

いじめを避けたい

スギライト
Sugilite ［和名：杉石］

バリアを張る
繊細な魂を守り、
強力な保護力を持つ石

石のパワー

人間関係のいざこざを解消

　傷ついた心を強力に癒し、愛の欠乏感を満たします。繊細で犠牲に合いやすい人を保護し、他からの敵意を解除する作用があるといわれています。また人間関係の困難を解決できるように導き、社会や日常生活を過ごしやすいものにするでしょう。過去の嫌な思い出やトラウマを解消する働きもあるので、新しいステップに踏み出す勇気が持てない時にもサポートしてくれるでしょう。愛の石と呼ばれているため、持ち主の心身を愛のエネルギーで満たしてくれるはずです。

石の特徴と歴史

ヒーリング効果絶大、日本で発見された石

　世界3大ヒーリングストーンの一つであるスギライトは、強力なヒーリングパワーを持つ石として注目されています。日本人の岩石学者により発見、命名されました。十数年前に発見されたばかりの比較的新しい石です。やや希少ですが、専門店で比較的入手できます。

DATA
色：パープル
産地：南アフリカ共和国、日本等
結晶系：六方晶系
成分：$KNa_2(Fe^{2+},Mn^{2+},Al)_2Li_3Si_{12}O_{30}$
硬度：5.5～6.5
浄化法：
効果的な使用方法：

Keyword
保護、癒し、充電、ショックやトラウマを解除する

効果を高める +α おすすめの組み合わせ

ブラックトルマリン
持ち主に振りかかるネガティブなエネルギーを跳ね返し、自分を守る力を高めてくれます。

パイライト（P53）
他人の思惑が入りこめないような、強い決意を与えてくれます。自分のペースを守る石です。

アメトリン（P37）
癒しと楽観性をもたらす石です。嫌な出来事から徐々に解放され、喜びをもたらすでしょう。

ダイオプテーズ（P44）
心の傷を速やかに癒し、同時に勇気づけてくれるので、前向きな発想をする手助けに。

> 願い事
> **保護**

心の領域を守る

チャロアイト
Charoite ［和名：チャロ石］

心の領域を保護し、
安定した精神を守る石

石のパワー

心の働きを正常化、解毒作用も

チャロアイトは精神性を守ってくれる石です。同時に恐れをなくし、心をオープンにする作用もあります。ネガティブなエネルギーを感じとってしまった時も速やかに浄化し、安定した精神を維持します。常に自分らしい精神を貫けるように導いてくれるでしょう。ヒーリングストーンともいわれるように、精神面ではリラックス効果が期待できます。健康面では、解毒作用があるといわれ、肝臓の働きを助け、体内の毒素を排出する効能があるとされています。

石の特徴と歴史

ロシア生まれのヒーリングストーン

スギライトと同じく、世界3大ヒーリングストーンの一つといわれています。シベリアのチャロ川流域で発見されたことと、ロシア語で「誘惑する」を意味する「Charo」からこの名で呼ばれます。比較的新しく認定された石ですが、発見以前より彫刻として使われてきました。

DATA
色：パープル
産地：ロシア等
結晶系：単斜晶系
成分：K(Ca,Na)2Si4O10(OH,F)・H2O
硬度：5
浄化法：セージ　クラスター、月光浴
効果的な使用方法：

Keyword
精神性、霊性、心の領域、保護、ヒーリング

Part 2 願い事別パワーストーン

効果を高める　+α　おすすめの組み合わせ

アメジスト (P37,77)
精神の領域をしっかり守る組み合わせです。ともに浄化とリラックス効果をもたらします。

フローライト (P36,59)
精神、心、身体をとりまくオーラなど、目に見えない領域を守ってくれる組み合わせです。

ラブラドライト (P33,202)
精神性を高める作用があり、同時に保護力をもたらします。宇宙的な石です。

ラリマー (P158)
平和と愛の心を維持させてくれます。騒がしい環境の中でも心に静けさを感じるでしょう。

> 願い事
> **全体運**

運をあげたい

ゴールデントパーズ

Golden Topaz ［和名：黄玉］

ポジティブさを授け、光と喜びをもたらす石

石のパワー

持ち主に最高の幸せを導く石

強い光の作用を発散する石で、不運を一掃し、幸運をもたらします。経済的な安定や身の安全、大切なパートナーとの永遠の愛など、持ち主に最高の幸せを授けるようにサポートします。また喜びを授けるパワーがあり、徐々にポジティブな思考ができるように導いてくれます。カリスマ的な魅力を授けるといわれているため、人気運をアップさせることができるでしょう。豊かさを授ける石としても有名で、持ち主に富と希望を与えるとされています。

石の特徴と歴史

「皇帝」と呼ばれるにふさわしい美しさ

優雅で高貴な雰囲気を持った石です。色は黄色の他にも、青、ピンクなどがあります。黄色のものは特に美しい輝きを放ちます。主産地であるブラジルの皇帝ペドロ2世にちなんで「インペリアルトパーズ」とも呼ばれています。研磨され、宝石としても人気です。

DATA
色：黄、青、ピンクなど
産地：ブラジル、スリランカ、アメリカ等
結晶系：斜方晶系
成分：$Al_2SiO_4(F,OH)_2$
硬度：
浄化法：
効果的な使用方法：♉

Keyword
強力な光、喜び、浄化、ポジティブさ、豊かさ

効果を高める +α おすすめの組み合わせ

ダイヤモンド (P15, 47)
強力な光でマイナスエネルギーを一掃して、運気を呼び込みます。

ペリドット (P25, 141)
太陽の石といわれています。体調を整え、気持ちをポジティブにさせてくれます。

ストロベリークォーツ (P132)
明るく元気な波動を持つ石で、持ち主に楽しさや喜びをもたらします。

シトリン (P15, 31, 60)
豊かさの石として有名ですが、楽天性と自信をもたらし人生の成功へと導きます。

願い事 **全体運**

負のスパイラルから脱出したい

ルチルクォーツ
Rutile Quartz
［和名：針水晶・金紅石入り水晶］

別名「ビーナスの髪」
幸運を引き寄せ、
困難を追い払う石

石のパワー

邪気を払い、豊かさを授ける

　強い浄化作用を持ち、邪気を跳ね飛ばします。弱気などのマイナス感情も吹き飛ばし、前向きな考えをもたらします。持ち主に積極性と自発性を授け、困難からの脱出を促します。古くから豊かさの石ともいわれ、幸福な人生を引き寄せてくれるでしょう。商売繁盛を願う経営者や新しいことを始めようとしている人におすすめの石です。金色のルチルが「ビーナスの髪」「キューピットの矢」などと呼ばれ、縁起の良い石として古くから知られています。

石の特徴と歴史

現実的な成果をもたらす石

　水晶の中に針状のルチルが入っているものをいい、水晶にインクルージョンされることにより美しい輝きを放ちます。現在最も産出量が多いのはブラジルです。金運アップ、仕事運アップなど現実的ないい結果に結びつける効能があります。

DATA
色：白、黄
産地：ブラジル等
結晶系：六方晶系
成分：TiO2
硬度：6〜6.5
浄化法：月光浴、流水、セージ、クラスター
効果的な使用方法：

Keyword
豊かさ、浄化、願望成就、困難の克服、方向転換

Part 2 願い事別パワーストーン

効果を高める +α おすすめの組み合わせ

アズライトマラカイト (P203)
本当の自分に気づかせ、大きな変化をもたらすパワフルな石です。

スティルバイト (P55)
本能と直感を鋭くし、危険を察知させ、正しい道を選択させてくれます。

アクアマリン (P35,57)
闇を切り裂き、光を呼び込む石といわれています。新たな希望に気づかせてくれるでしょう。

エレスチャルクォーツ (P184)
変化をうながす石です。恐れや不安を取り除き変化へのステップを後押しします。

87

COLUMN
パワーストーンの取扱上の注意点

◆身につける際の注意点

　パワーストーンを身につけたり、使用したりする場合、光・熱・水などで変色したり、変形したりする石があるので注意が必要です。また、石の硬さには様々あり、柔らかい石はどうしても傷つきやすいのでいくつかの石を一緒に持ち歩く場合は石同士の硬さに注意することも必要になります。

◆ブレスレットのお手入れについて

　ブレスレットは常に身につけておきたいものですが、汗や水ぬれによって色あせ・変色・汚れの染みこみなど起こる場合があるのでこまめな手入れを心掛けましょう。手入れの方法は、柔らかい布でから拭きする程度で大丈夫です。手首につけられる際は、時計などと一緒につけると、石に傷がつくこともあるので注意が必要です。

◆保管方法について

　専用の入れ物や袋などを用意しておくと良いでしょう。ベルベットやシルクがおすすめです。これらは邪気を払う効果があるとされています。いくつかの石を一緒に保管する場合には石同士がこすれたり、傷つけあったりすることのないよう丁寧に扱いましょう。

◆浄化の際の注意点

　パワーストーンはこまめにエネルギーチャージや浄化を行ってください。浄化を行うことによって、石のエネルギーを初めのクリーンな状態に戻すことができます。浄化方法は、水・日光・水晶・塩・月光・お香やセージ・フラワーエッセンスなどで行いますが、石によっては向かない浄化法もあります。下記を参考にして、浄化の方法を選びましょう。

太陽光によって変色の可能性がある石
・アメジスト
・ローズクォーツ
・ロードクロサイト（インカローズ）
・ターコイズ
・フローライト
・カーネリアン
・マラカイト
・クンツァイト
・スギライト
・チャロアイトなど

太陽光は避けた方がよい石
・アズライト
・エメラルド
・エンジェライト
・オパール
・ラリマー
・サルファー
・セレスタイトなど

塩に弱い石
・セレナイト
・アンバー
・パイライト
・ヘマタイト
・ピンクスミソナイト
・ボージーストーン
・ターコイズ
・アポフィライトなど

水に溶ける石
・セレナイト（透明石膏）
・ジプサム
・岩塩など

水に弱い石
（輝きがなくなる・色があせるなど）
・ラピスラズリ
・ターコイズ
・クリソコラ
・マラカイト
・アズライト
・ラリマー
・ヘマタイト
・パイライトなど

Part 3

チャクラ別（色別）パワーストーン

人体のチャクラに応じたパワーストーンを紹介。
色別に紹介しているので、あなたの好みの色や
インスピレーションで選ぶのもおすすめです。

パワーストーンとチャクラ

パワーストーンと「チャクラ」には密接な関係があるといわれています。
この章では各チャクラに対応したパワーストーンを紹介していますが、
まずはパワーストーンとチャクラの関係を解説しましょう。

チャクラの持つ働き

チャクラとはヒンズー語で「エネルギーの輪」という意味で、足の裏から頭上まで、9つあるといわれています（頭の先から尾てい骨までの7カ所という説もある）。気功でいう「経路」、鍼灸でいう「ツボ」にあたり、私たちにエネルギーを供給するエネルギーポイントといえます。各チャクラの場所と概要は、右ページで解説しています。

チャクラの「色」がパワーストーンと関係している

パワーストーンとチャクラの関係で最も重要なのが「色」です。チャクラにはそれぞれ対応する色がありますが、チャクラの「色」とパワーストーンの「色」に、密接な関係があるといわれています。本書で紹介する「チャクラ別」のパワーストーンも、基本的にはそれぞれの色に応じてカテゴライズしています。

それぞれのチャクラの色に対応したパワーストーンが、チャクラを開く（活性化する）といわれ、さまざまな効果を持ち主にもたらしてくれるといわれています。

チャクラで色を選ぶ際のポイント

自分に合ったパワーストーンを選ぶとき、「チャクラに対応した石を選ぶ」というと難しく思うかもしれませんが、まずはシンプルに自分の「好きな色」の石を選ぶと良いでしょう。その上で、自分の選んだ石がどのチャクラに該当するのかを確認し、右ページで紹介している各チャクラの働きを意識すると、石との関係性を築きやすくなります。また、自己表現やコミュニケーション能力を高めたいときは第5チャクラの石を選ぶなど、チャクラの働きをチェックして、該当する石を選ぶのもおすすめです。

チャクラの場所と概要

第8チャクラ
位置：頭頂の上部
色：シルバー／ホワイト
要素：宇宙のエネルギー
働き：エネルギーの統合、宇宙とのつながり

第7チャクラ
位置：頭頂全体
色：バイオレット
要素：宇宙のエネルギー
働き：私達のスピリチュアルなところにつなげる

第6チャクラ
位置：頭蓋骨の底、延髄、頭の前部の眉毛の間
色：インディゴブルー
要素：電気、もしくはテレパシーのエネルギー
働き：直感の中心、意志と透視の中枢

第5チャクラ
位置：のどの下部
色：スカイブルー
働き：コミュニケーション、自己表現、透聴、スピーチ、音、波動、創造性、テレパシー、インスピレーション

第4チャクラ
位置：胸の中心
色：グリーン／ピンク
要素：空気
働き：愛、思いやり

第3チャクラ
位置：胸の下
色：ゴールド／イエロー
要素：火
働き：パワーと英知の中心

第2チャクラ
位置：おへその1〜2インチ下
色：オレンジ
要素：水
働き：気持ち─感情のセンター

第1チャクラ
位置：尾骨、背骨の付け根
色：ブラック／レッド
要素：土
働き：生存の課題、身体的活力、クンダリーニの中枢、創造的表現、具現化、豊かさの課題

第0チャクラ
位置：足の裏
色：ブラウン
要素：大地
働き：大地とのつながりを強める、地に足を付けて現実を生きる力を与える

Part 3　チャクラ別パワーストーン

CHAKRA 0 STONE

―第 0 チャクラ―

ボージーストーン
リンガム
ワイルドホース
スモーキークォーツ

第0チャクラストーン

ボージーストーン
Boji Stone 【和名：褐鉄鉱】

心身のバランスを整え、不調を和らげる
Keyword ★陰陽のバランス、グラウンディング、瞑想

石の特性
・心身のバランスを取る
・ヒーリングや瞑想に効果的

石の特徴

聖地で生み出される希少石

ボージーストーンは、アメリカのネイティブインディアンの聖地でのみ産出される石で、地表に姿をあらわしたものを拾うことしか許可されていない大変希少な石です。男性性のエネルギーを持つ石と女性性のエネルギーを持つ石があり、ヒーリングに使用の際にはペアで使用します。表面がでこぼこした方が男性石、なめらかな方が女性石です。両手にボージーストーンを持ち、近づけると磁力が反発しあう力を感じることができます。

豆知識 偽物も出回っているため、信頼の置ける店で購入することが大切です。本物にはアメリカのヒーラー、カレン・ギルスビー女史が発行する黄色の商標書がついてきます。

DATA
色：ブラウン
産地：アメリカ合衆国（カンザス州）
結晶系：不明
成分：不明
硬度：不明
浄化法：セージ、日光、音
効果的な使用方法：

石の意味、効果

全ての両極性を持つヒーリングストーン

陰陽のエネルギーを持つ非常にバランスのとれたヒーリングストーンです。その陰陽のエネルギーで心身のバランスをとり、あなたの身体や心の不調を和らげるでしょう。

また、男性性と女性性、陰と陽、現実と霊性など全ての両極性を持つもののバランスを整え、大地とつながるようグラウンディングをさせてくれます。男性石を左手に女性石を右手に持って、ヒーリングや瞑想の際などに使用するとより効果的といわれています。

相性の良い石

サードオニキス (P15,24,47)
交友関係を円滑にする

リンガム (P94)
心身のバランスをとり活力をアップさせる

セレスタイト (P34,156)
直観力を高める、思考をクリアにする

こんな時に使うと効果的

人間関係：ギクシャクしてしまった交友関係を円滑にする

金運・仕事など：グラウンディングをして思考に明晰さをもたらす

健康：エネルギー再生、心身や心のバランスを整える

Part 3 チャクラ別パワーストーン

第0チャクラストーン

リンガム

Lingam ［和名：潜晶質石英］

内なる神聖さにつながり、創造力を生み出す

Keyword ★ 神聖さ、バランス、活性化、瞑想

石の特性
・生殖能力の増進
・創造力を高める
・更年期障害、不妊の改善

石の特徴

神に捧げる神聖な石

リンガムとはサンスクリット語で「男根像」を意味するといわれており、そのことから男性、女性ともに生殖能力を増進させる働きがあるといわれています。

インドではシヴァ神に捧げる神聖でパワフルな石とされており、インドの聖地、ナーマダ川の浅瀬で年に一回、儀礼的に採集される天然原石であるため、大変希少な石のひとつです。

豆知識 正式名称は「タントリックリンガム」または「シヴァリンガム」。古代インドの言語であるサンスクリット語が語源の「タントリック」には「融合する」という意味もあり、石の白い部分は女性性、濃い色の部分は男性性を表し、男女融合のシンボルとされています。

DATA
色：ブラウン
産地：インド（ナーマダ川）
結晶系：六方晶系（潜晶質）
成分：SiO2 ＋不純物
硬度：推定4-6
浄化法：水、日光、セージ
効果的な使用方法：

石の意味、効果

更年期障害や不妊改善のお守りに

この石を持つと新しい生命力を生み出し、創造力も高まるといわれています。更年期障害や不妊を改善・サポートし、妊娠・出産のお守りとしての働きをも、持ち合わせています。また瞑想にも用いられる石で、男性性・女性性のバランスをとり、身体の不調や精神を整え、細胞レベルでエネルギーを活性化する助けとなるでしょう。

"エネルギーの詰まったカプセル"のようなものとして捉えられ、原因の分からない疲労の回復などの手助けにもなってくれます。

相性の良い石

ロードクロサイト（インカローズ） (P35,43)
情熱的な恋愛を取り戻す

ローズクォーツ (P26,40)
ハートを癒す

モスアゲート (P21,74)
心に安らぎをもたらし、周囲とのコミュニケーションを容易にする

マラカイト (P28,142)
エネルギー、スタミナをアップさせる

こんな時に使うと効果的

恋愛 パートナーとの信頼関係に情熱を取り戻す

人間関係 周りの人たちとコミュニケーションをとりやすくする

健康 体がだるかったり、疲れが出ているときに癒しを与える

第0チャクラストーン

ワイルドホース
Wild Horse

大地の力を秘めた幸運の石
Keyword ★ 奇跡、神秘、平和

石の特性
- 魔除けのお守りに
- 心に余裕を持たせる

石の特徴

インディアンを象徴するターコイズの仲間

ワイルドホースは栗色と白の混ざった石で、ターコイズと共にアメリカのネイティブインディアンを象徴する石です。ターコイズと同じ場所で産出されますが、ターコイズの中でも青色成分であるアルミニウムが欠乏し、代わりに銅によって栗色に発色したものを指し、特に栗色の部分が少なく白い部分が多く入っているものをホワイトバッファローと呼んでいます。

豆知識 ネイティブインディアンの間では神性な石として珍重されており、その名の通り、野生馬を捕まえるくらい手に入れるのが難しいとされます。ブレスレットをはじめ、指輪やブローチなど、ネイティブインディアンのシルバーアクセサリーの中で利用されます。

DATA
- 色：ブラウン
- 産地：アメリカ合衆国（ネバダ州、アリゾナ州など）
- 結晶系：不明
- 成分：不明
- 硬度：3.5-4.5
- 浄化法：セージ、月光、クラスター
- 効果的な使用方法：♂ ○ ▽ ♀

石の意味、効果

持ち主を成功へと導く幸運の石

広大な大地の力をそのまま封じ込めたようなワイルドホース。平和と成功のシンボルであり、広い心と大きな展望を持つように持ち主を促し、心に余裕を持たせることによって成功へと導いてくれる幸運の石といわれています。魔除けの力も持っているとされるため、アクセサリーとして身につけておくのがおすすめです。

また、大地との結びつきを強め、自己実現や目的達成への意思とエネルギーを増幅する手助けになってくれるともいわれています。

相性の良い石

オパール（P21,27,202）
本当の自分を表現する助けになる

パイライト（P53）
ふりかかる災いから身を守りネガティブなエネルギーを跳ね返す

サンストーン（P22）
活力を高め幸運を引きよせる。目標を達成し自己実現へ

オニキス（P32,99）
願いや思いを強固なものに

こんな時に使うと効果的

- **恋愛**：神秘的な出会いをもたらす
- **金運[仕事など]**：幸運や奇跡を呼び込み、成功を引き寄せる
- **健康**：災いから身を守り心身の健康状態を高める
- **その他**：勇気が欲しい時に、地球とのつながりを強めたい時に

Part 3 チャクラ別パワーストーン

第0チャクラストーン

スモーキークォーツ
Smoky quartz ［和名：煙水晶］

大地の力とつながり、心身のストレスを緩和
Keyword ★諦めない心、守護、安らぎ、集中力

石の特性
・潜在能力を引き出す
・豊かな感受性を生み出す
・忍耐力、集中力を高める

石の特徴

悪霊を払うグラウンディングストーン

煙がかかったような、或いは茶色や漆黒色をおびた水晶で、透明度が高いものほど貴重です。この石には、大地の力が宿っているので、身体をしっかりと大地につなげてくれます。

昔から悪霊を祓う石として有名です。水晶系の中では比較的地味に思われることも多い石ですが、美しい天然の原石はとても上品で深い魅力を持っています。

豆知識 スコットランドの国石であり、古くはドルイドの時代から神性な石と呼ばれ大切にされてきました。また中国の携帯用嗅ぎタバコ容器「鼻煙壺（びえんこ）」の素材として使われるなど、煙に縁のあるクォーツです。

DATA
色：ブラウン
産地：ブラジル、アメリカ合衆国、イギリス、スペイン、オーストラリア、スコットランドなど
結晶系：六方晶系（三方晶系）
成分：SiO_2　硬度：7
浄化法：日光、塩、水
効果的な使用方法

石の意味、効果

持ち主の潜在能力を引き出す

この石は、他人のネガティブなエネルギーから持ち主を守ってくれる石です。エネルギーを集中させ、眠っている潜在能力を引き出してくれるので、インスピレーションが開花し、豊かな感受性を生み出します。目標を達成するために必要な、忍耐力や集中力も高めてくれるので、不屈の精神が備わるでしょう。また、不安感、恐怖感、焦燥感を払拭し、安らぎや安心感を与えてくれます。ストレスを緩和してくれるので、眠れない夜は、ベッドや枕の下に置いて寝ると安眠を促してくれます。

相性の良い石

ローズクォーツ(P26,40)
お互いを思いやる気持ちを持つ

ヘマタイト (P54)
精神を安定させ、肉体を強める

アンバー (P25,61)
リラックスの助けに

アメジスト (P37,77)
冷静さと安定を助けもたらす

こんな時に使うと効果的

恋愛　堅実な恋愛・結婚をサポートする
不安な思いを解消する

人間関係　良い縁に恵まれる
安眠を促す

健康　心身のバランスをとり
ダイエットの助けに
病気になりにくい身体を作る

96

CHAKRA 1 STONE

第1チャクラ

ゴールデンオブシディアン　ピーターサイト
オニキス　モリオン
キャッツアイ　レインボーオブシディアン
ジェット　ブラックスピネル
シュンガイト　シャーマナイト
スノーフレークオブシディアン　クロコアイト
スパイダーウェブオブシディアン　シナバー
テクタイト　モスコバイト
ヌーマイト　ユーディアライト
ハイパーシーン　カーネリアン

第1チャクラストーン

ゴールデンオブシディアン
Golden Obsidian ［和名：黒曜石］

ネガティブな感情を取り除き、新たな一歩を踏み出す力に
Keyword ★ 保護、克服、本当の自分を知る

石の特性
- 抱えている問題の克服
- ストレスの緩和

石の特徴

気泡がもたらす金色の輝き

オブシディアンの中でも金色の輝きを持つものをゴールデンオブシディアンといいます。その金色の輝きは、内包された微細な気泡から見られます。

火山活動によって噴出した溶岩が急速に冷えて固まることで生まれる"天然のガラス"で、叩くと貝殻状に割れるため、古代人は石器の材料としてオブシディアンを重宝してきました。現在でも、世界各国にオブシディアンにまつわる言い伝えなどが残っています。

豆知識 メキシコのアステカ文明では、鎮静剤にオブシディアンの粉を混ぜたものを使うことで、傷口の治りが早まると信じられていました。

DATA
色：ブラック
産地：メキシコ、アメリカ合衆国、カナダ、ニュージーランド、アイスランドなど
結晶系：非晶質　成分：$SiO_2 + MgO, Fe_3O_4$
硬度：5
浄化法：日光、水、クラスター
効果的な使用方法：

石の意味、効果

自分が進むべき道を示してくれる

ゴールデンオブシディアンは、古い思考や感情、また心の中のトラウマなどに向かいあい、今本当に自分に必要なものが、何なのか答えを導き出す助けをしますので、問題を克服したいときなどにあなたの役に立つでしょう。潜在意識にある本来の自分を知ることで、新たな取り組みや新しい一歩を踏み出すチャンスとなることでしょう。また、ネガティブなエネルギーから身を守る助けをし、外から受けるストレスを緩和する助けもします。邪悪なものから魂を守るのに優れた石です。

相性の良い石

ロードナイト（P21,45）
古い怒り、悲しみを取り去る

セレスタイト（P34,156）
心の中の古い思考をとり、愛ある調和をもたらす

タンジェリンクォーツ
古いしがらみから自由になる

ジェイド（P17,65）
健康運アップ、周囲のネガティブな感情から身を守る

こんな時に使うと効果的

人間関係 古いしがらみから解放され、新しい出会いを探す時に

その他 身の回りに起こるさまざまな問題を克服したい時に

健康 心身にストレスがたまり、それらを緩和したい時に、ネガティブなエネルギーから身を守りたい時に

第1チャクラストーン

オニキス

Onyx ［和名：黒瑪瑙］

大地の力を秘めた幸運の石

Keyword ★守護、グラウンディング、忍耐力、冷静さ

石の特性
・強い意志をもたらす
・自制心、判断力、決断力を高める

石の特徴

世界中で採掘されるポピュラーな石

オニキス（黒瑪瑙）は、もともとは縞模様のあるアゲート（瑪瑙）全般を指していましたが、現在では黒色のアゲートのことを指します。鉱物学的には石英の仲間になりますので世界中の至る所で採掘されます。ポピュラーな石のひとつでもあり、比較的誰が身につけても効果の期待できる石のため、近年人気の高まっている石のひとつです。

豆知識 オニキスという名前は、ギリシャ語の"Onyxis"「爪」に由来しています。キリスト教ではその魔除けや邪気払いの意味合いから、ロザリオの石として使用されてきた一方で、中国では不幸をもたらす石とする迷信もあります。

DATA
色：ブラック
産地：インド、ブラジル、スリランカ、ドイツ、中国、チェコ、世界各地
結晶系：六方晶系（潜晶質）
成分：SiO2　硬度：7
浄化法：水、セージ、クラスター、月光
効果的な使用方法：

石の意味、効果

困難を乗り越える力を与えてくれる

漆黒の黒色でどっしりとした印象から、持つ人にグラウンディングすることを促してくれます。困難にぶつかっても簡単にあきらめず、一度やり始めたことを最後までやりぬくという強い意志の力をもたらすといわれています。守護の石ともいわれ、外部からくるネガティブなエネルギーから守り、持つ人の中心軸を安定させてくれます。物事に冷静に対処できるような自制心や判断力、決断力を高めてくれる助けにもなってくれるでしょう。他人の意見に振り回されやすい、すぐ慌てやすいという方にとてもおすすめです。

相性の良い石

ピンクオパール（P133）
女性性を高め、持ち主に安心感を与える

マザーオブパール（P192）
コミュニケーション、家族の絆を深める

ヘマタイト（P54）
生命エネルギーを活性化する

アンバー（P25,61）＆スモーキークォーツ（P96）
心身のバランスを整える

こんな時に使うと効果的

恋愛 パートナーとの関係で感情が安定しない時に

健康 心理的にバランスがとれない時に落ち着きや安らぎをもたらす

人間関係 周りに流されそうな時、自分らしくいられるように

金運［仕事など］ 重要な場面で決断力、判断力を高めたい時に

Part 3　チャクラ別パワーストーン

第1チャクラストーン

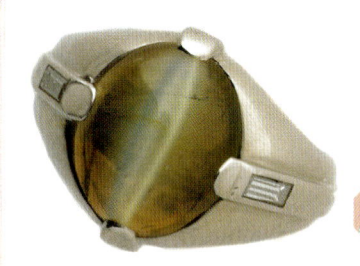

キャッツアイ
Cat's eye ［和名：猫眼石］

集中力を高め、先を見通す力をつける
Keyword ★邪気を払う、豊かさ、幸運、富、集中力

石の特性
- 魔除けのお守りに
- 悪意を寄せつけない
- 前に進む勇気を与える

石の特徴

猫の瞳のような光を放つ "金運の石"

キャッツアイとは、キャッツアイ効果（シャトヤンシー効果）と呼ばれる、猫の瞳のような光の筋を持つ石のことです。この石は、非常に美しくかつ大変希少な石として有名です。

また、金色の光の筋を持つキャッツアイは、古代より豊かさの象徴として権力者達から愛されていましたが、今でも金運を高める幸運の石として大変人気があります。

豆知識 キャッツアイ効果はタイガーアイやトルマリン、エメラルド、ジェイド、アパタイトなどの石にも現れます。古代バビロニアでは、キャッツアイを持っていれば敵から姿が見えなくなるとして、戦場に出向く際のお守りとして身につけていたようです。

DATA
色：ブラック
産地：スリランカ、ブラジル、マダガスカル、ロシアなど
結晶系：斜方晶系
成分：$BeAL_2O_4$　硬度：8.5
浄化法：水、セージ、音
効果的な使用方法：

石の意味、効果

古代より伝わる "魔除けのお守り"

キャッツアイ効果のある石は、古代より魔除け石として、また邪悪なものや人の悪意を寄せつけないお守りとして大切にされてきました。

また、この石は集中力を高めてくれるので、学習やビジネスの現場で、あなたを成功へと導いてくれるでしょう。迷いのある時や行き詰まりを感じる時に身に付けると、前に進む勇気と、先を見通す力を与えてくれます。弱った心を癒し、精神的な安定をもたらしてくれる効果も期待できるので、疲れがたまっている時に身につけてもいいでしょう。

相性の良い石

エメラルド (P16,41)
愛情を豊かにする

アパタイト (P69)
老廃物を身体から取り除く助けになる

ルチルクォーツ (P29,87,127)
金運アップ、勝負運を高める

タイガーアイ (P23,62)
ここぞという時の力になり、金運をさらに高める

こんな時に使うと効果的

恋愛　美しさをもたらし、最良の相手を見極める助けに

金運[仕事など]　仕事を充実させ、さまざまな豊かさを引き寄せたい時

健康　免疫力を高める、細胞の活性化、心身の疲れを癒す

第1チャクラストーン

ジェット
Jet ［和名：黒玉］

否定的なエネルギーから貴方を守る祈りの石

Keyword ★ 追悼の石、お守り、忘却、トラウマ

石の特性
・心の混乱を鎮める
・トラウマや悲しみを忘れさせる
・痛みを和らげる

石の特徴

幾年の時を経て力を持った"木の化石"

ジェットは、遠い昔に地球上に生息していた樹木が流木となり、水底に堆積し、長い年月をかけて化石となったものです。一見、石炭のようでもありますが、研磨すると美しいビロードのような光沢が生まれます。まれに、アンモナイトや貝の化石が入っているものもあります。お通夜やお葬式の時の宝石としても知られています。歴史は非常に古く、世界最古のものはスペインで発見された紀元前1万7千年の装飾品です。

豆知識 古代ローマでは、修道士のロザリオとしても用いられました。イギリスのヴィクトリア女王が最愛の夫を無くした際に、装身具として20年以上身につけたという逸話も。

DATA
色：ブラック
産地：イギリス、スペイン、ロシア、中国など
結晶系：非晶質
成分：C＋不純物
硬度：2.5-4
浄化法：日光、セージ、水
効果的な使用方法：

石の意味、効果

悪夢や悲しみを忘れさせてくれる

この石は、争いや怒りといった心の混乱を鎮め、その持ち主の周りにある否定的なエネルギーを吸収し、浄化してくれる魔除け石として、広く身につけられるパワーストーンです。悪夢、トラウマ、悲しみを忘れさせ、感情を落ち着かせてくれるので、忘却の石としても有名です。決断力を高め、マイナスな事もバネにしてくれます。

また、頭やお腹に痛みがある時に身につけると、その痛みを和らげる助けとなるといわれています。

相性の良い石

アクアマリン (P35,57)
パートナーとの関係を修復する

ブルーレースアゲート (P17,64)
心に安定をもたらし友情を深める

キャストライト
ネガティブなものをはねのけ強力な保護を与える

クリソコラ (P19,42)
何事にも前向きに取り組み人生を成功へ導く

こんな時に使うと効果的

人間関係：パートナーと仕事上で良い人間関係を築きたい時に

金運（仕事など）：新しい仕事を始める時、感受性を高めたい時に

健康：体が疲れている時、心身のエネルギーの再生に

Part 3 チャクラ別パワーストーン

101

第1チャクラストーン

シannounce ガイト
Shungite ［和名：シュンガ石］

エネルギーをグラウンディングさせ、現実創造のサポートに

Keyword ★浄化と保護、オーラの強化、有害なエネルギーの除去

石の特性
・電磁波の影響を防ぐ
・感情のバランスを整える
・ストレスを軽減させる

石の特徴

水の浄化にも使われる希少石

シュンガイトはジェットに似た黒色の石ですが、金属のような光沢を放つヒーリングストーンです。この石は、生命が誕生前の古代の地層から産出される炭素系の岩石で、特殊な配列を持つ"フラーレン"という炭素分子を含む、世界でも大変珍しい鉱物です。フラーレンは活性炭素を除去することでも有名で、海外ではこの石を飲料水などの浄化のために使用しています。

豆知識 シュンガイトの名前は、この石の産地、ロシアのカレリア地方"シュンガ"に由来しています。この地方では、この石を水に入れて飲むと、病気や傷の治りが早くなり、病気にもかかりにくいといわれています。

DATA
色：シルバー
産地：ロシア（カレリア共和国）、カザフスタン
結晶系：非晶質
成分：炭素とシリカが主成分
硬度：3.5-4
浄化法：セージ、月光
効果的な使用方法：

石の意味、効果

さまざまな障害から持ち主を守る

この石は、パソコンや携帯電話などから発せられる電磁波からあなたを守ってくれます。また、エネルギーフィールドを保護し、マイナスのエネルギーを吸収してくれるので、感情のバランスを整え本来の自分を取り戻す助けとなります。ストレスを軽減させるので、睡眠に関する問題の改善を促してくれます。一説には、含有成分の炭素が地球外のものであるともいわれ、隕石に近いエネルギーを持ち、不要なエネルギーを排出してくれるともいわれています。

相性の良い石

ローズクォーツ (P26,40)
子供の頃のトラウマを癒し、愛と幸せを引き寄せる

スモーキークォーツ (P96)
心の深い部分を落ち着かせ、浄化する

アメジスト (P37,77)
心を鎮め、精神を安定させる

こんな時に使うと効果的

健康 美しさを保ちたい時、ボディや精神の浄化に

人間関係 他人からのネガティブなエネルギーから身を守る

第1チャクラストーン

スノーフレークオブシディアン

Snowflake obsidian ［和名：黒曜石］

真実を見抜く力を与え、成功へ導く

Keyword ★ 守る、自己評価、緊張を和らげる、受容、決断力

石の特性
- 真実を見抜く力を与える
- 逆境や障害を乗り越える手助けに
- 不安定な気持ちを落ち着かせる

石の特徴

対称的な白黒の模様を持つ

オブシディアンは、溶岩が急激に冷却したことによってできる天然ガラスの一種で、結晶化する際の状況によりさまざまな種類が生成されます。オブシディアンの中でも、白い雪片のようなクリストバライトと呼ばれる石英を内包しているものは、スノーフレークオブシディアンと呼ばれ、その白黒模様が対極を表しているところから「陰陽の鏡」と呼ばれます。

豆知識 オブシディアンは割れ目が鋭いので、石器時代には矢じりや短剣として利用されていました。また、古代アステカ文明やネイティブアメリカンは邪悪なものから魂を守る魔除けのお守りとして重宝されました。

DATA
色：ブラック
産地：アメリカ合衆国、ニュージーランド、メキシコ、アイスランド、カナダ
結晶系：非晶質
成分：SiO_2 + MgO、Fe_3O_4　硬度：5
浄化法：日光、水、クラスター
効果的な使用方法：

石の意味、効果

自らの本質を浮き彫りにする

この石は、自分自身の本質を映し出してくれるので、自分の失敗にばかり目を向けるのではなく、正しい自己評価ができるようあなたを導いてくれます。また、物事をありのままに受け止め、真実を見抜く力を与えてくれます。悲観的、自暴自棄といった不安定な気持ちを落ち着かせて、冷静さと、逆境や障害を乗り越える力を与えてくれるでしょう。自分も他人も「本来の姿」が見えてくるので、あらゆる人間関係を好転させ、自分に必要なものを浮き彫りにしてくれます。

相性の良い石

オニキス（P32,99）
前向きな気持ちを高め、プラス思考に

水晶（P180）
ネガティブなエネルギーから守る

ジャスパー
試練に立ち向かうための手助けに

こんな時に使うと効果的

人間関係　周囲の人から正しい自己評価を受けたい時に

金運（仕事など）　正しいものを見抜き成功へ導く、集中力を増す

健康　アルコールやタバコといった依存の問題の助けに

Part 3 チャクラ別パワーストーン

第1チャクラストーン

スパイダーウェブオブシディアン

Spiderweb obsidian ［和名：黒曜石］

力強い稲妻が心の闇を打ち破る

Keyword ★グラウンディング、困難の克服、変容、目標達成

石の特性
・直観力、決断力を高める
・目標達成のサポートに
・悪習慣の改善

石の特徴

"蜘蛛の巣"の名を持つ美しい石

　スパイダーウェブオブシディアンは、蜘蛛の巣のような、または稲妻が走ったような模様を持つ美しい石です。この模様は母なる大地が生んだ奇跡ともいわれています。この石はグラウンディングを助け、光の部分だけでなく自分自身の闇の部分を受け入れ、あなたが新しい人生を切り開くサポートをします。同じ模様はひとつとしてない、貴重な石のひとつです。

豆知識　スパイダーウェブオブシディアンの名前は、この石の発見者"obsius"の名に由来しています。この石の珍しい模様は、原石のままでは分かりづらいのですが、研磨されるとその美しさがはっきりとあらわれます。

DATA
色：ブラック
産地：メキシコ
結晶系：非晶質
成分：SiO_2 + MgO, Fe_3O_4
硬度：5
浄化法：日光、水、クラスター
効果的な使用方法：

石の意味、効果

直感力と決断力を高めてくれる

　この石は防御の石としても有名ですので、マイナスのエネルギーからあなたを守ってくれます。また、直感力や決断力を高めてくれるので、早く目標が達成出来るようにサポートしてくれます。力強い稲妻が、困難を克服する勇気と力をあなたに与え、悪い習慣を手放す助けをしてくれます。また、この石は変容を促す石でもあります。自身の短所を受け入れさせて、「完璧でなくても大丈夫」という意識をもたらすことで、潜在能力を引き出す手助けになってくれます。

相性の良い石

ブルーレースアゲート (P17,64)
人間関係の改善を促す

ターコイズ (P31,58)
厄除け、健康運アップ

パイライト (P53)
未来を切り開く

ブルータイガーアイ
仕事の成功を呼び込む

こんな時に使うと効果的

恋愛　過去のしがらみを解消し新しい恋を始める時に

金運・仕事など　潜在意識の開花信念をつらぬく折れない心を持ちたい時に

人間関係　問題の解決を促し、人間関係を円滑にしたい時に

第1チャクラストーン

テクタイト
Tektite

魂をゆさぶり、深い記憶を呼び起こす
Keyword ★宇宙とのつながり、現状を打破する力、調和、直感力、デトックス

石の特性
・孤独、悲しみ、不安の解消
・正しい道へと導く

石の特徴
未だに謎の多い"ひらめきの石"

　テクタイトは、ギリシャ語で「溶けた」という意味です。しかし、隕石が衝突した時に生まれた天然ガラスという以外、その正体は未だはっきりと分かっていません。謎が多いこの石のパワーは独特で、隕石衝突の記憶から来る"魂を揺さぶり起こすパワー"と、高速で疾走するエネルギーによる"ひらめきのパワー"を持っています。

豆知識 発見される場所によって色が異なり、チェコ産のものは緑色で、モルダウ川にちなんで『モルダバイト』と呼ばれています。また、エジプトのリビア砂漠産のものは黄色～白色をしていて、『リビアン・ガラス』と呼ばれています。

石の意味、効果
孤独や悲しみを解消する調和の石

　持ち主と宇宙意識とのつながりを強め、直感やインスピレーションに働きかけてくれます。

　潜在意識下にある問題を表面化させるので、あなたを正しい道へと導いてくれるでしょう。また、孤独、悲しみ、不安といった感情もなぐさめてくれます。

　調和の石やデトックスの石としても有名です。潜在的な問題を浮き彫りにし、カルマの浄化の手助けになってくれるので、自身のヒーリングにも効果的といわれています。

DATA
色：ブラック
産地：タイ、フィリピン、カンボジアなど
結晶系：非晶質
成分：SiO_2 が主成分
硬度：5-6
浄化法：クラスター、音、月光
効果的な使用方法：

相性の良い石

タンザナイト (P167)
パートナーとの関係を円滑にする

ダンビュライト (P183)
精神を安定させ、バランスをとる

アゼツライト (P186)
肉体に強いエネルギーをもたらし、生命力を高める

ギベオン隕石 (P178)
宇宙のメッセージを受け取り、直感力を高める

こんな時に使うと効果的

人間関係 周囲に溶け込めない時に、コミュニケーションの助けに

健康 細胞を活性化させ、エネルギーの循環を高める

Part 3 チャクラ別パワーストーン

第1チャクラストーン

ヌーマイト

Nuummite ［和名：角閃石片麻岩］

深い場所に眠る記憶を呼び覚ます

Keyword ★ビジョンを明確にする、感情の浄化、孤独感、源とつながる

石の特性
- マイナス思考の改善
- 瞑想の手助けに

石の特徴

太古の記憶を宿す"創世期の石"

　ヌーマイトは、暗い水の上に月の光がチラチラと映るように、黒い石の中に光が散らばる大変珍しい石です。この石はグリーンランドのヌーク地方で、1982年に発見されたばかりの新しい石ですが、30億年前という途方もない昔から存在する石です。地球上に生物らしい生物が存在しなかったころの記憶を宿す石として、創世期の石とも呼ばれています。

豆知識　ヌーマイトの名前は、1810年に鉱物学者のK. L. ギーゼッケ氏が、グリーンランドのヌーク地方で発見したことに由来します。この石は、グリーンランドのイヌイットたちがシャーマニックな儀式などで使用していました。

石の意味、効果

ネガティブな感情を克服する手助けに

　この石は、私たちが長い時間の流れの一部であり、孤立した存在ではないことを教えてくれます。また、エゴを消し去り、私たちも全体の一部であるということを思い出させてくれます。マイナス思考やネガティブな感情や状況を克服する助けをしてくれるので、本来の自分を取り戻すサポートとなるでしょう。瞑想の助けとなる石でもあります。非常にパワフルなエネルギーを持っており、持ち主に幸運や強い願望を引き寄せてくれるともいわれています。

DATA
色：ブラック
産地：グリーンランド、中国、フィンランド、アメリカ合衆国
結晶系：斜方晶系
成分：直閃石 $Mg_7Si_8O_{22}(OH)_2$、礬土直閃石 $Mg_5Al_2Si_6Al_2O_{22}(OH)_2$ などを含む複合鉱物
硬度：5.5-6.5
浄化法：セージ、月光、音
効果的な使用方法：

相性の良い石

アベンチュリン（P17,70）
トラブルに向き合う助けに

アメジスト（P37,77）
外的なエネルギーからの保護を強化する

モルダバイト（P143）
変化を速めてくれる

ラブラドライト（P33,202）
潜在的な意識とつながり、視野を広げる

こんな時に使うと効果的

人間関係　全体とつながる、もつれた関係を解きほぐす

金運・仕事など　夢の実現をサポート、ビジョンを明確にする

健康　身体の浄化を促す、視力をサポートしてくれる

第1チャクラストーン

ハイパーシーン

Hypersthene ［和名：紫蘇輝石］

強さと決断力をもたらし、リーダーシップを発揮する

Keyword ★グラウンディング、強い意思の力、信頼、リラックス

石の特性
- リーダーシップを高める
- 冷静な判断へと導く
- 瞑想の手助けに

石の特徴

さまざまな光を放つパワフルな石

　ハイパーシーンは、光を当てると、漆黒の中に銀色や紫色の"シーン効果"や"キャッツアイ効果"の輝きを放つ、とても男性的なエネルギーを持つ石です。このパワフルなエネルギーのため、働く女性の間でも人気のあるパワーストーンです。

　角度によっては赤紫蘇色に見えることから、和名を紫蘇輝石といい、別名エンスタタイトとも呼ばれています。

豆知識 ギリシャ語の"Huper"と"Sthenos"に由来し、"超越"と"強さ"を意味します。"帝王の石"と呼ばれ、優れた指導者の石として、王家に代々受け継がれていたようです。

石の意味、効果

感情を鎮め冷静な判断をサポート

　ハイパーシーンは、"リーダーシップの石"として有名です。この石は、優れたリーダーに必要な、決断力、誠実さ、思慮深さといった特質をあなたにももたらしてくれます。

　また、この石は、あなたを深くリラックスさせてくれるので、感情の起伏が鎮まり、冷静な判断ができるようにサポートしてくれます。瞑想の際にも良い助けとなるでしょう。リーダーとして必要な自分への厳しさや他者へのやさしさ、信頼を勝ち得る手助けとなってくれます。

DATA
- 色：ブラック
- 産地：ブラジル、カナダ、アメリカ合衆国など
- 結晶系：斜方晶系
- 成分：(Fe,Mg) SiO3
- 硬度：5-6
- 浄化法：日光、流水、セージ
- 効果的な使用方法：

こんな時に使うと効果的

- **恋愛**：恋愛運を強化したい時に
- **健康**：ダイエットの助けに、リラックス効果、活力を与える
- **人間関係**：対人関係をスムーズにしてくれる
- **金運[仕事など]**：成功するという強い思いをサポートする

相性の良い石

ムーンストーン（P20,79）
周りから好感をもたれる

ガーデンクォーツ
コミュニケーションがとりやすくなる

アゼツライト（P186）、**モルダバイト**（P143）
願いをしっかりと定着させる

ガーネット（P29,33,46）
持久力や忍耐力を養う助けになる

Part 3 チャクラ別パワーストーン

第1チャクラストーン

ピーターサイト

Pietersite ［和名：角閃石］

嵐の中を突き進む

Keyword ★確信、ビジョン、前進

石の特性
・迷いや不安の解消
・勇気と信念を養う

石の特徴

多様な色彩を持つ "嵐の石"

タイガーアイと同じクロシドライトという成分を含むピーターサイトは、中に含まれる鉄分の酸化の進み具合によって青、黄色、褐色などの色彩の変化が生まれます。

濃紺が美しい高品質のピーターサイトはナミビア産のもので、黄色や褐色のものは中国から産出されています。濃紺のものはその見た目が嵐や台風を思わせるところから、「嵐の石 = "テンペストストーン"」とも呼ばれます。

豆知識 1962年にアフリカのナミビアで発見された石で、その名は発見者であるシド・ピーターズ氏の名前に因みます。

石の意味、効果

不安を取り除き、勇気を与える石

ピーターサイトは持ち主の迷いや不安を除去することが得意とされ、思い込みや固定観念、こだわりなどによって自らの前進を妨げているような時におすすめの石といえます。これから何が起こるのかという不安感、取り越し苦労に終わるかも知れない先案じの心を取り払います。

逆風の中でも目標や明るい未来に向かって突き進む勇気と、ゆるぎない信念を養うことをあなたにサポートしてくれる頼もしい石です。

DATA

色：ブラック
産地：ナミビア、中国など
結晶系：単斜晶系
成分：$NaFe(SiO_3)_2$＋混合物
硬度：6.5-7
浄化法：セージ、月光、クラスター、水
効果的な使用方法：

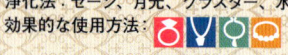

相性の良い石

ルビー（P23,63）
困難を乗り切り前へ進む

レピドライト（P173）
古いパターンを取り払い新しい自分へ

チャロアイト（P29,85,169）
恐れを取り去り、リラックスした状態をもたらす

クリソプレーズ（P15,52）
仕事運をアップさせる

こんな時に使うと効果的

恋愛 踏ん切りがつかず、前進する勇気が必要な時に

健康 精神的に不安定な時、心身が疲れた時に

人間関係 古いパターンを抜け出して新しいパターンを取り入れたい時に

金運 [仕事など] 仕事運の強化や、新しい事業をはじめる時に

第1チャクラストーン

モリオン *Morion* ［和名：黒水晶］
不運をよせつけない、強力なエネルギーのバリア
Keyword ★強力なグラウンディング、落ち着き

石の特性
・心を鎮める
・悪習慣の改善

石の特徴
自然の力で作られた黒水晶

モリオンは、自然界に存在する放射線の影響を受け形成される、とても希少な黒水晶です。元々、スコットランドのケアンゴーム山地から産出される石で、光を当ててもほとんど透けない黒色の水晶がこの名前で呼ばれています。

石の意味、効果
受け継がれた問題も浄化する

自分自身の影の部分と向き合い、悪い癖や習慣といった問題を手放す助けをしてくれます。先祖から受け継がれた問題ですら、強力に浄化してくれます。本来の自分と再びつながれるように導いてくれる石でもあります。悲しみに打ちひしがれた時に、あなたの心を鎮めて、落ち着きを与えてくれるでしょう。

相性の良い石
- ローズクォーツ（P26,40）障害から愛を守る
- ホークスアイ（P33,49）事業発展の手助けに

DATA
色：ブラック
産地：ブラジル、中国、アメリカ合衆国、カザフスタンなど
結晶系：六方晶系（三方晶系）
成分：SiO2　硬度：7
浄化法：日光、クラスター、セージ
効果的な使用方法：

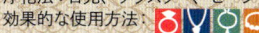

レインボーオブシディアン *Rainbow obsidian* ［黒曜石］
自他の感情を保護する
Keyword ★バランス、相殺、破邪

石の特性
・心を安定させる
・ネガティブな感情を浄化

石の特徴
自然の力が生み出した虹色の輝き

溶岩が急速に冷えた際に形成される天然ガラスのオブシディアン（黒曜石）の内、光が当たった時にレインボーカラーが現れるものを指します。レインボーの層を活かして、ハート型や蝶などのデザインを浮き出させたタンブル石や彫刻品などもつくられています。

石の意味、効果
心を安定させて感情のぶつけ合いを回避する

外部からの刺激や情報に対して反応して揺れ動く感情に働きかけ、不安定な心の状態で決断や行動することがないように持ち主を導いてくれます。他者が放つネガティブな感情のエネルギーから保護するため、相手との間でのネガティブな感情からの負の連鎖、感情のぶつけ合いを回避するのに役立ちます。

相性の良い石
- オニキス（P32,99）ネガティブな感情から自分を守る
- ジェイド（P17,65）精神性を高める

DATA
色：ブラック
産地：メキシコ、アメリカ合衆国（アリゾナ州）、ブラジル
結晶系：非晶質
成分：SiO2 + MgO, Fe3O4　硬度：5
浄化法：セージ、月光、クラスター、日光、水
効果的な使用方法：

Part 3 チャクラ別パワーストーン

109

第1チャクラストーン

ブラックスピネル *Black spinel* ［和名：尖晶石］

パワーあふれる強さと情熱をもたらす
Keyword ★生命力、やる気、グラウンディング、魔除け

石の特性・活力を与える

石の特徴
ラテン語で"トゲ"を意味する

　スピネルは和名を尖晶石といいます。名前の由来には諸説ありますが、原石の形状がダイヤモンドと同じ八面体をしており、尖ったトゲを思わせるところから、ラテン語のスピナ（spine - "トゲ"の意）から来ているといわれます。

石の意味、効果
困難や試練を乗り越える活力を与える

　力強い生命力の源といわれている第1チャクラに対応していることから、昔から魔除けの石として大切にされてきました。また、困難な問題にぶつかったとき、あなたに試練を乗り越える強さとやる気をもたらしてくれるでしょう。活力にあふれたパワーがほしい時などに最適な石です。

相性の良い石
- アクアマリン（P35,57）片思いのお守り
- ルビー（P23,63）生命力をアップする

DATA
- 色：ブラック
- 産地：スリランカ、ミャンマーなど
- 結晶系：等軸晶系
- 成分：MgAl2O4
- 硬度：7.5-8　浄化法：日光、水、音
- 効果的な使用方法：

シャーマナイト *Black Calcite* ［和名：黒方解石］

自分を見失わず、人生に迷わない
Keyword ★内面の浄化、変容、先の見えない不安を癒す

石の特性・ポジティブな力を与える

石の特徴
カーボンを多く含み浄化作用を持つ

　シャーマナイトは鉱物名をブラックカルサイトと言い、アメリカのコロラド州で産出される、炭素（カーボン）を多く含むしっとりとした黒い石です。カーボンは水のフィルターとして利用されるように、この石は浄化作用に大変優れています。

石の意味、効果
マイナスな力をポジティブに転換させる

　シャーマナイトは、マイナスのエネルギーを吸収し、ポジティブなエネルギーに転換させる力を持っています。前世からの業をも浄化し、霊的な攻撃からも守ってくれる力強い石です。またこの石は、内観の助けとなるので、自己認識力が高まり、勇気と理性がもたらされます。

相性の良い石
- ターコイズ（P31,58）恋人との絆を強める
- ラブラドライト（P33,202）出会いを引き寄せる

DATA
- 色：ブラック
- 産地：アメリカ合衆国
- 結晶系：六方晶系（三方晶系）
- 成分：CaCO3
- 硬度：3　浄化法：音、セージ、月光
- 効果的な使用方法：

第1チャクラストーン

クロコアイト

Crocoite ［和名：紅鉛鉱］

愛・情熱・豊かさを人生にもたらす

Keyword ★希望、やる気、共感する力、創造力

石の特性
- 情熱、活力を与える
- 心身のバランスを整える

石の特徴

世界中で産出される鮮やかなサフラン色

クロコアイトは、ギリシャ語でサフラン色という意味の"krokos"に由来し、オレンジ色や黄色の、細くまっすぐ伸びた角柱状の結晶を形成する大変個性的な石です。これ自体珍しい石なのですが、オーストラリアのタスマニア、ロシアのウラル山脈、アメリカのカリフォルニア州など、数々の場所から産出されています。

豆知識 鮮やかな色合いとオイルへの練りやすさから、粉末にしたものは細密画用の絵の具に適し、"シベリアの赤い鉛"と呼ばれ、ヨーロッパでは、画材として珍重され、品質が良いものは、金と同じ値段で取引されていました。

石の意味、効果

強い波動で活力や情熱を与える

クロコアイトの波動は非常に強く、側に置いておくだけでも、全身がエネルギーで満たされ、現状を打破し前進する活力が沸き上がってくるでしょう。何事にも、情熱を持って取り組めるようサポートしてくれます。この石は、チャクラを通して、大地からの生命エネルギーを取り入れ、あなたの心身のバランスを整えてくれるでしょう。前進、希望、清浄を象徴する石といわれ、自分に自信が持てない時などに、内側から勇気を与えてくれます。

DATA
- 色：レッド
- 産地：オーストラリア（タスマニア島）、ロシア
- 結晶系：単斜晶系
- 成分：PbCrO4
- 硬度：2.5-3
- 浄化法：クラスター、セージ、月光
- 効果的な使用方法：

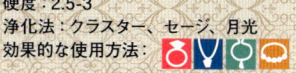

相性の良い石

ピンクトルマリン（P31,137）
ハートを開き心からの愛を感じる

アゼツライト（P186）
精神性の成長を促す

カーネリアン（P14,115）
豊かさをもたらすサポートに

こんな時に使うと効果的

恋愛	セクシャリティーの助け、関係性に情熱を取り戻したい時に
健康	新陳代謝を促す助けに、瞑想の助けに
人間関係	思いやりを持って他人と接する助けに
金運[仕事など]	物事をバランス良く見極めることが必要な時に

Part 3 チャクラ別パワーストーン

第1チャクラストーン

シナバー
Cinnabar ［和名：辰砂］

夢を現実にし、富を創造する
Keyword ★柔らかさ、しなやか、調和、安定

石の特性
・ビジネスを成功へ導く
・創造力、直感力を高める
・恐れ、怒りの感情を鎮める

石の特徴
鮮烈な赤を帯びた"賢者の石"
シナバーは、ギリシャ語で赤い色のものという意味の"kinnabaris"に由来し、血液を連想させるような真っ赤な色をしているため、"ドラゴンブラッド"とも呼ばれています。この石は、水銀の硫化鉱物で、西洋では卑金属を金にかえる"錬金術の霊薬"として使用され、「賢者の石」とも呼ばれていました。また、油絵の具の材料として使われたり、日本でも顔料の「丹（赤色）」の材料として用いられるなど、さまざまな使い方をされていました。

豆知識 水銀を含むシナバーは、真言宗の開祖、空海と関わり深い石です。空海が高野山を開山したのは、シナバーの採掘を担う一族の神、丹生都姫（にうつひめ）から、高野山を譲り受けたためだとされます。

DATA
色：レッド
産地：中国、スペイン、日本
結晶系：三方晶系
成分：HgS
硬度：2-2.5
浄化法：セージ、音、クラスター、月光
効果的な使用方法：

石の意味、効果
創造力を高め富と栄光を呼び込む
この石は"商人の石"とも呼ばれ、ビジネスを成功に導き、富と栄光を呼び込むといわれています。創造力や直感力を高めるので、新しいアイデアやビジョンを得る助けとなります。この石は、変容と癒しの力も宿しています。チャクラのバランスをとり、恐れや怒りといった感情を手放せるよう導いてくれるでしょう。大一番で緊張してしまい、実力を出せないと悩んでいる方などは、シナバーを持って予行演習してみることをおすすめします。

相性の良い石

ファイヤーアゲート（P117）
関係を改善するサポートに

ブラックトルマリン
願いを定着させ、強固なものに

シトリン（P15,31,60）
更なる豊かさのために

こんな時に使うと効果的

恋愛 恋愛感情を高める助けに

健康 エネルギーの循環を高める 肝臓の疲れに

人間関係 傷ついた感情を癒したい時立ち直る手助けに

金運（仕事など） ビジネスで成功するための助けに、勝ち運が欲しい時

第1チャクラストーン

モスコバイト

Muscovite ［和名：白雲母］

しがらみから解放され、今をいきいきと生きる助けに

Keyword ★ 平常心、緊張を解く、健康、束縛からの解放、創造性

石の特性
- 心の傷を癒す
- 失った自信を取り戻させる
- 冷静な判断力を与える

石の特徴

漢方薬としても重宝される

モスコバイトを直訳すると、"モスクワ市民"あるいは"モスクワ出身"という意味で、モスクワを経由してヨーロッパへ輸入されたことから、この名前で呼ばれるようになったようです。和名を白雲母といい、透明、白、ピンク、茶色、ヴァイオレット等、多様な色をしていますが、中でもマンガンを含み赤みを帯びた石が最も多く流通しています。この石の粉末は、石薬や漢方薬として珍重され、不老長寿のため、あるいは内臓の病のために使用されていたようです。

豆知識 モスクワでは古くから、モスクワガラス（Muscovy-glass）と呼ばれ、窓ガラスとして大量に使用されていたことでも有名です。

DATA
- 色：レッド
- 産地：ロシア、ブラジル、中国など
- 結晶系：単斜晶系
- 成分：$KAl_2(AlSi_3O_{10})(F, OH)_2$
- 硬度：2.5
- 浄化法：クラスター、セージ、月光
- 効果的な使用方法：

石の意味、効果

神経を落ち着かせ疲労も緩和させる

モスコバイトは、第4チャクラに穏やかに働きかけ、心の傷を癒してくれます。また、一時的な感情に動かされることなく、落ち着いて物事を判断できるようサポートしてくれます。あなたが自分への自信を取り戻したい時の助けとなるでしょう。

この石は、ハイヤーセルフ（自身の高次な魂）やネイチャー・スピリット（自然に宿っている命、精霊）とのつながりを強めてくれます。サイキックアタックからあなたを強力に守る石でもあります。

相性の良い石

エメラルド（P16,41）
安定した関係を築く助けに

ハーキマーダイヤモンド（P81）
癒しの効果を高める

ルチルクォーツ（P29,87,127）
落ち着いて物事を判断する

こんな時に使うと効果的

恋愛	リレーションシップに調和が必要な時に
健康	疲労回復の助けに 新陳代謝を促す、内臓機能を整える
人間関係	上がり症の助けに、問題の解決が必要な時に
金運（仕事など）	目標を達成するための助けに

Part 3 チャクラ別パワーストーン

第1チャクラストーン

ユーディアライト

Eudialyte ［和名：ユーディアル石］

女性の素晴らしさを思い出す

Keyword ★愛情、神秘、リズム

石の特性
・感情、精神の乱れを安定させる
・女性としての幸せを認識させる

石の特徴

モザイク模様の希少石

深みのあるワインレッドやピンク色が美しいユーディアライトは、1819年にグリーンランドで発見されました。石名の語源はギリシャ語のユー・ディアリトス（eu dialytos - "よく分解可能な"の意）に由来しますが、これはこの鉱物が酸に溶けやすいからであるとされています。産出量が少なく希少な石のひとつで、高品質のものは透明度が高くルビーのような色をしています。黒のエジリンや白のネフェリンといった鉱物と共にモザイク模様を織り成しているのが一般的です。

豆知識 産地であるロシアのコラ半島では、外敵から民族を守るために戦った祖先の血がユーディアライトになったという逸話が残されています。

DATA
色：レッド
産地：ロシア、カナダ、ブラジル、ノルウェー、オーストラリアなど
結晶系：六方晶系（三方晶系）
成分：$Na_4(Ca, Ce, Fe, Mn)_2ZrSi_6O_{17}(OH, Cl)_2$
硬度：5.5
浄化法：セージ、月光、クラスター、日光、水
効果的な使用方法：

石の意味、効果

女性の愛情と深い関わりを持つ

ユーディアライトは女性性や愛情と深く関係しているといわれます。女性であることの素晴らしさを再認識できるよう持ち主に働きかけ、女性の愛情、神秘性、女性として生まれてきた意味などに気づかせてくれるでしょう。感情・精神の乱れを安定させ、自然や宇宙が奏でているリズムと調和することを促してくれます。誰にでもおすすめできる素晴らしい石です。女性なら女性であるということに対して何らかの不満やストレス等を感じている人には特におすすめです。

相性の良い石

ロードクロサイト（インカローズ）（P35,43）
愛情あふれる関係をもたらす

クリソコラ（P19,42）
ゆっくりとリラックスして愛を育む、女性性の助けに

ペリドット（P25,141）
自分を赦し前へ進むように促す

モスアゲート（P21,74）
自然のエネルギーとつながり、心にバランスをもたらす

こんな時に使うと効果的

恋愛：女性のシンボルとして愛情をより深く育む

健康：自然のリズムと調和するために、気分を晴らしたい時に

人間関係：自分への赦しに、ギクシャクした関係を改善する助けに

第1チャクラストーン

カーネリアン
Carnelian ［和名：紅玉髄］

ナポレオンも愛した勇気の石
Keyword ★生命力、獲得、本能、勇気、行動力

石の特性
- 実行力、積極性を与える
- 官能的な魅力を引き出す

石の特徴

安価ながら強力なパワーを持つ

　カルセドニー（玉髄）の中でも情熱的なオレンジレッドのものをカーネリアンと呼んでいます。安価で入手しやすく、強力なパワーを宿しているため、頼りがいのある石として古来から宗教者や権力者をはじめ、多くの人々に好まれてきました。石名の由来はラテン語のカルニス（carnis -"肉"の意）から来ているという説が有力です。

豆知識 歴史は古く、エジプト文明やメソポタミア文明などの遺跡からの出土品も見つかっています。フランス皇帝ナポレオンも、カーネリアンの八角形の印章を生涯大事にしていました。

石の意味、効果

目標に向かう力を与える

　幅広い得意分野を持つカーネリアンですが、キーとなる特性は実行力と積極性、勇気、バイタリティーです。何をするにも、これらの性質が今必要だと感じた時には、カーネリアンのアクセサリーがおすすめです。

　目標に向かって突き進んでいく勇気や行動力を与えてくれるので、これから新しい事を始める人などにおすすめです。また恋愛面で身につけた場合には、官能的な魅力を引き出し情熱的な恋愛をするサポートをしてくれるでしょう。

DATA
- 色：レッド
- 産地：インド、ブラジル、ウルグアイ、インドネシア、マダガスカル、アメリカ合衆国など
- 結晶系：六方晶系（潜晶質）
- 成分：$SiO_2 + FeO$
- 硬度：6.5-7
- 浄化法：セージ、月光、クラスター、水
- 効果的な使用方法：

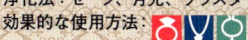

こんな時に使うと効果的

- **恋愛**：情熱的な恋愛を求めている、積極的になりたい時に
- **健康**：生命力を活性させたい時に、魔除けのお守りに
- **金運（仕事など）**：仕事運の強化に、集中力・決断力を高めたい時に

相性の良い石

ラピスラズリ (P30,48)
一歩前進する勇気を与える

ルビー (P23,63)
生命力をアップさせる

ジェイド (P17,65)
魔除けのお守りに

タイガーアイ (P23,62)
決断力を高めるサポートに

Part 3 チャクラ別パワーストーン

CHAKRA 2 STONE

― 第2チャクラ ―

ファイヤーアゲート

インペリアルトパーズ

ゴールデンヒーラーズレムリアン

オレンジカルサイト

第2チャクラストーン

ファイヤーアゲート
Fire agate ［和名：瑪瑙］

生きる喜び、生命の美
Keyword ★保護、グラウンディング、やる気、ストレス軽減、生命力

石の特性
・安心感を与える
・創造性を高める

石の特徴

マグマのような幻想的な模様を持つ

　イタリア・シチリア島のアカーテ川のほとりで発見された事からこの名がつけられたといわれているファイヤーアゲートは、リモナイトなどのインクルージョンを含む褐色の石で、その内側に、虹色に光るマグマがブクブクと湧き上がってくるような模様を持つ、非常にエネルギッシュで幻想的な模様が特徴です。光を当てて初めてその美しさを見ることが出来るのですが、光の強さ、角度、見る角度によって違った表情を見せてくれます。

豆知識　この石は火のエッセンスが宿ると信じられていたため、錬金術で使われていました。この石の持つ豊かさのパワーから"豊作の石"とも呼ばれ、大切にされていたようです。

DATA
色：オレンジ
産地：メキシコ、アメリカ合衆国、インド、ブラジルなど
結晶系：六方晶系（潜晶質）
成分：SiO2 ＋不純物
硬度：6.5-7
浄化法：流水、クラスター、セージ
効果的な使用方法：

石の意味、効果

燃え上がるような力で持ち主を浄化する

　ファイヤーアゲートの持つ深く温かいエネルギーは、あなたに安心感を与えてくれるでしょう。また、グラウンディングを強力にサポートし、燃え上がる炎の力でマイナスのエネルギーからあなたを守り、浄化を促してくれます。この石の持つ"火"の要素が、セクシャリティーと生命力を活性化させ、創造性を高めてくれます。

　持ち主に対して非常に強力な保護のエネルギーを発揮し、ネガティブなエネルギーを排除してくれる働きも期待できます。

相性の良い石

レッドジャスパー
ネガティブなエネルギーを一掃し自分を表現出来るようにする

スモーキークォーツ（P96）
リラックス効果と安らぎを得る助けに

シナバー（P112）
行動力を高めビジョンの現実化をサポートする

こんな時に使うと効果的

恋愛：セクシャリティーの助けに、自分の魅力を高めたいときに

健康：中毒や破壊的習慣を克服する助けに、依存症の改善など

人間関係：人間関係をスムーズにしたい時の手助けに

金運[仕事など]：絶対負けられない時に、行動力が必要な時に、富を願う時に

Part 3 チャクラ別パワーストーン

第2チャクラストーン

インペリアルトパーズ

Imperial Topaz [和名：黄玉]

希望に満ちたあなたらしい人生を生きる

Keyword ★ 豊かさ、愛、パワー、保護、癒し

石の特性
・愛、健康、富を運ぶ
・あらゆる至福をもたらす

石の特徴

トパーズの中でも最も美しい

多様な色彩を放つトパーズの中でも、最も美しいとされるインペリアルトパーズは、"シェリーカラー"と呼ばれる、シェリー酒を思わせる豊かな色合いが特徴の大変美しい石です。

アメジストを加熱処理したシトリンと区別するために、この名前で呼ばれるようになりました。インペリアルとは「皇帝の」という意味です。

豆知識 古代エジプトでは、太陽の宝石と呼び、太陽神ラアの眩しいほどの光りにより染められた石として伝えられています。古代ギリシャやローマでも、この輝かしい石と太陽神ジュピターとの関係が信じられていたそうです。

石の意味、効果

全ての幸せを引き寄せてくれる

インペリアルトパーズは、最高の豊かさと最上の幸福をもたらしてくれる石です。持つ人が最高に輝けるように、愛、健康、富をあなたの下に運んできてくれます。

全てが調和し共鳴するので、あなたの周りの出来事がなめらかに進んでいくのを感じるはずです。この石は、あらゆる至福をあなたの下に引き寄せる魔法のような石です。

トパーズの中でも、特に強力なエネルギー活性作用を持ち、自分に必要なものを引き寄せてくれます。

DATA

色：オレンジ
産地：ブラジル、スリランカ、ミャンマー、パキスタン、ロシア、インド、オーストラリアなど
結晶系：斜方晶系
成分：$Al_2SiO_4(OH)_2$
硬度：8
浄化法：水、セージ、月光
効果的な使用方法：

相性の良い石

エメラルド (P16,41)
永遠に変わらない愛情

クリソコラ (P19,42)
心を開いて、コミュニケーションの助けに

セレスタイト (P34,156)
安眠をサポートする

タイガーアイ (P23,62)
更なる豊かさへ導く

こんな時に使うと効果的

恋愛：自分にとって生涯続く愛を見つけるための助けに

健康：良く眠れるように悪い夢を払いのける助けに

人間関係：引っ込み思案で社交的になりたい方の助けに

金運[仕事など]：自分がやり続ける事の成果が実を結ぶ助けに

第2チャクラストーン

ゴールデンヒーラーズレムリアン
Golden Healers Lemurian

人生に楽しさをプラスし充実感を
Keyword ★記憶、充実、秘密、楽しむ

石の特性
- 人生の充実感を感じさせる
- 幸福感を高める

石の特徴

ブラジルが生んだオレンジのレムリアン

　鉄分やマグネシウムなどの成分によって明るいオレンジ色に色づいたブラジル産のレムリアンシードです。レムリアンシードの特徴として通常は単体のポイントで流通していますが、稀にクラスターのものも見られます。

　同じオレンジ色の色素が表面をコーティングしている通常のタンジェリンクォーツとはひと味違った雰囲気があります。

豆知識 "ゴールデンヒーラー" という名前は、水晶の表面に鉄分などが蒸着して山吹色の天然オーラクォーツになっている、アメリカ・アーカンソー州産の水晶につけられたものです。

石の意味、効果

人生に足りないパーツを補ってくれる

　古代レムリア人が後世のために彼らの情報をプログラミングしたといわれるレムリアンシード。ゴールデンヒーラーズレムリアンの場合は、特に持ち主の幸福感に強く働きかけるといいます。この石を持つとなぜか楽しくなり、人生に一層の充実感を味わえるようになるとされています。

　人生に何らかの物足りなさや、人生は苦労の連続であると考えてしまう、また、楽しむという感覚を失っている時などにおすすめの石です。

DATA
色：オレンジ
産地：ブラジル
結晶系：六方晶系（三方晶系）
成分：SiO_2
硬度：7
浄化法：セージ、月光、クラスター、日光
効果的な使用方法：

相性の良い石

モスアゲート（P21,74）
心に安定をもたらし、心身のバランスを保つ

オブシディアン（P29,51）
ポジティブなエネルギーをもたらす

モルダバイト（P143）
潜在意識とつながり、視野を広げる

こんな時に使うと効果的

人間関係 人との調和を求める時に

その他 明るい希望を持つことが必要な時に

健康 心身のバランスを保つためにマイナス思考をプラス思考に変えたい時に

Part 3 チャクラ別パワーストーン

第2チャクラストーン

オレンジカルサイト

Orange calcite ［和名：方解石］

持ち主に活力を与え喜びに満ち溢れる

Keyword ★陽気、活気、喜び

石の特性
・行動力、カリスマ性を高める
・コミュニケーション能力を高める
・クリエイティブな才能を引き出す

石の特徴

明るく活気に満ちたエネルギーを持つ

みずみずしいオレンジの果肉を思わせるオレンジカルサイトは、カルサイトの中でも流通量も多く、安価で手に入れやすい石のひとつです。非常に明るく陽気で、活気に満ちた雰囲気を持つ石で、見る者の目を引きます。内部に白い層が薄く入っているものが多く、内部が露出したり研磨されたりすると白いラインとなって現れます。

豆知識 オレンジカルサイトとアラゴナイトはよく似ています。実際、ふたつは同じ成分からできていますが、結晶系が違うため、"違う石"として区別されます。このように同じ成分で結晶系が異なることを「同質異像」と呼びます。

石の意味、効果

行動力やカリスマ性を引き出す

オレンジカルサイトは自己主張と社交性を表す石です。持ち主に行動力を与え、エネルギーに溢れるカリスマ的性質を引き出してくれるとされます。寛大さやコミュニケーション能力を高めるため、さまざまな人と交流する機会が増えた時などはその頼もしい力を発揮してくれるでしょう。創造性に働きかけるため、クリエイティブな趣味や仕事をする人にもおすすめです。見た目のイメージどおりの明るいエネルギーで、持ち主を良い方向へと導いてくれるでしょう。

DATA

色：オレンジ
産地：メキシコ、ブラジル、中国など
結晶系：六方晶系（三方晶系）
成分：CaCO3
硬度：3
浄化法：セージ、月光、クラスター
効果的な使用方法：

相性の良い石

ロードナイト（P21,45）
社交性を高める

ターコイズ（P31,58）
話したい事を伝える能力を発揮させる

カーネリアン（P14,115）
スタミナ不足を解消する

こんな時に使うと効果的

人間関係 社交性を高めたい時に、意思疎通を円滑にしたい時に

その他 自由な発想を育みたい時に

健康 生命力の活性化に恐れを取り除き、憂うつから解放

CHAKRA 3 STONE

―第3チャクラ―

マーカサイト

ゴールド

アラゴナイト

イエローフローライト

レモンクォーツ

ルチルクォーツ

ゴールデンオーラ

サーペンティン

リビアングラス

サルファー

第3チャクラストーン

マーカサイト

Marcasite ［和名：白鉄鉱］

一歩引いて見渡す沈着冷静の石

Keyword ★ 客観、洞察、判断力、叡智

石の特性
・心の落ち着きを維持する
・不安やいら立ちの解消
・叡智、知性を養う

※厳密には内包されている金属光沢の部分が「マーカサイト」です。

石の特徴

金属のような落ち着いた光沢

きらびやかな雰囲気のパイライトとは対照的に、落ち着いた金属光沢を持ちます。パイライトとは同質異像（化学組成が同じで結晶形が異なる現象）の関係にあたります。マーカサイトは高湿度下で劣化しやすく、水分に反応すると硫酸鉄(II)と硫酸になり、表面に白い粉をふくことがあります。そのため保管する際には透明ケースに入れて保管することが理想的です。特にアクセサリーなど身につけるものは汗などで劣化しやすいため、取り扱いには注意が必要です。

豆知識 インカ帝国の時代には鏡として利用されていたと思われる形のマーカサイトが見つかっています。またマーカサイトは18世紀中頃から黒ダイヤの代用品として使用され、当時大流行しました。

DATA
色：ゴールド
産地：スペイン、イタリア、ペルーなど
結晶系：斜方晶系
成分：FeS2
硬度：6-6.5
浄化法：セージ、月光、クラスター
効果的な使用方法：

石の意味、効果

心を落ち着かせ
自分を客観的に見せてくれる

沈着冷静の石であり、周囲の状況にどっぷりと浸かってしまい客観性を失うことから持ち主を守るといわれています。心の落ち着きを維持することで物事を見定め、不安や苛立ちなどの不要なマイナスエネルギーを放散することなく物事を適切に判断できるようあなたを導いてくれるでしょう。このことから叡智や知性を養うために最適の石といえます。未来へと一歩踏み出す勇気を与えてくれるほか、肺の不調を治すために有効な石であるともいわれています。

相性の良い石

水晶 (P180)
地に足をつけて思考をクリアに

アゲート (P182)
人間関係をスムーズにする助けに

タイガーアイ (P23,62)
ここぞという決断力が必要な時に

アズライト (P56,164)
深い洞察力をもたらす助けに

こんな時に使うと効果的

人間関係 相手を冷静に見極めるために

金運[仕事など] 理性・知性・明晰性の強化に、決断力が必要な時に

第3チャクラストーン

ゴールド

Gold ［和名：金］

人類の霊的進化を促す強力な浄化フィルター

Keyword ★太陽、啓発、進化、豊穣

石の特性
・想念を増幅させる
・優れた浄化力

石の特徴

古くから人と深い関わりを持つ金属

　人類との関わり合いが深い金属のひとつであるゴールド。通常のイエローゴールドの他にもホワイト、ピンク、グリーン、パープル、レッドなど、銀やプラチナ、銅などの混ぜ合わせる金属の種類や配合率によってさまざまなカラーがあります。純度は宝石と同じくカラット（K）で表され、純度によって24K（純金）、18K、14Kなどとして区別しています。熱や水分、酸などによる腐食に強く安定している物質のため、永遠・不死を象徴する神聖な金属として大切に扱われてきました。

豆知識 太陽をあらわす記号は、もともと錬金術の世界で"金"を表す記号でした。太陽と金が結びついた言い伝えや慣わしは世界各地に残っています。

DATA
色：ゴールド
産地：オーストラリア、カナダ、アメリカ合衆国、南アフリカ、中国、ロシアなど
結晶系：等軸晶系
成分：Au　硬度：2.5-3
浄化法：セージ、月光、クラスター、日光
効果的な使用方法：♂♀☿

石の意味、効果

持ち主のエネルギーを増幅させる

　太陽エネルギーを封じ込めたゴールドは、それを手にした全ての人々の想念を増幅させる働きがあるといわれています。他者への思いやりや愛の精神に根ざした利他的なものから、利己心に根ざした欲望や目的まで、持ち主のあらゆるエネルギーを増幅するため、良くも悪くも結果の表面化が加速されるといわれています。また、優れた浄化力を持っており、精神と身体のバランスを保ち、活力を与えてくれるともいわれています。

Part 3　チャクラ別パワーストーン

相性の良い石

ローズクォーツ（P26,40）
お互いに思いやりをもたらす

ロードクロサイト（P35,43）（インカローズ）
恋愛運をアップさせ、運命の出会いへ導く

ヘマタイト（P54）
健康運をアップさせて心身を健やかに

シトリン（P15,31,60）
金運の向上に、豊かさを引き寄せる

こんな時に使うと効果的

恋愛　思いやりの心を育む、恋愛運の強化に

金運[仕事など]　金運の向上に、豊かさを引き寄せる

健康　生命力の活性化を促したい時に

その他　他の石のエネルギーの強化に

123

第3チャクラストーン

アラゴナイト
Aragonite ［和名：霰石］

母なる大地とつながり、本来の自分の強さを引き出す

Keyword ★グラウンディング、センタリング、安定、リラックス

石の特性
- 心身を癒す
- 自分の魅力を再認識させる
- 潜在能力を引き出す

石の特徴

紀元前4000年から利用される古の石

アラゴナイトの名称は、スペインのアラゴン地方で多く発見されたことに由来します。アラゴナイトが利用されていた歴史は古く、紀元前4000年頃のメソポタミアでは円柱状のアラゴナイトに絵などを刻み込み、現代の印鑑のように使用していたとされます。一般的には黄色のものが有名ですが、青色、無色、白色、紫色など含有物の成分の違いにより、様々な色を放ちます。色による性質や意味の変化は比較的少ないようですが、対応するチャクラの位置に違いがあります。

豆知識 カルサイトとほぼ同じ成分で形成されていますが、結晶構造が違います。とはいえ、非常に近い関係であることから、カルサイトとは親戚のような関係にあたる石です。

DATA
- 色：イエロー
- 産地：スペイン、オーストラリア、モロッコ、イギリスなど
- 結晶系：斜方晶系
- 成分：CaCO3
- 硬度：3.5-4
- 浄化法：クラスター、セージ
- 効果的な使用方法：

石の意味、効果

安定したエネルギーで大地とのつながりを助ける

アラゴナイトは穏やかで包み込むような優しさを感じさせてくれます。ストレス過多な生活を送る現代人にとって、疲れた心身に癒しをもたらしてくれるオアシスのような存在です。安定したエネルギーを持つので、母なる大地とのつながりを強めグラウンディングを強化し、自分の中心に留まる強さを引き出してくれます。眠っている潜在能力を自覚し、あなた自身の魅力を再発見するサポートにもなるでしょう。また「人脈の石」ともいわれており、縁を引き寄せる効果があるとされています。

相性の良い石

カーネリアン（P14,115）
恋愛・人気運を高める

ムーンストーン（P20,79）
バランスを保ちながら、愛情を深める

カルセドニー
実りある関係を築いていくサポート

ルチルクォーツ
（P29,87,127）
仕事運が高まる

こんな時に使うと効果的

恋愛：出会いを引き寄せ、豊かな関係を築く

健康：ストレスを緩和し、心身のリラックスを促す

人間関係：自分らしさを発揮し、人気を高める社交性を高める

金運[仕事など]：商売繁盛 仕事のステップアップを狙う時に

124

第3チャクラストーン

イエローフローライト
Yellow fluorite ［和名：蛍石］

太陽エネルギーが宿る社交性の石

Keyword ★ 楽観、軽快、富、創造、希望、ポジティブ

石の特性
- 社交性を高める
- クリエイティブな才能を引き出す
- 楽観性、前向きな思考を促進する

石の特徴

太陽のような輝きを持つ

緑、紫、青、ピンクなどさまざまなカラーバリエーションを持つフローライトですが、明るい黄色や飴色がかったものがイエローフロライトです。明るい雰囲気を持ち、見た目も美しい人気のある石なのですが、産出量が少ないのが難点となっています。人々に太陽のような明るさをもたらすので、家やオフィスに複数個置いておくのもおすすめです。そこにいる人たちに働きかけて、悲観的な性質や頑固さ、論争的な行動を抑制してくれるといいます。

豆知識 "蛍石"という和名の語源は、フローライトの破片を火にくべると、パチパチと音を立てて、ホタルのように発光することが由来だといわれています。また、非常に硬度が低く、加工品としてはほとんど出回っていません。

DATA
- 色：イエロー
- 産地：スペイン、中国、モロッコなど
- 結晶系：等軸晶系
- 成分：CaF2
- 硬度：4 浄化法：セージ、月光、クラスター
- 効果的な使用方法：

石の意味、効果

明るい性質で創造性を高めてくれる

太陽エネルギーを宿すといわれるイエローフローライトは、その明るい性質によって持ち主の社交性や円滑な人間関係を育むことを得意とします。行動力や、何かを創造していくための力を引き出してくれるため、クリエイティブな趣味や仕事をしている人におすすめです。イエローフローライトは金銭や物質、成功などを迅速に具現化させるためのサポートとして利用するのに最適な石といわれます。この石を持ち歩くことによって楽観性や前向きな思考が促進され、あなたに豊かさが引き寄せられるようサポートしてくれるでしょう。

相性の良い石

ブルーレースアゲート (P17,64)
人から注目を浴びる

アベンチュリン (P17,70)
円満な人間関係を築く助けになる

水晶 (P180)
解毒の作用を高め、心身をデトックスする

プレナイト (P75)
障害を乗り越える力をサポートする

こんな時に使うと効果的

人間関係　社交性を高めたい時に、意思疎通を円滑にしたい時に

金運・仕事など　商売繁盛のお守りに、仕事運の強化に、幸運を呼び込む

健康　マイナス思考をプラス思考に変えたい時に

Part 3 チャクラ別パワーストーン

125

第3チャクラストーン

レモンクォーツ

Lemon Quartz ［和名：レモン水晶／硫黄水晶］

心を鎮めることの大切さに気付く

Keyword ★ 鎮静、観察、破邪

石の特性
・精神、感情の高ぶりを鎮める
・魔除けのお守りに
・思考をクリアにする

石の特徴

水晶に混入した硫黄が黄色の正体

一見シトリンにも見えるレモンクォーツは、水晶中に硫黄が混入することで黄色に色づいています。表面をこすったり傷つけたりすると硫黄の香りがします。通常、内部に硫黄独特の濁りが見られるのが特徴ですが、レモンクォーツとして流通しているものの中には完全に透明なレモン色をしたものも見られます。これは水晶やスモーキークォーツに放射線照射・加熱処理を施し、水晶中に含まれる鉄分によって生じる発色作用によって色づいているため硫黄は入っていません。

豆知識 表面をさわっただけでも硫黄の香りがするものもあるため、さわった後には手を洗いましょう。香りがとれにくい場合には、レモン汁や重曹を使うと効果的です。

DATA
色：イエロー
産地：ブラジル、スペイン、オーストラリア
結晶系：六方晶系（三方晶系）
成分：$SiO_2 + S$
硬度：7
浄化法：セージ、月光、クラスター
効果的な使用方法：♂ ♀

石の意味、効果

精神・感情を鎮めて冷静な状態に保つ

同じ黄色のシトリンがエネルギーを活性化する一方で、レモンクォーツは鎮静化の性質があるといわれています。精神・感情の高ぶり、混乱状態を落ち着かせ、冷静な視点に戻って、目の前で起こっている物事を見つめ直すことの重要さを教えてくれます。思考がクリアになるにつれて新しいアイディアや発想の転換が起こり、自ずと道が開けて行くとされます。また魔除けや悪夢を払う力があるとされているため、お守りとしてレモンクォーツを部屋や玄関に置いたり、安眠のために枕元に置くのもおすすめです。

相性の良い石

カーネリアン (P14,115)
玄関に置くことで家を守る効果を高める

サルファー (P130)
疲れ切ったときの健康を回復させる

ハウライト (P189)
安眠をサポートする

こんな時に使うと効果的

恋愛 冷静に相手を見極めるために、相手の本質を見る

健康 安眠に、疲労回復に、魔除けのお守りに

第3チャクラストーン

ルチルクォーツ

Rutilelated quartz ［和名：針入り水晶］

金運、財運をつかさどり世界中で高い人気を誇る

Keyword ★ 豊かさ、精神力、自信、勝者、創造性

石の特性
・金運を高める
・眠っていた情熱を引き出す
・愛情面のサポート

石の特徴

"金運を呼ぶ"として人気の石

　ルチルクォーツは、水晶の中に針のような金色の鉱物が含まれるきらびやかな石です。この美しい金色の針は、まるで天使の髪の毛のように見えることから、エンジェルヘアともヴィーナスヘアとも呼ばれています。色は、金、銀、赤、緑などさまざまですが、金色のルチルは"金運を呼び込む石"として、世界中で大変人気があり、多くの富豪たちに愛され続けています。

豆知識 世界経済を動かしているといわれる華僑により"繁栄を呼ぶ石""財運、仕事運、家族運を高める石"として、代々大切に受け継がれているそうです。また、中国の歴代皇帝、古代エジプトのファラオ、ローマ帝国の貴族にも珍重された石でもあります。

DATA
色：金、銀、赤、緑など
産地：ブラジル、オーストラリア、カザフスタン、パキスタン、アメリカ合衆国、マダガスカルなど
結晶系：六方晶系（三方晶系）
成分：SiO_2 ＋金紅石 TiO_2　硬度：7
浄化法：日光、水、塩、クラスター
効果的な使用方法：

石の意味、効果

金運以外にも幸運や愛のサポートも

　金運の石として有名ですが、ルチルがアンテナの役目をし、"幸運を引き寄せる石"としても人気があります。あなたの中に眠る情熱を呼び起こし、障害を跳ね除け、進むべき道を堂々と歩むための道しるべとなるでしょう。また、ルチルは"キューピットの矢"の象徴とされ、愛情面の強力なサポートとなります。金以外の色の場合も、基本的なエネルギーは同じですが、色によって多少の個性がプラスされます。また、針の色が美しい方がエネルギー的には優れているともいわれています。

相性の良い石

クンツァイト（P17,68）
愛を維持する助けに

アポフィライト（P187）
古いパターンを取り除く

ペリドット（P25,141）
緊張をときほぐし、流れをスムーズにする

ラピスラズリ（P30,48）
運気を呼び込む

Part 3 チャクラ別パワーストーン

こんな時に使うと効果的

恋愛　良縁を引き寄せたい時に、遠距離恋愛をしている方のサポートとして

健康　呼吸を楽にする助けに、咳がひどい時の助けに

人間関係　新しい人間関係を構築する際の助けに、人気運を上げたい時に

金運[仕事運]　成功を呼び込むここぞという時の助けに

第3チャクラストーン

ゴールデンオーラ

Golden aura ［和名：蒸着水晶］

美しさと魅力を引き出すヴィーナスの輝き

Keyword ★美、潜在能力、富

石の特性
・内面の美しさを引き出す
・金運を高める

石の特徴

近年生まれた人口のパワーストーン

オレンジゴールドに輝く表面が特徴のゴールデンオーラ。貴金属を真空蒸着処理して作られるオーラクォーツのひとつで、女性を中心に高い人気を集めています。海外ではインペリアルゴールドクォーツとも呼ばれるゴールデンオーラは2005年に登場したもので、蒸着用の金属には鉄、チタンの他、複数の微量金属が使用されています。

豆知識 ゴールデンオーラはプログラミング性が非常に高いといわれ、持ち主の意図を増幅させますが、とりわけ愛や慈悲などに基づいたものを増幅してくれるといわれます。日本で流通し始めたのは比較的最近で、パワーストーンの中では新しい石のひとつです。

DATA
色：イエロー
産地：ブラジル、インド、マダガスカル、アメリカ合衆国、中国、世界各地（水晶の産地として）
結晶系：六方晶系（三方晶系）
成分：SiO2
硬度：7
浄化法：セージ、月光、クラスター、日光、水、塩
効果的な使用方法：

石の意味、効果

外見だけでなく内面の美しさも引き出す

美と富のシンボルと呼ぶに相応しいゴールデンオーラは、美しさや魅力に関わる要素が強い石ですが、ここでの美しさとは外見的なものに限らず、内面的なものを含む幅広い意味合いを持っています。眠っていた内面的な美の力や才能に働きかけ、それらを上手く引き出して人生に活用できるよう持ち主を導いてくれます。またゴールデンオーラは他者に対する気前の良さを引き出すともいわれており、豊かさの流れが増幅することで金運の向上にも役立つとされています。

相性の良い石

パール（P188）
内面からの美しさを輝かす

水晶（P180）
免疫力アップ

ルチルクォーツ（P29,87,127）
金運を上げたい時に

ダイヤモンド（P15,47）
心に余裕をもたらす

こんな時に使うと効果的

恋愛：内面の美を磨きたい時に
健康：生命力の活性化に
金運［仕事など］：金運の向上に
その他：寛大な心を育むために

第3チャクラストーン

サーペンティン

Serpentine ［和名：蛇紋石］

現在の状況を打ち破り、新たなる旅路へ

Keyword ★ 生命力、旅立ち、再生、守護、安らぎ

石の特性
・新しい旅路の道標に
・感情を落ち着かせる

石の特徴

蛇を連想させる紋様を持つ

サーペンティンは、アンチゴライト（葉蛇紋石）、クリソタイル（白石綿）、リザード石などがひとつになって産出される、通常半透明から不透明の黄色から緑色の石です。和名を蛇紋石（じゃもんせき）といいます。また、色や模様が蛇を連想させることから、サーペンティンの名前は「サーペント（serpent）－大蛇」の意に由来します。

豆知識 ローマ人はこの石を黒魔術から身を守るために利用していたとされ、19世紀には、耐火性があることがわかり、布をはじめとする多くの素材にも利用されました。

DATA
色：イエロー
産地：中国、韓国、日本、ニュージーランド、アメリカ合衆国、南アフリカ、パキスタンなど
結晶系：単斜晶系
成分：(Mg, Fe, Ni, Al, Zn, Mn)$_{2-3}$(Si, Al, Fe)$_2$O$_5$(OH)$_4$
硬度：3-4
浄化法：クラスター、セージ、月光
効果的な使用方法：

石の意味、効果

新たな門出や旅のお守りに

名前の由来である蛇は、脱皮をすることから「復活と再生」を連想させます。この石は、現在の状況から抜け出て、持つ人が新しい旅路にたつことを助けてくれるでしょう。さらに蛇は、長い間餌を食べなくても生きていくことができる強い生命力を持っていますので、古代から長い旅路に発つ旅人が、お守りとしてこの石を身に付けていたことは有名です。また、サーペンティンは、魂と肉体の統合を助け、過度に高ぶった感情を落ちつかせる働きもありますので、あなたを安らぎに満ちた状態に導いてくれるでしょう。

相性の良い石

ミルキークォーツ（P190）
安定した心をもたらす

チャロアイト（P29,85,169）
恐怖心を克服しおだやかな関係に

マラカイト（P28,142）
健康運アップ

オニキス（P32,99）
厄除け、災難よけに

こんな時に使うと効果的

恋愛：お互いに優しく、思いやりをもてるように
健康：心身を落ち着かせ、リラックスしたい時に
人間関係：過度な緊張や不安を感じた時に
金運[仕事など]：出張や旅行などのときのお守りとして

Part 3 チャクラ別パワーストーン

第3チャクラストーン

リビアングラス Libyan glass
魂の浄化
Keyword ★ 解放、宇宙、再構築

石の特性・不要な情報を浄化する

石の特徴
起源が不明な謎多き石
エジプト、リビアの国境付近のリビア砂漠で見つかる希少な天然ガラスです。隕石が地表に衝突した際の熱によってできたという説や、空中爆発した際の熱によって生成されたとする説があり、その明確な起源ははっきりしていません。

石の意味、効果
心の深くにある不要な情報を浄化する
宇宙エネルギーが凝縮されているといわれ、人の深い部分、無意識の領域、魂に蓄積されてきた不要な情報を浄化し、精神性の向上を促してくれます。無意識から来る説明のつかない葛藤、こだわり、執着などがあることに気付いた時、より良い未来を編成できるように力を貸してくれます。

相性の良い石
- セレナイト (P191) 思考をクリアにする
- ルビー (P23,63) 困難な問題の解決

DATA
色：イエロー
産地：リビア、エジプトなど
結晶系：非晶質
成分：SiO2（シリカ 95% + Al, Ca, Fe, K, Mg, Mn, Na, Ti）　硬度：5-6
浄化法：セージ、月光、クラスター、日光
効果的な使用方法：

サルファー Sulphur ［和名：硫黄］
心を鎮めることの大切さに気付く
Keyword ★ 内面の浄化、変容、先の見えない不安を癒す

石の特性・感情、精神の乱れを鎮める

石の特徴
日本人にもなじみ深い"硫黄"
温泉やマッチの原料として日本人にも馴染み深い硫黄を指します。他の鉱物（特にヘマタイト、パイライト、マーカサイトなどの金属質の鉱物）を変色、劣化させてしまうことがあり、アレルギー反応を起こす可能性もあるため、取り扱いには注意が必要です。

石の意味、効果
精神の混乱を鎮める魔除けの石
魔除けの力があるとされる硫黄には、ネガティブな思考や感情など、マイナスエネルギーの吸収に優れた力を発揮するといわれます。感情の乱れや精神の混乱を鎮静化して、冷静な視点から物事を見つめ直すように持ち主に働きかけます。精神的な疲労が続いて物事の判断力が落ちていると感じた時などに良いとされます。

相性の良い石
- マラカイト (P28,142) 落ち着きをもたらす
- オニキス (P32,99) 魔除けのお守り

DATA
色：イエロー
産地：イタリア、ボリビア、カナダなど
結晶系：斜方晶系
成分：S
硬度：1.5-2.5　浄化法：セージ、月光、クラスター
効果的な使用方法：

CHAKRA 4 STONE

第4チャクラ

ストロベリークォーツ	モルダバイト
ピンクオパール	エピドート
ピンクスミソナイト	グリーンガーネット
ピンクトパーズ	セラフィナイト
ローズオーラ	クロムダイオプサイト
ピンクトルマリン	ネフライト
ピンクカルサイト	グリーントルマリン
チューライト	ベスビアナイト
ピンクカルセドニー	ユナカイト
スフェーン	ワーベライト
ペリドット	フックサイト
マラカイト	

第4チャクラストーン

ストロベリークォーツ
Strawberry Quartz ［和名：苺水晶］

愛と美の象徴、勝利の女神が宿る石
Keyword ★ 愛、自己実現、幸運、自信、ポジティブ

石の特性
・女性の魅力を高める
・物事を良い方向に導く
・自信が持てるようになる

石の特徴

希少性の高い、イチゴのような水晶

この石は、内部にゲーサイト（針鉄鉱）やレピドクロサイト（鱗鉄鉱）、微細結晶（金紅石）がインクルージョンされているルチルクォーツの一種です。赤いインクルージョンが密集してイチゴのように見えることからストロベリークォーツ（苺水晶）と呼ばれます。標高の高い山岳地帯で産出されるため採掘量が少なく、希少性が高いことで知られています。

豆知識 その名前は18世紀のドイツの詩人ゲーテに因んでいます。劇作家、哲学者、自然科学者としても著名なゲーテには鉱物蒐集の趣味があり、ゲーサイトという名称は1806年、ゲーテと親交のあった鉱物学者によって命名されたものです。

石の意味、効果

女性的な魅力を高める、愛と美の石

愛と美を象徴する石です。情熱的で華やかなエネルギーを宿し、愛と幸運を呼び込みます。持つ人の内外から美しさを引き立て、若さを保つ作用があるため、女性の魅力を高めてくれるでしょう。

また華やかなオーラを放つこの石は、持つ人のエネルギーを変えて物事を良い結果に導いてくれることから、勝利の女神が宿る石とも呼ばれています。自信を持つことを助けるため、自分が特別な存在であるということを気づかせてくれるでしょう。

DATA
色：ピンク
産地：カザフスタン、ロシア、ブラジル、メキシコなど
結晶系：六方晶系（三方晶系）
成分：SiO_2 ＋ゲーサイト $FeO(OH)$、レピドクロサイト $FeO(OH)$
硬度：7
浄化法：セージ、月光、クラスター
効果的な使用方法：

相性の良い石

ローズクォーツ（P26,40）
内側の美を高め、魅力アップ

水晶（P180）
愛情を持って接することができるように

パール（P188）
若さを保つ、美容意識を高める

こんな時に使うと効果的

恋愛
恋を呼び込みたい
出会いが欲しい
魅力を高めたい

健康
美肌になりたい、疲れた心と身体を癒したい

人間関係
人間関係を円滑にしたい
仲直りしたい

金運［仕事など］
華やかな仕事に就きたい
スキルアップしたい

第4チャクラストーン

ピンクオパール

Pink Opal [和名：蛋白石]

周囲を魅了する恋愛ストーン
Keyword ★自己表現力、引力、美、女性性

石の特性
・女性の魅力を引き出す
・恋愛に対する意欲が高まる
・感情面のヒーリング効果

石の特徴

優しいピンクのコモンオパール

ミルキーなベイビーピンクが魅力のピンクオパール。女性の魅力を大きく引き出してくれる、究極の恋愛ストーンのひとつです。

ピンクオパールは感情面のヒーリングが得意とされます。瞑想する際に手に持ったり、眠る時にそばに置いたりすることで、辛い思い出が徐々に解放されていきます。

豆知識 オパールには、角度によって色が移り変わる「遊色効果（プレイオブカラー）」を持つプレシャスオパールと、遊色効果を持たないコモンオパールがありますが、ピンクオパールは後者のタイプです。

石の意味、効果

女性らしさを高め、愛され上手に

ピンクオパールは女性の魅力を内側から引き出すことによって、女性性や美しさの表現力が高まり、恋愛を成功へと導いてくれます。相手を飽きさせない魅力や美しさを求める女性にとって、心強い味方となってくれるでしょう。

また周囲を惹きつける力が高まるため、内向的でコミュニケーションが苦手な人にもおすすめです。過去の恋愛で傷ついた人や自信を失った人など、恋愛に対して心のブレーキが働いてしまう人がもう一度前進するためにも役立つ石です。

DATA
色：ピンク
産地：オーストラリア、ペルー、メキシコ、アメリカ合衆国、タンザニアなど
結晶系：非晶質
成分：SiO2 + nH2O
硬度：5-6
浄化法：セージ、月光、クラスター
効果的な使用方法：

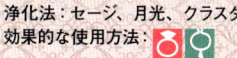

相性の良い石

ロードクロサイト（インカローズ）(P35,43)
運命の出会いに

ムーンストーン(P20,79)
新しい出会いをもたらす

ピンクカルサイト(P138)
トラウマを解消しポジティブな気持ちに

ピンクトルマリン(P31,137)
その人のもつ魅力を引き出す

こんな時に使うと効果的

恋愛 新たな出会いがほしい、恋のトラウマを解消したい

健康 キレイになりたい、気持ちを安定させたい

Part 3 チャクラ別パワーストーン

第4チャクラストーン

ピンクスミソナイト

Pink Smithsonite ［和名：菱亜鉛鉱］

ネガティブなエネルギーを軽やかに変換

Keyword ★ 平和、安心、調和、幸福

石の特性
・心に安らぎをもたらす
・人に癒しを与えるような存在に
・コミュニケーション力アップ

石の特徴

ピンク色の発色源はコバルト

スミソナイトの由来は、18～19世紀にかけて活躍したイギリスの鉱物学者であり科学者の、ジェームズ・スミソンの名前にちなんでいます。和名では菱亜鉛鉱といい、結晶体のものは菱形の結晶が見られるのが特徴です。含有される成分によって青、紫、緑、黄色などに色づきますが、ピンクスミソナイトのピンク色はコバルトが発色源です。結晶を示すことは稀で、多くは葡萄状の塊や皮膜状で産出するため、流通しているスミソナイトのほとんどは後者のタイプです。

豆知識 18～19世紀当時、スミソナイトとヘミモルファイトという鉱物はカラミン（calamine）という名称で同一視されていましたが、スミソン氏の研究によって別の鉱物であることが判明しました。

DATA
色：ピンク
産地：メキシコなど
結晶系：三方晶系
成分：$ZnCO_3$
硬度：4-4.5
浄化法：セージ、月光、クラスター、音
効果的な使用方法：

石の意味、効果

心を癒し、周囲との調和を保つ

優しさ、穏やかさ、やわらかさのシンボルともいえるスミソナイト。そばに置いておくだけで心に安らぎを与えてくれます。そのやわらかなエネルギーは周りの環境にも影響していくため、張り詰めた空気が漂いがちな場所や、そのような空気をつくりたくない場所にあらかじめ置いておくのが良いでしょう。また信頼を象徴する石としても有名なのでリーダー的な役割の人におすすめです。否定的・批判的な思考を、思いやりのある優しい心へと変換し、平和と調和を理想とする心を育んでくれます。

相性の良い石

パール (P188)
内面の美しさ、本来の優しさを育む

クリソコラ (P19,42)
女性性を高める

ヘミモルファイト (P161)
コミュニケーションの強化に

こんな時に使うと効果的

恋愛 女性らしいやわらかな魅力を引き出したい

人間関係 絆を深めたい 信頼関係を強化したい

その他 場の雰囲気を和ませたい

第4チャクラストーン

ピンクトパーズ

Pink Topaz ［和名：黄玉］

あらゆる愛をもたらし、理想の相手を見極める

Keyword ★気品、自立、未来、女性性

石の特性
- 内面を磨き、愛情を引き寄せる
- 他者に対して寛容になれる
- 夢を実現する勇気を与える

石の特徴

ロシア皇族も愛した天然のピンク

　トパーズの中でも酸化クロムによってピンク色に色づいたトパーズです。天然色のピンクトパーズも存在しますが、黄色やオレンジ色のトパーズを加熱処理によってピンクに発色させているものもあり、元のオレンジ色が強いほど処理後のピンク色が濃くなります。また、光や熱の影響で変色しやすいのも特徴です。

豆知識　天然色のピンクトパーズはブラジルやロシア、パキスタンなどで産出されており、ロシアのウラル山脈で産出されるピンクトパーズはその昔、ロシアの皇族のみが所有することができたという特別な宝石でした。

DATA
色：ピンク
産地：ブラジル、パキスタンなど
結晶系：斜方晶系
成分：Al2SiO4(F, OH)2
硬度：8
浄化法：水、セージ、月光、クラスター
効果的な使用方法：

石の意味、効果

女性らしさを高め、愛され上手に

　トパーズ全般にいわれる意味としては、自分に必要なものや、探し求めているものを引き寄せるという事が挙げられますが、ピンクトパーズの場合には女性性や愛情面での意味合いが前面に出されます。ピンクトパーズは愛情面に関する学びを受け入れられるよう持ち主を促し、自立心と精神性を高めることで現在の自分が求めている愛情を引き寄せるようにサポートします。恋愛や婚活など、パートナー探しをする時には心強い味方となってくれるでしょう。石の効果をより高めるために、求めているものを明確にしておくと良いかもしれません。

こんな時に使うと効果的

恋愛　寛容になりたい、新しい出会いがほしい
健康　健康を維持したい、病気、体調不良を防ぎたい
人間関係　相手を受け入れたい、分かり合いたい
金運・仕事など　希望と信念を忘れずに働きたい、自信を持ちたい

相性の良い石

クンツァイト (P17,68)
寛容さを育み、新たな出会いをサポート

ロードクロサイト（インカローズ） (P35,43)
新たな出会いを求めている人に

グリーントルマリン (P149)
身体全体の健康を守る

デザートローズ (P71)
夢の実現をサポート

Part 3　チャクラ別パワーストーン

第4チャクラストーン

ローズオーラ

Rose aura ［和名：蒸着瑪瑙］

愛を与えること、受け取ることのバランス

Keyword ★ 流動、均衡、恋

石の特性
・愛の流動を活発にする
・新しい出会いを導く
・失った自信を取り戻す

石の特徴

真珠のような光沢感が美しい人工石

　別名ラズベリーオーラとも呼ばれるローズオーラ。ベースとなる石にはローズクォーツや水晶が使われますが、どちらもローズオーラとして販売されています。ローズオーラの真空蒸着にはプラチナが使われています。アクアオーラほどの流通量はありませんが、ビーズに加工されたものはまるでピンク色の真珠のようで、女性らしいやわらかな雰囲気を持っています。光の加減によって淡いゴールドの反射光が現れるのが特徴です。

豆知識　人工石の中で最も美しいとされているこの石は、愛のエネルギーに満ち溢れています。愛をもたらす石として有名なローズクォーツに負けないぐらいの愛のエネルギーを放ち、人を惹きつけるエネルギーを持ちます。近年、とても人気の高まっている石です。

DATA
色：ピンク
産地：ブラジル、インド、マダガスカル、アメリカ合衆国、中国、世界各地（水晶の産地として）
結晶系：六方晶系（三方晶系）
成分：SiO2
硬度：7
浄化法：セージ、月光、クラスター、日光、水、塩
効果的な使用方法：♂ ♀ ♋

石の意味、効果

愛を循環させ、人間関係を良好に

　ローズオーラはローズクォーツの力をより強力にしたものといわれ、愛の流動を促す働きがあるとされます。愛が双方向に流れるように働きかけるため、愛を与えることと、受け取ることの両方がうまく行えるよう持ち主に働きかけます。恋愛から結婚、子育て、周囲との人間関係など、愛情面に関わるあらゆる物事に応用できますが、特に恋愛のお守りとして身につける女性も多くいます。また環境変化、離婚、転職など、激しい変化を経験してきた人にもおすすめの石です。失った自信を取り戻せるようにサポートしてくれるでしょう。

相性の良い石

ムーンストーン (P20,79)
女性性を高める助けに

アメジスト (P37,77)
パートナーと深い精神的なつながりがほしいときに

ガーネット (P29,33,46)
愛情をもって信頼を築くサポートに

アクアオーラ (P153)
自己表現力を高めコミュニケーション能力の助けに

こんな時に使うと効果的

- **恋愛**：女性らしさを高めたい、新しい出会いがほしい
- **人間関係**：愛情を持って人に接したい、優しくなりたい
- **健康**：エネルギーバランスを整えたい、体力維持

136

第4チャクラストーン

ピンクトルマリン

Pink Tourmaline ［和名：電気石］

あらゆる恋愛プロセスを力強くサポート

Keyword ★浄化、愛、成功

石の特性
- 恋愛を成功に導く
- 恋愛の悩みや不安を解消
- 思いやりのある人付き合いを助ける

石の特徴

恋愛運アップに効果的な人気カラー

トルマリングループの中でもグリーントルマリンと並んで最も人気のあるカラーです。ライトピンクからダークピンクまで色彩の範囲が幅広く、恋愛や結婚の成功などを力強くサポートするお守りとして女性を中心に高い人気を集めています。恋愛のプロセスで何らかのストレスや不安、心配事などを感じた時には、アクセサリーとして身につけておくのがおすすめです。

豆知識 別名ルベライトとも呼ばれています。ラテン語で「赤みを帯びた」の意味であるルベラス（rubellus）に由来します。

石の意味、効果

恋愛に伴う負のエネルギーを解消

恋愛に関するあらゆる物事をプラスに導くピンクトルマリンは、片想いの人から交際中の人、また失恋の傷を癒したい人にもおすすめの石です。新しい出会いや良縁に恵まれない時の失望感、相手に対する期待の裏切り、自分を上手に表現できない時の葛藤や落ち込み、嫉妬心など、負の性質を持った思考・感情エネルギーを、電気石特有の強力な浄化作用によって洗い流してくれます。自分自身と相手の両方を真に思いやることの大切さに気づけるように持ち主を促してくれるでしょう。恋愛成就のお守りとして持っておきたい石です。

DATA

色：ピンク
産地：ブラジル、マダガスカル、モザンビーク、ナミビア、ビルマ、アメリカ合衆国など
結晶系：六方晶系
成分：(Na, Ca)(Mg, Li, Al, Fe2＋)3Al6(BO3)3Si6O18(OH)4
硬度：7-7.5
浄化法：セージ、月光、クラスター、水
効果的な使用方法

こんな時に使うと効果的

- **恋愛**：恋愛を成就させたい、新しい出会いがほしい
- **人間関係**：社交性を高めたい人と話す機会を増やしたい
- **その他**：子供が抱える問題を解決したい

相性の良い石

ロードナイト（P21,45）
失恋の傷を癒す助けに

ピンクカルサイト（P138）
負のエネルギーを前向きに変える助けに

ムーンストーン（P20,79）
恋愛成就へと導く

ブルーレースアゲート（P17,64）
信頼を高め合いたい時に

Part 3 チャクラ別パワーストーン

第4チャクラストーン

ピンクカルサイト

Pink Calcite ［和名：方解石］

無条件の愛で心の傷を癒す

Keyword ★ 慈悲、愛、幸福

石の特性
・女性の美しさや穏やかさを授ける
・愛情面の傷やトラウマに働きかける
・素直な愛情表現を可能にする

石の特徴

聖母マリアの愛情と慈悲が宿った石

ピンクカルサイトにはマンガンを含み淡いピンク色の「マンガノカルサイト」と、コバルトを含み鮮やかな濃いピンク色の「コバルトカルサイト」（別名アフロディーテ）があります。

また聖母マリアの愛情と慈悲を象徴する石といわれています。ピンクカルサイトは肌に直接触れている時に最も力を発揮するので、瞑想する際に手に持ったり、アクセサリーとして身につけたりするのがおすすめです。

豆知識 ブルガリアではピンクカルサイトは天然記念物に指定されているほど貴重です。

石の意味、効果

心の傷を癒し、悪循環から脱却する

ピンクカルサイトは女性性に深く関連した石であり、女性の美と健康、気品、穏やかさを授けます。愛情面の傷やトラウマに働きかけることを得意とし、幼少の頃に負った家族・交友関係における心の傷、恋愛や結婚生活で負った精神的な痛みなど、あらゆる心の傷を癒します。心に不足していた愛が満たされるように導いてくれるでしょう。また状況や相手が違うだけで同じ悪循環を何度も繰り返してしまう時には、あなたの心強い味方となって成功と幸せをサポートしてくれるでしょう。

DATA

色：ピンク
産地：メキシコ、ブルガリア、モロッコ、コンゴ、中国、アメリカ合衆国など
結晶系：六方晶系（三方晶系）
成分：CaCO3
硬度：3
浄化法：セージ、月光、クラスター
効果的な使用方法：

相性の良い石

アクアマリン（P35,57）
自分に素直になり仲直りをする助けに

モルガナイト（P37,76）
愛の源を教えてくれるサポートに

アベンチュリン（P17,70）
自分が自分でいることの助けに、人間関係を円滑に

ピンクトルマリン（P31,137）
持ち主に美と若さをもたらす

こんな時に使うと効果的

恋愛 復縁したい、無条件の愛を手に入れたい

人間関係 あらゆる人間関係で負った心の傷を癒したい

健康 キレイになりたい女性のための健康運アップ

第4チャクラストーン

チューライト
Thulite ［和名：桃簾石］

あなたの人生に美しい色を添える
Keyword ★ 健全、再生、転機、女性性

石の特性
・人生の転機をサポート
・コミュニケーション力アップ
・女性の生理的な悩みを解決

石の特徴
ノルウェーで発見された灰簾石の仲間
　チューライトは1820年、ノルウェーで発見されました。その名は謎の島とされていた「チューレ」にちなんでおり、チューレは現在のノルウェーであるといわれています。ゾイサイト（灰簾石）の仲間でマンガンを含み、ピンク〜赤色に発色したものをいいます。

石の意味、効果
人生の転機に自信と勇気を与える
　再生と癒しを象徴する石で、心身共に健全な状態にする力を持ち、新しい人生を歩むための自信と勇気を与えます。人生の転機にいる人の心強い味方になってくれるでしょう。また女性性を象徴する石でもあり、不妊、出産、母子の関係などに悩みを持っている人をサポートしてくれるでしょう。

相性の良い石
ムーンストーン（P20,79）女性性を高める
ルチルクォーツ（P29,87,127）生命力アップ、不妊に

DATA
色：ピンク
産地：ノルウェー、オーストラリア、ブラジル、タンザニア、アメリカ合衆国、デンマークなど　結晶系：斜方晶系
成分：Ca2Al3(SiO4)3(OH)　硬度：6-6.5
浄化法：クラスター、セージ、月光、音
効果的な使用方法：

ピンクカルセドニー
Pink Chalcedony ［和名：玉髄］

穏やかな優しい気持ちをもたらし、精神の安定を助ける
Keyword ★ 愛情、女性性、安定、恋愛

石の特性
・優しさをもたらし、恋愛運アップ
・心身の健康回復、人間関係の修復
・冷静な判断を促す

石の特徴
パワーストーン初心者におすすめ
　愛情面から心身の健康、人間関係の改善などさまざまな効果をもたらす石です。見た目もローズクォーツに似てなじみやすく、パワーストーン初心者におすすめの石です。なお着色されたピンクカルセドニーは濃いピンクなので、この限りではありません。

石の意味、効果
恋愛に悩む人のための精神安定剤
　この石は、女性性のエネルギーが強く、穏やかで優しい気持ちをもたらし、いたわりの気持ちや愛情を引き出します。新しい出会いがほしい、片想いの恋を成就させたいといった望みを叶えたい人に最適です。恋人とケンカをした時や失恋をした時など、心を落ち着かせてくれるでしょう。

相性の良い石
モルガナイト（P37,76）愛情を育む
アマゾナイト（P25,73）生命力アップ

DATA
色：ピンク
産地：ブラジル、ウルグアイ、インドなど
結晶系：六方晶系（潜晶質）
成分：SiO2　硬度：7
浄化法：水、セージ、音
効果的な使用方法：

Part 3 チャクラ別パワーストーン

第4チャクラストーン

スフェーン
Sphene ［和名：楔石］

明るい光で心を照らし、影を拭い去る
Keyword ★光、純粋、強さ

石の特性
・光り輝く存在感を与える
・努力が結果に結びつきやすくなる
・問題解決能力を高める

石の特徴

ダイヤモンドをしのぐ美しい輝き

結晶が工具のくさびに似ていることから、ギリシャ語でくさびを意味するスフェノス（sphenos）に由来します。スフェーン（チタナイト）はチタンを含むケイ酸塩鉱物の一種です。一般的に流通している石は鉄分を含む黄色〜緑色の石が多いため、ジュエリー業界では区別する意味も含めスフェーンという名前で呼ばれています。またダイヤモンドさえもしのぐ、美しい光を放つことが最大の特徴です。

豆知識 鉱物名の統一化などを行っている国際鉱物学連合は、スフェーンではなくチタナイトという名称を1982年に正式に採用したものの、スフェーンという名前は以前から親しまれていたため、今でも使われ続けています。

DATA
色：グリーン
産地：ブラジル、オーストラリア、マダガスカル、スリランカなど
結晶系：単斜晶系
成分：CaTiSiO5
硬度：5-5.5
浄化法：クラスター、月光、音
効果的な使用方法：

石の意味、効果

意思に力を与え、成功に導く

この石の持つ輝きのように、自分自身を光輝く存在感のある状態にしたいと願う人に最適の石です。その他のグリーン系の石が持つエネルギーとは違い、頼もしい強さを持っているので、持ち主に希望と自信を与え、光のさす方向へ導いてくれることでしょう。努力が報われやすくなるので、仕事運をアップさせたい人はもちろん、美容やダイエットで結果を出したい人にもおすすめです。また問題解決能力を高める作用もあるため、物事に行き詰って足踏みしている人のサポートとしても効果を発揮するでしょう。

相性の良い石

水晶（P180）
恋愛運アップ

ガーネット（P29,33,46）
意思の力を強化する

アメトリン（P37）
不安を解消し、落ち着きを与える

ラピスラズリ（P30,48）
努力が報われるような結果を導く

こんな時に使うと効果的

恋愛 上品さや気品を身につけたい

健康 心身のバランスを保ちたい、ダイエットを成功させたい

人間関係 気づきを良くしたい 人に優しくなりたい

金運[仕事など] 目標を達成したい 勝負に勝ちたい

第4チャクラストーン

ペリドット

Peridot ［和名：カンラン石］

暗闇に光をもたらす太陽の石

Keyword ★ 光、楽観、開放的、信頼、幸福

石の特性
- マイナス感情をプラスに変える
- 夫婦仲を円満にする
- ストレスを軽減する

石の特徴

鮮やかなオリーブ色の歴史ある石

オリーブ色をしていることから、イギリスでは古くから"オリビン"と呼ばれています。正式な鉱物名もオリビンで、オリビンの中でも美しいものをペリドットと呼びます。美しい緑色は鉄分による発色とされ、鉄分が多いほど緑色が強くなり、逆にマグネシウムが多いほど黄色寄りになるといわれています。エジプト文明やマヤ文明でも利用されており、旧約聖書やキリスト教においても重要な意味を持つ石です。

豆知識 これまで見つかった世界最大のペリドットは、エジプトの紅海にあるセントジョーンズ島で産出された310カラットのもので、現在アメリカの国立スミソニアン博物館に展示されています。

DATA
- 色：グリーン
- 産地：アメリカ合衆国、メキシコ、エジプト、パキスタン、中国、ミャンマーなど
- 結晶系：斜方晶系
- 成分：(Mg, Fe)2SiO4
- 硬度：6.5-7
- 浄化法：日光、水、セージ、月光、クラスター
- 効果的な使用方法：

石の意味、効果

人生にプラスの性質をもたらす

古代エジプトでは「太陽の石」と呼ばれ、闇に光をもたらす太陽の力を持つ神聖な石として人々から崇められてきました。マイナス思考や感情を取り払い、人生に明るさや希望、光といったプラスの性質をもたらしてくれるとされます。これらの性質は人生をより良い方向へ導くための基本的な要素であるため、万能の石といえるかもしれません。また夫婦愛のシンボルとしても有名です。大切なパートナーとの信頼関係を深め、愛にあふれた夫婦仲をサポートしてくれるでしょう。健康面ではストレスを減らし、胃腸の働きを正常に保つとされています。

相性の良い石

ローズクォーツ（P26,40）
内面の美しさを引き出し、輝きをもたらす

カルセドニー
自信を取り戻し、憂うつな気分を前向きに

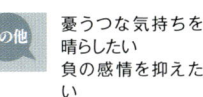

オレンジカルサイト（P120）
落ち込んだ気持ちを切り替える

こんな時に使うと効果的

恋愛
- 自分の魅力を引き出したい
- 出会いが欲しい

人間関係
- 執着心をなくしたい、困難な関係を修復したい

その他
- 憂うつな気持ちを晴らしたい
- 負の感情を抑えたい

Part 3 チャクラ別パワーストーン

第4チャクラストーン

マラカイト

Malachite ［和名：孔雀石］

物事の核心を見抜く、邪気払いの石

Keyword ★洞察、浄化、破邪

石の特性
・邪気を祓い、災いから身を守る
・直感力や洞察力を高める
・ストレスや緊張を緩和する

石の特徴

クレオパトラも化粧品として愛用した石

その名はヨーロッパの原産の植物「銭葵（ぜにあおい）」の葉を思わせることから、ギリシャ語で銭葵を意味するマラーキー（malache）に由来しています。古くから魔除けのお守りや装飾品、顔料、花火の着色、建築材料などとして利用されてきたマラカイト。クレオパトラも粉末にしたものを化粧品として使っていたという話は有名です。アズライトと同じく銅を多く含む鉱物で、通常は塊の状態で産出しますが、中には小さな針が密集したような、独特の質感をした結晶も見つかります。

豆知識 和名では孔雀石といいますが、その模様が孔雀の羽根に似ていることからきています。

DATA
色：グリーン
産地：コンゴ、ザイール、ナミビア、ザンビア、ロシア、アメリカ合衆国など
結晶系：単斜晶系
成分：$Cu_2CO_3(OH)_2$
硬度：3.5-4.5
浄化法：セージ、月光、クラスター
効果的な使用方法：

石の意味、効果

心身を浄化し、邪気を跳ね返す

マラカイトは災いから持ち主の身を守る力を持っており、魔除けや邪気祓いの護符として利用できるほか、直観力や洞察力を高めることによって物事の真実を見抜くように導く力があるとされます。また強力な浄化作用によって精神を落ち着かせ、ストレスや緊張をほぐすといった働きがあります。これらの特性から、マラカイトは子供に持たせるのに適した石のひとつであるといわれています。子供の無事や、勉強や友人関係などで抱えがちな問題から子供の精神を保護するのに役立つでしょう。

相性の良い石

ハウライト（P189）
心を鎮め、安眠に導く

オブシディアン（P29,51）
ネガティブなエネルギーを取り去る

ペリドット（P25,141）
直感力、洞察力を高める

こんな時に使うと効果的

人間関係 人からの非難や嫉妬を避けたい、好かれたい

その他 洞察力・先見性を高めたい、決断力がほしい

健康 マイナスエネルギーをなくしたい、不眠症を改善したい

第4チャクラストーン

モルダバイト

Moldavite ［和名：モルダウ石］

宇宙とつながり、自由な発想をもつ

Keyword ★ 宇宙、夫婦円満、瞑想、自由

石の特性
- 宇宙とのつながりを強める
- 円満な夫婦関係を築く
- 高いヒーリング効果で疲労回復

石の特徴

宇宙を起源とする天然ガラス

遥か昔、隕石が地球に衝突した際に、宇宙由来の物質と地球の物質とが融解して形成されたといわれるモルダバイト。名前の由来は、プラハの南北に流れるチェコ共和国最長の川、モルダウ川で発見されたことに因みます。厳密には鉱物ではない天然ガラスですが、未だにはっきりとした起源は分かっていません。ガラスであるため偽物も作られやすく、特に海外で購入する際には注意した方が良いでしょう。

豆知識 モルダバイトからつくられた石器がオーストリアからも発見されており、およそ3万年前にクロマニヨン人が使用していたものと考えられています。

DATA
色：グリーン
産地：チェコ
結晶系：非晶質
成分：SiO2（シリカ 75％ ＋ Al, Ca, Fe, K, Mg, Mn, Na, Ti）
硬度：5-6
浄化法：日光、水、セージ、月光、クラスター
効果的な使用方法：

石の意味、効果

宇宙と調和し、物事を解決に導く

ヨーロッパではモルダバイトを恋人や婚約者に贈るといった習慣があり、夫婦円満の石とされてきました。その一方で、宇宙との調和という意味合いも持っています。高い波動を持つとされるモルダバイトは、これまでなかなか解決の糸口が見つからなかった問題を処理する時に非常に役立つ石のひとつです。この石を持つことでシンクロする力が高まり、自然と物事が良い方向に進展したという経験を持つ人も多いといわれています。また強力なヒーリング効果を持つため、心身の負担を軽減してくれるでしょう。

相性の良い石

ムーンストーン(P20,79)
片想い中の恋を実らせる

ラブラドライト
(P33,202)
自分の信念を貫く

レピドライト(P173)
古いパターンを再構築し、変化を促す

スミソナイト
インナーチャイルドを癒す

こんな時に使うと効果的

恋愛　新しい出会いがほしい、気づきを高めたい

その他　宇宙とのつながりを強めたい、瞑想に集中したい

人間関係　今の関係に変化を起こしたい、困難を克服したい

Part 3 チャクラ別パワーストーン

第4チャクラストーン

エピドート

Epidote ［和名：緑簾石］

平凡の中に神秘を見つける
Keyword ★ 自由、新鮮、発見、充実

石の特性
・固定観念を払拭し、視野を広げる
・自由な発想を授ける
・マイナス思考をプラスに変える

石の特徴

日本人になじみ深い、抹茶のグリーン

　緑と肌色が混ざった石、ユナカイトの主成分でもあるエピドート。緑のものが有名だが、他にも黄色、黒、灰色などが出回っています。

　世界各地で産出されるため希少性はありませんが、抹茶を思わせる渋い緑色の結晶は日本人にとって親しみを感じる素晴らしい石です。ペリドットと同じく、鉄分の含有量が多いほど、緑色が濃厚になっていきます。

豆知識 名前の由来は、ギリシャ語で「追加・付加」を意味するエピドシス（epidosis）にちなみます。またピスタチオのグリーンを思わせることから、ピスタサイトとも呼ばれることもあります。

DATA
色：グリーン、イエロー、グレー、ブラックなど
産地：オーストラリア、スイス、アメリカ合衆国（アラスカ州）
結晶系：単斜晶系
成分：Ca2(Al, Fe)2(SiO4)3(OH)
硬度：6-7
浄化法：セージ、月光、クラスター
効果的な使用方法：

石の意味、効果

日常生活に新しい発見をもたらす

　エピドートの持つ魅力は、禅が重んじる簡素さ、素朴さに通ずるものがあります。日常にありふれていて、特に目も向けないような物事の中にこそ、真の充実性と呼べるものや、面白さ、素晴らしさがあるということに気づかせてくれます。これまでの人生の積み重ねで確立してきたこだわり、自分を楽しませてくれる刺激などといった固定観念を払拭し、同じ物事でも違った視点で見られるようにサポートします。良いアイデアが浮かばない時や、毎日が同じ繰り返しと感じている人に特におすすめの石です。

相性の良い石

アベンチュリン（P17,70）
前向きな考えで健全に

カーネリアン（P14,115）
新規事業を始める時のサポートに

レピドライト（P173）
直感力を高める

こんな時に使うと効果的

健康　マイナス思考をプラス思考に変えたい、体を強くしたい

その他　自由な発想を育む、生活のマンネリ化を解消したい

金運[仕事など]　芸術関係やクリエイティブな仕事をきちんとこなしたい

第4チャクラストーン

グリーンガーネット

Green Garnet ［和名：灰礬柘榴石］

緑の木々の若々しさをもたらす

Keyword ★前向き、活性、生命力、破邪

石の特性
- 取り越し苦労をなくす
- 新しいことに挑戦する力を与える
- 健康や美容の悩みを解決

石の特徴

色によって違う表情を見せるガーネット

ガーネットというと深いレッドを想像しがちですが、トルマリンと同じくカラーバリエーションが多い鉱物であり、ブルーを除きほぼ全ての色があります。グリーンガーネットにも複数の種類があり、濃厚なダークグリーンから、淡く美しいミントグリーンまでさまざまです。

豆知識 レッドガーネットが古い歴史を持つ一方、グリーンガーネットの歴史は比較的浅く、1868年にロシア・ウラル山脈で発見されたのが始まりです。当初はエメラルド思われていたため、ウラルエメラルドと呼ばれていました。気品あるグリーンで、当時のロシア貴族にこよなく愛されました。

石の意味、効果

不安を解消し、前進する勇気を与える

グリーンガーネットは前向きな心を養う石です。人からの評価が気になり自分をうまく表現できない人や、将来の自分を想像した時に不安が付きまとってしまう人など、取り越し苦労が絶えない人におすすめの石です。前向きな精神が促されることで生命力が高まり、前進する勇気が生まれます。新しい事に挑戦したいと思っている人や、転機を迎えている人に対して、困難を乗り越える力を授けてくれるでしょう。またグリーンガーネットがもたらす若々しい精神力は、健康や美容にもプラスのエネルギーを注いでくれます。

DATA

色：グリーン
産地：ロシア、ナミビア、南アフリカ、ジンバブエ、カナダなど
結晶系：等軸晶系
成分：$Ca_3Al_2(SiO_4)_3$
硬度：7
浄化法：セージ、月光、クラスター
効果的な使用方法：

相性の良い石

オパール (P21,27,202)
相手を見極めたい時に

ペリドット (P25,141)
前向きな気持ちにしてくれる

ヘマタイト (P54)
生命力を高める

パイライト (P53)
あらゆる危険から守ってくれる

こんな時に使うと効果的

恋愛 新しい恋をサポートしてほしい

健康 心身のバランスを保ちたい、生命力を高めたい、プラスのエネルギーを取り入れたい

その他 魔除けのお守りがほしい、プラス思考を強化したい

Part 3 チャクラ別パワーストーン

第4チャクラストーン

セラフィナイト

Seraphinite ［和名：斜緑泥石］

天使の癒しを受けとり、自然の流れに身をゆだねる

Keyword ★ 魂の癒し、協調、高次元の波動、コミュニケーション

石の特性
・精神に癒しをもたらす
・人付き合いを円滑にする
・自然に身をゆだねることができる

石の特徴

天使の羽のような光沢感を持った石

鉱物学上ではクローライトに属し、クリノクロアという鉱物です。緑色の石に、天使の羽のような絹糸光沢が現れます。名前の由来は、セラフィムという「愛と想像力」に関係した熾天使（最高位の天使）に因みます。穏やかで繊細なエネルギーを放つセラフィナイトは、その分他からの干渉を受けやすいので、こまめに浄化をすることがおすすめです。

天使との接触を身近に感じたい時や高次元の波動に意識を合わせたい時などに、この石を手に取って瞑想してみてください。

豆知識 セラフィナイトは19世紀のロシアの鉱物学者、ニコライ・カクシャロフ氏によって発見されました。天使のエネルギーが込められているといわれています。

DATA
色：グリーン
産地：ロシア、イタリア、アメリカ合衆国、メキシコ、マダガスカルなど
結晶系：単斜晶系
成分：(Mg,Fe2＋)Al3[(OH)2｜AlSiO3O10]・(Mg,Fe2＋)Al3(OH)6　硬度：2-2.5
浄化法：セージ、月光、クラスター
効果的な使用方法：♈♉♍♀

石の意味、効果

安心感を与え、周囲との調和を促す

「天使の石」とされるセラフィナイトは、優しさや癒し、保護をもたらします。精神をリラックスさせることで、周囲と調和したコミュニケーションをとれるようサポートしてくれます。過去のトラウマや自己中心的な執着の解放を助け、あなたに愛のエネルギーを思い起こさせてくれます。また自分が自然の一部であることを受け入れられるよう促し、大きな流れに身をゆだねることが大事だと理解させてくれるでしょう。頑張りすぎて疲れが溜まっている人や、他者に干渉しすぎて人間関係がうまくいかない人におすすめの石です。

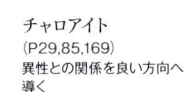

相性の良い石

チャロアイト (P29,85,169)
異性との関係を良い方向へ導く

ローズクォーツ (P26,40)
壊れかけた関係を修復する

アメジスト (P37,77)
身体の変化に気づきやすくする、癒しを与える

ムーンストーン (P20,79)
快眠へと導く

こんな時に使うと効果的

恋愛 パートナーとの理解を深めたい

健康 邪気を取り除きたい、ストレスを軽減したい、美肌になりたい

人間関係 意思疎通を円滑にしたい、孤独感をなくしたい、人とのつながりを見つめ直したい

金運[仕事など] 商談をうまく乗り切りたい

第4チャクラストーン

クロムダイオプサイト

Chrome Diopside ［和名：透輝石］

理性と知性のシンボルストーン

Keyword ★ 洗浄、秩序、価値、感謝

石の特性
・理性や知性をもたらす
・強力な浄化力で負の感情を鎮める
・悪い習慣を改善する

石の特徴

ロシアが主産地の希少な石

1988年にロシアで巨大な鉱床が発見されるまで、あまりメジャーな石ではありませんでした。ダイオプサイトという鉱物の中でもクロムによって深い緑色に色づいたものをクロムダイオプサイトといいます。主産地のロシアにちなみ、ロシアンエメラルドとも呼ばれます。エメラルドや、ツァボライトにも匹敵する美しさを持つ希少な石です。緑色が濃厚なため、大きくカットされたものは黒っぽくなってしまい、独特のグリーンが際立たなくなってしまうこともあるようです。

豆知識 主産地のシベリアに因み、シベリアライトとも呼ばれます。

石の意味、効果

浄化作用で精神の乱れを正す

クロムダイオプサイトは理性や知性をもたらす石です。その強力な浄化力によって心の奥深くにある苦しみやストレス、過去に負った傷などを洗い流し、バランスのとれた精神状態を取り戻せるよう促してくれます。精神的な秩序を取り戻すことによって自分自身に真の価値を見出すようになるため、他者に対する敬いの心も同時に強くなっていきます。また理性や知性の向上は、自身の好ましくない習慣を改善させるためにも役に立つでしょう。健康状態が良くないと感じている人におすすめです。

DATA
色：グリーン
産地：ロシア、イタリア、スイス、オーストリアなど
結晶系：単斜晶系
成分：(Ca, Cr)MgSi2O6
硬度：5.5-6.5
浄化法：セージ、月光、クラスター、日光、水
効果的な使用方法：

相性の良い石

ガーデンクォーツ
ストレスを取り去り、リラックスへ導く

セレスタイト（P34,156）
穏やかな感情をもたらし、精神性を高める

エンジェライト（P35,67）
ネガティブな思考を取り去る

オパール
（P21,27,202）
今ある状態に良い変化を導く

こんな時に使うと効果的

健康 プラス思考を強化したい、精神を安定させたい、ストレス・不安感を解消したい

その他 理性・知性・明晰性を強化したい、不快な思い出を遠ざけたい

第4チャクラストーン

ネフライト

Nephrite ［和名：軟玉］

自然との同調から
ビジネスの成功をつなぐ

Keyword ★ 直感、流動、成功、繁栄

石の特性
- 人生の成功と繁栄をもたらす
- 洞察力や直感力を高める
- ヒーリング効果で疲れを癒す

石の特徴

古代中国の皇族に愛された石

　東洋で昔から成功と繁栄を象徴する石として愛されてきた翡翠には、硬玉（ジェダイト）と軟玉（ネフライト）の二種類があり、中国で翡翠といえばこのネフライトのことを指します。皇族たちがこよなく愛したため「王の玉（おうのぎょく）」とも呼ばれ、王が埋葬される際にはネフライトが一緒に埋葬されたといいます。

豆知識 肝臓の病気に効果があると考えられていたために、名前の由来はギリシャ語で肝臓を意味するネフロス（nephros）にちなんでいます。肝臓石とも呼ばれ、中南米では粉末にしたものを薬として使用していたこともありました。

石の意味、効果

宇宙的な勘が冴えるように

　人生の成功と繁栄を象徴するネフライトはビジネスのお守りという側面を持つ一方で、安らぎや自然とのつながりという意味を持っています。自然とのつながりが強まることによってヒーリングの力が流れ込み、また宇宙からの情報にも敏感になるため、洞察力や直感力も冴えてきます。瞬発力や的確な判断が求められる場面でサポートしてくれるでしょう。ビジネスの成功を願う人におすすめの石であるため、コレクションのひとつとして加えてみるのも良いかもしれません。

DATA
- 色：グリーン
- 産地：アメリカ合衆国、カナダなど
- 結晶系：単斜晶系
- 成分：Ca2(Mg, Fe)5Si8O22(OH)2
- 硬度：6-6.5
- 浄化法：セージ、月光、クラスター、日光、水
- 効果的な使用方法：

こんな時に使うと効果的

健康　自然と調和したい、プラス思考を強化したい

金運［仕事など］　仕事運を強化したい、商売繁盛したい、目標を達成したい

相性の良い石

ペリドット (P25,141)
ポジティブなエネルギーをもたらす

クリソプレーズ (P15,52)
目標が達成できるようサポート

シトリン (P15,31,60)
商売運アップ、商売繁盛を導く

ルビー (P23,63)
勝負運を高め、困難を乗り切る助けに

第4チャクラストーン

グリーントルマリン

Green Tourmaline ［和名：電気石］

愛のエネルギーで満たされ、思いやりの心を育む

Keyword ★ 思いやり、愛、富、植物界

石の特性
- 愛情が溢れる思考・行動を導く
- 植物とのつながりを深める
- 仕事などで大きな成功をもたらす

石の特徴

愛のエネルギーに深く関係する石

　別名ベルデライトとも呼ばれるグリーントルマリン。1876年にアメリカの著名な鉱物学者、ジョージ・クンツ氏がニューヨークの宝石店ティファニーにグリーントルマリンを売ったことをきっかけに、宝石としてのトルマリンが脚光を浴びるようになりました。ピンクトルマリンと並びトルマリングループの中でも最も人気がある色の一つで、ハートが生み出す愛のエネルギーに深く関係しているとされる石です。

豆知識　トルマリンの中でも人気が高いグリーンとピンクが合わさったものは、「ウォーターメロントルマリン」（P207）と呼ばれています。

DATA
色：グリーン
産地：ブラジル、アメリカ合衆国、マダガスカル、アフガニスタンなど
結晶系：六方晶系
成分：(Na, Ca)(Mg, Li, Al, Fe2＋)3Al6(BO3)3Si6O18(OH)4
硬度：7-7.5
浄化法：セージ、月光、クラスター、水
効果的な使用方法：

石の意味、効果

負の感情を他者への愛に転換する

　グリーントルマリンがもたらす恩恵は多岐に渡りますが、その代表的なものとしてハートチャクラを活性化させることで、恐怖心や不安、拒絶感などのネガティブな性質を持つエネルギーを吸収し、思いやりの心や愛をベースにした思考・行動に転換させるという効果があります。またエネルギーとスタミナの石ともいわれ、運動選手や体をよく動かす仕事の人に最適な石とされています。植物界とのつながりを深める性質を持ち、植物に関係する仕事や趣味を持つ人のサポートにも良いといわれています。

相性の良い石

エメラルド（P16,41）
愛情が高まり、人を惹きつける

ブラックトルマリン
健康維持のサポートに

マラカイト（P28,142）
極度に疲れている時の助けに

こんな時に使うと効果的

恋愛　愛情を深めたい　恋愛運を高めたい

金運[仕事など]　成功と繁栄を呼び寄せたい、豊かな感受性を育みたい

健康　健康を維持したい、疲労回復したい

Part 3　チャクラ別パワーストーン

第4チャクラストーン

ベスビアナイト *Vesuvianite* ［和名：ベスブ石］
魔を退けて、本来の自分を取り戻す
Keyword ★ 破邪、慈しみ、感謝、謙虚

石の特性
- 魔よけや破邪の力を持つ
- 精神面での負担を払拭する
- 自分らしさを取り戻すサポートをする

石の特徴
宝石質のものは非常に希少な石

透明度の高い宝石質のものが少ない鉱物です。宝石質のものはアイドクレースと呼ばれ、ギリシャ語で"見せかけ"のアイドス(eidos)と"混交"のクレイシス（krasis）がその語源です。ジルコンなど他の石と似ていたためこのように名づけられました。

石の意味、効果
邪気を祓い、人生をプラスの方向へ

この石は魔除けや破邪の力を持ち、不吉なものを取り払うことで持ち主に幸運をもたらします。またストレスなど精神的な負担を解消することによって、人生をプラスの方向へと導いてくれるでしょう。つい後ろ向きに考えてしまって、本来の自分らしさを発揮できていないと感じた時におすすめの石です。

相性の良い石
- ペリドット（P25,141）親しい関係をもたらす
- マラカイト（P28,142）邪気をはね返す

DATA
色：グリーン
産地：アメリカ合衆国、ノルウェー、カナダ、イタリア、ロシアなど　結晶系：正方晶系
成分：Ca10Mg2Al4(SiO4)5(Si2O7)2(OH)4
硬度：6.5　浄化法：セージ、月光、クラスター、日光、水
効果的な使用方法：

ユナカイト *Unakite* ［和名：ユナカ石］
過去を浄化して、再出発へと送り出す
Keyword ★ 洗浄、受け止める、信頼、未来

石の特性
- 特殊なヒーリングやリラクゼーション効果
- 過去に負った傷を払拭する
- ベッドサイドストーンに適している

石の特徴
パワーは劣らずも、入手しやすい混合石

エピドート（緑簾石）をはじめ複数の鉱物で成り立っている混合石です。その名はユナカ山地から産出されることに由来します。優れたヒーリング力を持ちながらも安価で入手しやすいため、見た目の豪華さやきらびやかさはありませんが、頼りがいのある石です。

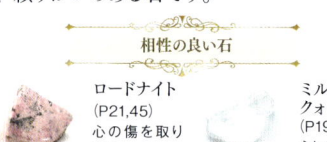

石の意味、効果
過去の傷を癒し、再出発をサポート

ユナカイトが得意とする働きは、過去に負った傷を癒すパワーです。トラウマになっている辛い思い出や、前に進むことを妨げる何らかの出来事などを解決してくれます。そしてもう一度他者に対して心を開き、持ち主の再出発を促してくれます。肩の力が抜け、自然体の自分を表現できるようになるでしょう。

相性の良い石
- ロードナイト（P21,45）心の傷を取り去る
- ミルキークォーツ（P190）心に安らぎを与える

DATA
色：グリーン
産地：アメリカ合衆国、ロシア、カナダ、ジンバブエ、アイルランド　結晶系：不定
成分：緑泥石、緑簾石、正長石、石英などの混合
硬度：6.5-7　浄化法：セージ、月光、クラスター、日光、水
効果的な使用方法：

第4チャクラストーン

ワーベライト *Wavellite* ［和名：銀星石］
問題の根本を見つけ出し、本質を呼び覚ます
Keyword ★直感力、洞察力、意志力、前向き

石の特性
・直感力や洞察力を高める
・問題解決をサポート
・最善を尽くすことができるように導く

石の特徴
新月の時に最大のパワーを発揮する石

ワーベライトは1805年にイギリス南西部のデヴォンで発見されました。岩のような質に花火やクラスターのような形をしたものなどさまざまな形態がある二次鉱物です。新月の時に最も力を発揮するとされており、深い瞑想体験が得られるといわれています。

石の意味、効果
視野を広げ、気づきの力を高める

物事の全体像を広い視野で眺めることを可能にし、気の流れを良くする石です。直感力や洞察力を高めるので、ヒーリングワークなどでも活用されています。欲望に流されず、冷静な判断ができるようになるでしょう。事業を起こす時や将来設計をする時に、前向きにやり遂げていく力を与えてくれるでしょう。

相性の良い石
- モルダバイト（P143）ヒーリング力がアップ
- セラフィナイト（P146）リラックス効果を高める

DATA
色：グリーン
産地：イギリス、アメリカ合衆国、チェコ、ボリビアなど
結晶系：斜方晶系　成分：Al3(PO4)2(OH,F)3・5H2O
硬度：3.5-4
浄化法：日光、クラスター、音
効果的な使用方法：

フックサイト *Fuchsite* ［和名：クロム雲母］
ありのままを受け止める石
Keyword ★寛容、ヒーリング、和むこと

石の特性
・傷ついた心を癒す
・すべて受け入れるような寛容さを持つ
・対人関係を穏やかにする

石の特徴
アベンチュレッセンスを生む緑の雲母

フックサイトは含有するクロムの量が多いほど緑色が濃くなります。グリーンアベンチュリンの中のキラキラした砂金状の細片結晶もフックサイトで、これがアベンチュリン特有の光学効果「アベンチュレッセンス」を生み出します。

石の意味、効果
寛容さで包み込み、傷を癒す

比較的マイナーですが、優れたヒーリング効果を持つ石です。落ち込んだ時などに傷ついた心を優しく癒してくれます。その優しい色と雰囲気が放つエネルギーは、力強く後押しするというより、むしろ何も言わずにただ受け止めるような寛容さを持っているといった方がしっくりくるかもしれません。

相性の良い石
- デザートローズ（P71）人間関係を良好にする
- クリソプレーズ（P15,52）自信をもたらし仕事運アップ

DATA
色：グリーン
産地：ブラジル、カナダ、アメリカ合衆国など
結晶系：単斜晶系
成分：K(Al, Cr)3Si3O10(OH)2　硬度：2-2.5
浄化法：セージ、月光、クラスター、音
効果的な使用方法：

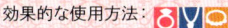

Part 3 チャクラ別パワーストーン

CHAKRA 5 STONE

―第5チャクラ―

アクアオーラ
アホイト イン クォーツ
ジェムシリカ
セレスタイト
ブルートパーズ
ラリマー
シーブルーカルセドニー
ジララ イト イン クォーツ
ヘミモルファイト

第5チャクラストーン

アクアオーラ
Aqua Aura ［和名：蒸着水晶］

自然と科学の融合で夢の実現をつかむ

Keyword ★ 進化、融合、創造、未来、洞察力、創造力

石の特性
・インスピレーションの質と洞察力を高める
・オーラを浄化し、人を引き寄せる
・目標に対してのエネルギーを活性化

石の特徴

真空蒸着処理を施したオーラ水晶

オーラ水晶の表面には虹色の反射光が現れるのが最大の特徴で、アクアオーラの蒸着には純金が使われています。

さまざまなオーラ水晶が開発されていますが、アクアオーラは最も一般的で流通量も多く、入手しやすいタイプです。

豆知識 透明な水晶を真空内で摂氏871度の高温まで加熱した後に、近くで金属を蒸発させて12〜18時間かけ、水晶の表面にイオン化した金属を付着させて作られるオーラ水晶。

この特殊な加工技術を真空蒸着処理(vapor deposition)といいます。

石の意味、効果

魂を浄化し、潜在能力を開花させる

神秘的な美しさを持つアクアオーラがもたらす恩恵は多岐に渡りますが、水晶をベースにしているため、基本的に水晶の持つ浄化力、潜在能力開花を促す働きがさらに強まっているとされます。宇宙とのつながりを強めてインスピレーションの質を高めるほか、洞察力を養って物事の真実に気づかせる作用があるので、あなたの目標達成をより強くサポートしてくれるでしょう。過去に対するヒーリングよりも、明るい未来の創造や、夢の実現といった未来に向かうエネルギーが強い石と考えられています。

DATA
色：スカイブルー
産地：ブラジル、インド、マダガスカル、アメリカ合衆国、中国、世界各地（水晶の産地として）
結晶系：六方晶系（三方晶系）
成分：SiO2
硬度：7
浄化法：月光、クラスター、日光、水、塩
効果的な使用方法：

相性の良い石

アクアマリン (P35,57)
喉のチャクラの活性化に

アズライト (P56,164)
クリエイティブな能力を高める

パイライト (P53)
仕事での成功を導く

ルチルクォーツ (P29,87,127)
勝負運を高める

こんな時に使うと効果的

[健康] 喉のチャクラを活性化させたい

[金運（仕事など）] 仕事運を強化したい、洞察力・直感力を高めたい

[その他] インスピレーションを高めたい

Part 3 チャクラ別パワーストーン

第5チャクラストーン

アホイト イン クォーツ
Ajoite in Quartz [和名：アホー石]

愛と平和、宇宙のハーモニー
Keyword ★ 調和、解放、自己表現

石の特性
・平和との同調を促す
・自己表現能力を高める
・ネガティブなエネルギーを解放、除去

石の特徴

希少価値が高い、コレクター憧れの石

　銅の成分によって鮮やかなスカイブルーに色づいた塊が水晶の中に入っているアホイト イン クォーツ。その名はアメリカ・アリゾナ州のアホー鉱山に由来します。アホイト自体の硬度は3.5であり、結晶系は三斜晶系に属します。

　ファントム状に入っていることが多いようです。主に銅鉱山で産出される石ですが、産出が限られているため非常に希少で、かつ高価であり、鉱物愛好家の憧れの的となっています。

豆知識 和名は"アホー石"ですが、希少な石のため、現在でも英語をカタカナ表記した際に"アホイト"、"アジョイト"、"アホアイト"など、さまざまな呼び名が混在しています。

石の意味、効果

愛の力で困難を乗り越えられるように

　高い波動を持つといわれるアホイトは平和とのハーモニーを象徴する石であり、心の奥深くにある傷に対して優れた浄化力を発揮します。アホイトと同調した時にはハートが大きく開かれ、愛のエネルギーによってあらゆる困難を乗り越える力がもたらされるといわれています。自己表現能力が高まり、周囲とのコミュニケーションや人間関係もスムーズになるため、精神の健康を総合的に維持するのに役立つ石です。また体に蓄積されたネガティブなエネルギーの解放・除去を促してくれるとされています。

DATA
色：スカイブルー
産地：アメリカ（アリゾナ州）、南アフリカ
結晶系：六方晶系（三方晶系）
成分：SiO2 ＋アホイト (Na, K)Cu7AlSi9O24(OH)6・3(H2O)
硬度：7
浄化法：セージ、月光、クラスター、水
効果的な使用方法：

相性の良い石

エメラルド（P16,41）
円満な関係をもたらす

ペリドット（P25,141）
争いを解決に導く

アメジスト（P37,77）
感情、精神を落ち着かせ、不安を取り除く

スモーキークォーツ（P96）
トラウマの解放に

こんな時に使うと効果的

人間関係 調和のある関係を育みたい／争いをなくしたい

健康 トラウマを解放したい、精神を安定させたい

第5チャクラストーン

ジェムシリカ

Gemsilica ［和名：珪孔雀石］

感情をつかさどる石

Keyword ★ 女性性、感情、美、安定

石の特性
・女性性を高める
・感情の起伏を鎮める
・美的感覚や創造性を高める

石の特徴

クリソコラを母体に形成した石

硬度2〜4程度のやわらかいクリソコラに石英質が浸透してクォーツ化し、クリソコラを完全に取り込んでしまったものをジェムシリカといいます。その明るいブルーはクリソコラに含まれている銅に由来しています。クリソコラを母体にして成長したクォーツであるため、クリソコラの持つ性質をさらに強めた石といわれています。ジェムシリカは近年発見されたばかりで比較的歴史が浅く、限られた地域でのみ産出される希少な石のため、高価な値段で取引されています。

豆知識 鉱物的には"クリソコラカルセドニー"と呼ばれ、結晶の美しいものは、その高貴さから多くの愛好家が存在する人気の石です。

石の意味、効果

女性性を高める、安産祈願にも

ジェムシリカは女性性の象徴といわれ、母性愛や慈しみ、謙虚さなどを育む女性のお守りです。感情面に大きく働きかけ、イライラや感情の高ぶりなど、健康的な生活の妨げとなるエネルギーを鎮静化してくれるとされています。特に妊娠や出産、子育ての時など、人生における大事な局面で力強い味方となってくれるでしょう。

また美的感覚や創造性を高めてくれるので、芸術関係やクリエイティブな仕事をする人にもおすすめの石です。

DATA
色：スカイブルー
産地：アメリカ合衆国（アリゾナ州・ニューメキシコ州）、メキシコ、ペルーなど
結晶系：斜方晶系
成分：(Cu, Al)2H2Si2O5(OH)4・nH2O
硬度：7
浄化法：セージ、月光、クラスター
効果的な使用方法：

相性の良い石

アクアマリン (P35,57)
愛情あふれる調和のとれた関係に

ブルーレースアゲート (P17,64)
穏やかで安定した関係をもたらす

水晶 (P180)
あらゆる面で安定をもたらす助けに

ミルキークォーツ (P190)
心に安らぎを与える

こんな時に使うと効果的

恋愛
調和の取れた恋愛関係を築きたい
気持ちを安定させたい

健康
心を癒したい
精神を安定させたい

人間関係
穏やかさを育みたい
円満な関係を築きたい

Part 3 チャクラ別パワーストーン

第5チャクラストーン

セレスタイト
Celestite ［和名：天青石］

**高次の意識につながり、
スピリチュアルな扉を開く**

Keyword ★ 安らぎ、清浄、愛、直感力

石の特性
・心に愛と平和を呼び込む
・負の感情を取り去り、休息を与える
・高次元の意識につながりやすくする

石の特徴

透き通ったブルーが美しい、天国の石

名前の由来はラテン語で「天国のような」を意味する「coelestis」にちなんでいます。

美しく透明感のある青色から、天国の石や天使の石と呼ばれています。セレスタイトは淡い青色以外にも無色や白、黄色がかったものもあります。

寝室内のエネルギーを浄化してくれるため、安眠をもたらすベッドサイドストーンとしても非常に有名です。

豆知識 1781年にイタリアのシチリア島で発見されたセレスタイト。日本で流通しているものの多くはマダガスカル産のものです。

石の意味、効果

愛のエネルギーで安らぎを与える

セレスタイトは魂を清め、心に愛と平和を呼び込むヒーリングの力が強い石とされています。愛のエネルギーに満ちあふれたこの石は、ネガティブな感情のすべてを浄化してくれます。日々の生活で蓄積したストレスや心の疲労を癒し、魂に休息を与えてくれるでしょう。

またインスピレーションや創造力も高め、高次元の意識にもつながりやすくするので、持ち主をよりスピリチュアルな世界へと導いてくれるでしょう。

DATA
色：ブルー
産地：イタリア、マダガスカル、アメリカ合衆国、メキシコなど
結晶系：斜方晶系
成分：SrSO4
硬度：3-3.5
浄化法：セージ、月光、音
効果的な使用方法：

相性の良い石

アクアマリン (P35,57)
パートナーとの仲を深める

サードオニキス
(P15,24,47)
良い絆をつくる助けに

ハーキマーダイヤモンド
(P81)
不眠症を改善し、安眠をもたらす

セラフィナイト (P146)
心の安らぎに

こんな時に使うと効果的

恋愛 恋人や夫婦関係を円満にしたい

健康 心を癒したい、不眠症を改善したい、ストレス・不安・心配事を解消したい

金運[仕事など] 新しいひらめきがほしい、スピーチを成功させたい

第5チャクラストーン

ブルートパーズ

Blue Topaz ［和名：黄玉］

知性を引き出し、成功を収める

Keyword ★ 教養、成功、富

石の特性
- 学問や教養での目標達成
- 成功と繁栄を導く
- 不安や恐怖心を鎮める

石の特徴

天然のものは美しく淡いブルー

天然石に加熱や放射線照射を行い、美しく発色させることをエンハンスメントといいますが、ブルートパーズもエンハンスメントが施される石の代表的なもののひとつで、無色のトパーズをブルーに発色させたものです。照射される放射線の種類によってブルーの色彩に違いが生まれます。もとから青色の真に天然色といえるブルートパーズは極めて稀にですが実在し、その多くはやさしくて淡いブルーをしています。

豆知識 明るく清清しいブルーが特徴のスイスブルートパーズや、大人の雰囲気漂うダークブルーのロンドンブルートパーズなど、処理法が確立された場所に因んだ名称が付けられています。

DATA
色：スカイブルー
産地：スリランカ、ブラジル、ミャンマーなど
結晶系：斜方晶系
成分：Al2SiO4(F)2
硬度：8
浄化法：水、セージ、月光、クラスター
効果的な使用方法：

石の意味、効果

学問や教養のお守りとして効果大

ブルートパーズは知性や感性を研ぎ澄まし、学問や教養のお守りとして目標達成をサポートしてくれます。集中力と冷静さを維持しながら物事を正確に判断できるように促してくれるため、頭を使う勉強や仕事をする際には頼もしい味方となってくれる石です。

また成功と繁栄を象徴する石ともいわれています。精神的な負担に働きかけて不安や恐怖心を鎮めてくれるので、目標までの道のりで遭遇する障害物や困難な問題からあなたを助けてくれるでしょう。

Part 3 チャクラ別パワーストーン

相性の良い石

ブルーレースアゲート（P17,64）、**アクアマリン**（P35,57）
人間関係にバランスをもたらす

セレスタイト（P34,156）
心に安らぎをもたらす

ガーネット（P29,33,46）
目標達成のお守りに

こんな時に使うと効果的

人間関係：意思疎通を円滑にしたい、自分に必要な人や物に出会いたい

健康：心を癒したい

金運[仕事など]：冷静な思考を保ちたい、目標を達成したい

第5チャクラストーン

ラリマー

Rarimar ［和名：ソーダ珪灰石］

平和のシンボルとして名高い、カリブ海の青い宝石

Keyword ★ 平和、安心、自由、解放

石の特性
・世界三大ヒーリングストーンの一つ
・愛と平和の精神を授ける
・コミュニケーション力を高める

石の特徴

海を彷彿とさせる爽やかなブルー

正式な鉱物名をブルーペクトライトといいます。ラリマーという名は、ドミニカ人地質学者のミゲル・メンデスの娘ラリッサ（Larissa）と、スペイン語で海を意味するマール（Mar）からきています。白やピンク、緑、黄色などのバリエーションがあり世界のさまざまな場所で見つかる鉱物ですが、美しいブルーをしたものはドミニカ共和国のパオルコ鉱山が主産地となっています。

豆知識 ラリマーはもともと1916年、スペイン人神父が最初に見つけたとされますが、その時に採掘が始まったわけではありません。1974年にアメリカ人のノーマン・リリングと、ドミニカ人地質学者のミゲル・メンデスが、ドミニカ共和国・バラオナのビーチで再発見し、その石が珍しいタイプのペクトライトだということがわかったことをきっかけに世に広まりました。

DATA
色：スカイブルー
産地：ドミニカ共和国、イギリス、アメリカ合衆国、カナダなど
結晶系：三斜晶系
成分：NaCa2(Si3O8)(OH)　硬度：4.5-5
浄化法：セージ、月光、クラスター
効果的な使用方法：

石の意味、効果

愛と平和のヒーリングストーン

ラリマーは、チャロアイト、スギライトと並ぶ世界三大ヒーリングストーンとして有名です。他に類を見ないその穏やかなエネルギーによって、思いやりのある人間関係を導くほか、持ち主の高ぶった感情を落ち着かせてくれます。怒り、悲しみ、苦痛や執着など、負の性質に傾いてしまった否定的な感情・思考に働きかけて、愛と平和の精神に満ちた人生へと導いてくれるでしょう。また狭いコミュニティにとらわれず、幅広い人間関係を構築できるように促してくれます。まさに平和のシンボルと呼ぶに相応しいカリブ海の宝石です。

相性の良い石

水晶（P180） 愛情に満ち溢れた生活に

スギライト（P37,84） 人間関係に愛と平和をもたらす

アメジスト（P37,77） 不眠症を改善し、安眠の助けに

スティルバイト（P55） 創造力を高める、何かを創り出す時のサポートに

こんな時に使うと効果的

恋愛：愛情を育みたい、穏やかな恋愛をしたい

健康：不眠症を解消したい、ストレスを解消したい

人間関係：協調性を育みたい、意思疎通を円滑にしたい

金運[仕事など]：クリエイティブになりたい、才能を発揮したい

第5チャクラストーン

シーブルーカルセドニー

Seablue Chalcedony ［和名：玉髄］

周囲との調和、周囲へのヒーリング

Keyword ★ 円滑、微調整、安らぎ、平和

石の特性
- 穏やかな精神を引き出す
- 理想的な人間関係の持続
- 持ち主以外にもリラックス効果

石の特徴

ドイツの加工技術により生まれた石

ドイツはカメオなどカルセドニーの加工技術が発達している国であり、その宝石加工技術を駆使してシーブルーカルセドニーは生まれました。現在カルセドニーの原石はまず中国に集められ、その後ドイツに送られてシーブルーに加工されてから、ビーズなどにするために再び中国に渡るルートが一般的です。人工的に色彩処理された石ですが、美しい地中海や南国の青い海をイメージさせるみずみずしいブルーには、優れたヒーリングの力があります。

豆知識 人工的に染色された石ですが、石本来のエネルギーが大きく損なわれるというわけではありません。実際に、カルセドニーは染色しやすく発色も良いため、他にもさまざまな色に染色加工された石が流通しています。

DATA
- 色：スカイブルー
- 産地：ブラジル、オーストラリア、アメリカ合衆国、ウルグアイ、インドなど
- 結晶系：六方晶系（潜晶質）
- 成分：SiO2　硬度：7
- 浄化法：セージ、月光、クラスター、水
- 効果的な使用方法：

石の意味、効果

精神を安定させ、理想的な状態に

シーブルーカルセドニーには穏やかな性質を引き出す力があるとされ、これが見るものの精神を安定させ、人間関係をスムーズにするといわれています。穏やかな心に根ざした言動によってコミュニケーション能力が高まります。お互いの意見の微調整がスムーズに行われることで、理想的な状態が長続きするようにサポートしてくれるでしょう。非常にインパクトのあるブルーのため、アクセサリーとして身につけた場合には自分だけでなく、それを目にした周囲の人にもリラクゼーション効果を与えることができます。

相性の良い石

アクアマリン (P35,57)
おおらかな愛情をもたらす

ラリマー (P158)
他者を受け入れる助けに

クリソコラ (P19,42)
他者とのコミュニケーションを深める

スギライト (P37,84)
感情を落ち着かせる

Part 3 チャクラ別パワーストーン

こんな時に使うと効果的

恋愛：平和的な関係になりたい 心を安らげたい

健康：神経質や過敏になっている気持ちを落ち着けたい

人間関係：意思疎通を円滑にしたい、結束力や絆を強めたい

159

第5チャクラストーン

ジラライト イン クォーツ

Gilalite in Quartz [和名：錐輝石]

水に漂う自由なクラゲ

Keyword ★ 安心感、インスピレーション、表現力

石の特性
・安心感と落ち着きを与える
・アイデアや問題解決のひらめきを高める
・創造力や表現力を養う

石の特徴

発見されたばかりの爽やかな青い石

明るいブルーが美しいジラライトという鉱物自体は、1980年にアメリカ・アリゾナ州のヒラ郡（Gila County）で発見されたもので、その名はこの地名にちなんだものです。クォーツ内に水玉状に包有されているタイプは、2004年8月にブラジルで発見されたものであり、同じブラジルのパライバ州から産出されるパライバトルマリンの色に似ていることから、別名パライバクォーツとも呼ばれています。

豆知識 メデューサクォーツという呼び方もありますが、ギリシャ神話に登場するあの蛇の髪の毛を持つメデューサから取ったものではありません。成熟したクラゲをメデューサと呼び、拡大してみた時に水晶内のジラライトが水中に浮かぶクラゲを思わせることに由来しています。

DATA
色：スカイブルー
産地：ブラジル
結晶系：六方晶系（三方晶系）
成分：SiO2 ＋ ジラライト Cu5Si6O17・7(H2O)
硬度：7
浄化法：セージ、月光、クラスター、水
効果的な使用方法：

石の意味、効果

安らぎを与え、能力発揮をサポート

ジラライト イン クォーツがもたらしてくれるものは安心感と落ち着きです。透明な水にプカプカと浮かぶ水色の玉は、見ているだけで心を和ませてくれる不思議さがあります。精神の安定を促し、おおらかな人格形成に役立つでしょう。心に安心感が生まれると本来の能力がよみがえるため、新しいアイデアや問題解決のためのインスピレーションの受信に敏感になることができます。創造力や表現力の豊かさを養ってくれるため、芸術関係やクリエイティブな仕事に携わる人におすすめの石です。

相性の良い石

アゲート（P182）
心を安定させる助けに

スギライト（P37,84）
癒しの心をもたらす

スティルバイト（P55）
直感力を高める

オパール（P21,27,202）
直感力を高め希望をもたらす助けに

こんな時に使うと効果的

健康 心を癒したいストレスを減らして落ち着きたい

金運[仕事など] クリエイティブになりたい、芸術性を高めたい

160

第5チャクラストーン

ヘミモルファイト

Hemimorphite ［和名：異極鉱］

ワンネス "Oneness" ― 同情の石

Keyword ★ 破邪、慈しみ、統合、保護

石の特性
・邪悪なものから保護する
・慈しみと同情心を育む
・自己中心的な感情を抑える

石の特徴

両極で先端の形が異なる

別名カラミンと呼ばれるヘミモルファイト。ギリシャ語で半分を意味するヘミ（hemi）と形を意味するモルフォ（morpho）からきています。かつてはスミソナイトと同一視されていました。透明や半透明の大きな扇状になった結晶から、ブドウ状の青い塊になったものなどさまざまな色や形状がありますが、流通しているものは後者のタイプが一般的です。片方の先端は水晶のように尖っている一方で、反対側はマイナスドライバーのように平たくなっているのが大きな特徴です。

豆知識 結晶両端の形状が異なる結晶を異極晶といい、トルマリン、グリーノッカイト（硫カドミウム鉱）なども異極晶の仲間です。

DATA
色：スカイブルー
産地：メキシコ、中国、ブラジル、アメリカ合衆国、ナミビアなど
結晶系：斜方晶系
成分：$Zn_4Si_2O_7(OH)_2・(H_2O)$
硬度：5
浄化法：セージ、月光、クラスター
効果的な使用方法：

石の意味、効果

悪魔祓いと同情、異極の性質を持つ

古くから悪魔祓いなど魔除けとして利用されてきたヘミモルファイトは、持ち主を邪悪なものから保護する働きがあります。また物質界や霊的世界のあらゆる生命に対して慈しみと同情心を育む働きがあるともいわれています。「悪魔祓い」と「同情」という一見矛盾しているように思える性質は、ヘミモルファイトの持つ「異極」の性質に関係しているのかもしれません。中心部分を共有しながらも両極が異極のヘミモルファイトは、ひとつであること "Oneness" を象徴する石でもあります。

相性の良い石

ソーダライト
集団で何かを成し遂げたい時の助けに

ターコイズ（P31,58）
自己実現へと導く助けに

クリソプレーズ（P15,52）
仕事を成功へと導く

こんな時に使うと効果的

人間関係
つながりを感じたい
絆を強めたい

金運・仕事など
目標を達成したい、ビジョンを明確にしたい

健康
災いを遠ざけたい
突然の事故を防ぎたい

Part 3 チャクラ別パワーストーン

CHAKRA 6 STONE

―― 第6チャクラ ――

アイオライト

アズライト

カバンサイト

コスモオーラ

タンザナイト

第6チャクラストーン

アイオライト

Iolite ［和名：菫青石］

進むべき方向に光をさす、人生の羅針盤

Keyword ★希望、進路、冷静、洞察力、先見性

石の特性
- 人生の羅針盤のシンボル
- 明晰性や冷静さをもたらす
- 恋愛や結婚のお守りにも効果大

石の特徴

海賊にも重宝された海のサファイア

　海のサファイアとも呼ばれるアイオライトは、ギリシャ語ですみれを意味するイオス（ios）からきています。鉱物学上はコーディエライトといい、フランスの地質学者、P. L. A. コルディエにちなんでいます。宝石となる場合、青紫色の色彩が最大限に活きるようにカットされており、角度を変えると色合いに変化が見られるのが特徴です。

豆知識　かつて海賊たちはアイオライトを大西洋への航海の際に持参し、日光に向けて回転させると黄色や褐色に変わる多色性という性質を利用することで太陽の位置を把握し、進むべき方向を決めるのに役立てていたというストーリーが伝えられています。

石の意味、効果

進むべき目標を明確に

　アイオライトは人生の羅針盤のシンボルです。その美しいすみれ色は、見る者に明晰性や冷静さを取り戻させることで思考をすっきりさせ、進むべき方向をしっかりと見定めるように助けてくれます。そのため恋愛や結婚の守護石として身につけるのもおすすめです。冷静さを保ちながら、今のあなたにとってベストな人と航海できるようにサポートしてくれるでしょう。大切な判断や決断を迫られた時に、感情の乱れを抑え、トラブルや間違いを回避する手助けになってくれます。

DATA
- 色：インディゴブルー
- 産地：インド、スリランカ、ミャンマー、ブラジル、マダガスカル、タンザニア、ナミビア、アメリカ合衆国など
- 結晶系：斜方晶系
- 成分：(Mg, Fe)$_2$Al$_4$Si$_5$O$_{18}$
- 硬度：7-7.5
- 浄化法：水、セージ、月光、クラスター
- 効果的な使用方法：

相性の良い石

アクアマリン（P35,57）
＋**モルガナイト**（P37,76）
婚活のサポートに

ローズクォーツ（P26,40）
盲目的な恋愛を回避

ラリマー（P158）
協調性を育む

アメジスト（P37,77）
状況を見定め、平常心を保つ

こんな時に使うと効果的

人間関係　婚活を成功させたい、自分に必要な相手と出会いたい

その他　進むべき方向を明確にしたい

健康　冷静な思考を保ちたい、精神的に安定したい

Part 3 チャクラ別パワーストーン

第6チャクラストーン

アズライト

Azurite [和名：藍銅鉱]

サイキックパワーを持つ、喋る石

Keyword ★インスピレーション、明晰性、洞察力、落ち着き、テレパシー、霊性

石の特性
・霊的なエネルギーを活性化
・頭脳を使う場面での成功を導く
・感受性を高める

石の特徴

霊的能力を高める、瞑想にも最適

アズライトという名前は青空を意味するアズール（azure）に由来します。神秘的なダークブルーが印象的な石です。瞑想する際に額にあてたり、横になった状態で上に置いたりすることで前額の中心にある第三の目が活性化され、新たな視野がもたらされるといわれています。非常にもろい石のため加工が難しく、未処理のまま加工したアクセサリーなどが出回ることはあまりありません。

豆知識 古くは岩絵の具や聖職者が霊的能力を高めるために利用していた特別な石です。かの有名な米国の眠れる預言者、エドガー・ケイシーは「喋る石」と表現して愛用し、この石が持つサイキックパワーを称えました。

DATA
色：インディゴブルー
産地：アメリカ合衆国（アリゾナ州）、ナミビア、モロッコ、メキシコ、フランスなど
結晶系：単斜晶系
成分：$Cu_3(CO_3)_2(OH)_2$
硬度：3.5-4
浄化法：セージ、月光、クラスター
効果的な使用方法：

石の意味、効果

頭脳を使う場面で力を発揮できる

アズライトは霊的世界に通ずるエネルギーを加速させるため、コミュニケーション能力や洞察力、創造力、インスピレーションを高めるのに役立つとされています。そのため、この石が持つ能力が最大限に発揮されるのは、頭脳を使う仕事や勉強、また重要な判断が必要とされるシーンといえるでしょう。試験や大事な取引を控えている人におすすめの石です。また同時に感受性や霊感を強める働きがあるため、芸術関係の仕事や占い師などにも好まれる石のひとつとなっています。

相性の良い石

クリスタルクォーツ
調和のエネルギーを高める

アゲート（P182）
感情、思考を安定させ、心を休める

マラカイト（P28,142）
ヒーリング効果をアップ

こんな時に使うと効果的

健康 精神的に安定したい、思考過多な頭を休めたい

その他 瞑想のサポートがほしい、テレパシーなどを開発したい

金運（仕事など） 直感力・集中力・記憶力・決断力を高めたい

第6チャクラストーン

カバンサイト
Cavansite ［和名：カバンシ石］

インスピレーションを生み穏やかな生活へ導く

Keyword ★共時性、楽しむこと、インスピレーション、創造、宇宙

石の特性
・宇宙とのつながりを強くする
・楽しみや心の穏やかさをもたらす
・運命的な出会いを導く

石の特徴

原石は金平糖のようにキュートな石

ブルーハワイの金平糖という表現がぴったりのカバンサイト。その名は成分であるカルシウム、バナジウム、シリケート（珪酸）の頭文字を組み合わせてつけられました。原石は非常に繊細でもろいため宝石などにカットされているものは珍しく、通常は原石のまま販売されているか、原石の形を活かしてペンダントなどのアクセサリーに加工されているのを見かけます。限られた地域のみから産出されるために希少で、コレクターに人気のアイテムです。

豆知識 1967年にアメリカ・オレゴン州のマラー郡で発見された鉱物ですが、その後しばらく見つからずに幻の鉱物となっていました。20世紀も終わりに近づいた頃、偶然インドの砂利の採掘場で発見されたのをきっかけに市場に出回るようになりました。

DATA
色：インディゴブルー
産地：インド、アメリカ合衆国など
結晶系：斜方晶系
成分：CaV5 + Si4O11・4(H2O)
硬度：3-4
浄化法：セージ、月光、クラスター
効果的な使用方法：♉♋♍

石の意味、効果

宇宙とつながり、創造性を育む

人生の楽しさや不思議がシンボルのカバンサイト。その神秘性は宇宙と深く関係しており、宇宙的な情報を起源とするインスピレーションによって創造性を育みます。マンネリ化してしまったあなたの毎日の暮らしに楽しむことや、心穏やかに過ごすことを教えてくれるでしょう。またカバンサイトは共時性、つまり偶然の一致に見える必然の出来事、運命的な出会いを引き起こす不思議な力を持っていることでも知られます。そういったことに敏感に気づくように導くため、人生に物足りなさを感じている人におすすめの石です。

相性の良い石

ロードクロサイト（インカローズ） (P35,43)
生涯のパートナーに出会う

アイオライト (P163)
思考を安定させる

ラブラドライト (P33,202)
大事な決断の後押しをしてくれる

アメジスト (P37,77)
直観力を高める、進むべき道を示してくれる

こんな時に使うと効果的

恋愛
運命的な出会いをしたい
マンネリを防ぎたい

金運[仕事など]
クリエイティブになりたい、芸術性を高めたい

健康
思考過多な頭を休めたい
疲れを取りたい

Part 3 チャクラ別パワーストーン

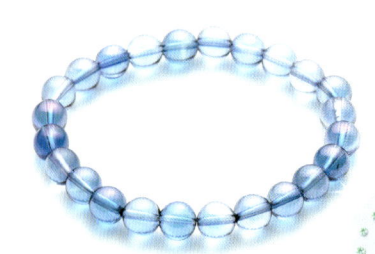

第6チャクラストーン

コスモオーラ
Cosmo Aura［和名：蒸着水晶］

固定観念から脱却し、宇宙の神秘に触れる

Keyword ★神秘、上昇、創造

石の特性
- 宇宙のパワーや神秘と深く関わる
- 高度なインスピレーションを授ける
- 創造力を引き出し、金運アップ

石の特徴

角度で色彩が変わるオーラ水晶

アクアオーラほどの流通量はありませんが、真空蒸着処理が施された人気のオーラ水晶のひとつです。アクアオーラの蒸着に使用されるのは金ですが、コスモオーラの場合には金に加えインジウムが使われます。コスモオーラのインディゴブルーはタンザナイトの青色に似ているために、「タンザナイトオーラ」や「タンジンオーラ」と呼ばれることもあり、見る角度によってピンク系の反射光が表れるのが特徴です。

豆知識 オーラ水晶の種類によって使われる金属は違います。明るい緑色のアップルオーラは金とニッケル、ホワイトに虹色がのったエンジェルオーラはプラチナと銀、紫色のアメジストオーラはマグネシウムとプラチナが使われています。

石の意味、効果

宇宙のパワーで、理性や知性を育む

コスモオーラはその名が示す通り、宇宙のパワーや神秘を感じさせる石です。数あるオーラ水晶の中で最もエネルギーがパワフルな石ともいわれており、より高度なインスピレーションを受け取るのに役立つとされます。

理性や知性を育み、持ち主の精神性を高めることで宇宙の創造力を最大限に使いこなせるよう導いてくれます。そのため金運の向上やお金の流れを変化させるためにもおすすめの石といえます。オーラ系のクリスタルの中では、扱いやすく初心者向けの石といえます。

DATA
- 色：インディゴブルー
- 産地：ブラジル、インド、マダガスカル、アメリカ合衆国、中国、世界各地（水晶の産地として）
- 結晶系：六方晶系（三方晶系）
- 成分：SiO2　硬度：7
- 浄化法：セージ、月光、クラスター、日光、水、塩
- 効果的な使用方法：

相性の良い石

タンザナイト (P167)
人との関係に調和をもたらす

シトリン (P15,31,60)
金運をアップさせる

アメトリン (P37)
隠れている才能をひきだす助けに

ラブラドライト (P33,202)
宇宙とのつながりの強化に

こんな時に使うと効果的

- **人間関係**：意思疎通を円滑にしたい／誤解を解きたい
- **その他**：宇宙とのつながりを深めたい
- **金運[仕事など]**：金運をアップさせたい、芸術性を高めたい

第6チャクラストーン

タンザナイト

Tanzanaite ［和名：黝簾石］

人生の転機を強力にサポートし、確かな方向へ導く

Keyword ★冷静、安定、思慮深さ、判断力、転機

石の特性
・精神を安定させる
・周囲との協調性、柔軟性を育む
・人生の進むべき方向を明確に

石の特徴

角度によって色が変わる多色性の石

1967年にアフリカのタンザニア北部、メレラニ鉱山で発見された新しい石です。見る角度によって青色や紫色に変化する多色性を持つこの石は、加熱処理が当たり前で通常550〜700℃の範囲で加熱することで独特のブルーを発色させています。

産出量も少なく、産地も限られているので、大変希少で神秘的な石として知られています。

豆知識 正式名称はブルーゾイサイト（blue zoisite）ですが、アメリカの宝石店ティファニーが、「自殺」を意味するスーサイド（suicide）と発音が似ていることから、原産地の名前にちなんでタンザナイトと名づけたとされています。

DATA
色：インディゴブルー
産地：タンザニア、ケニア
結晶系：斜方晶系
成分：Ca2Al3Si3O12(OH)
硬度：6.5
浄化法：水、セージ、月光、クラスター
効果的な使用方法：

石の意味、効果

柔軟性を育み、人生を成功に導く

タンザナイトは高い周波数を持つとされ、その美しく鮮やかなブルーは精神の安定に働きかけるパワフルな石です。冷静さや思慮深さをベースにして柔軟性を育むため、周囲の人々との調和、つまりスムーズな人間関係をつくり上げるのに最適な石とされています。また緊張やストレスが取り除かれることによってクリアな思考を保ち、人生を確かな方向へと導く頼もしい存在です。人生の転機を感じている時や重要な決断を迫られている時、新しい物事を始めた時など、力強い味方となってあなたの成功をサポートしてくれるでしょう。

相性の良い石

オパール（P21,27,202）
ネガティブな感情を取り去る

ガーデンクォーツ
ストレスを取り去り、心身を癒す

グリーンガーネット（P145）
必要のない思考パターンを取り去る

こんな時に使うと効果的

恋愛 新しく始まった関係を長続きさせたい

健康 ストレス状態から回復したい／緊張を取りたい

人間関係 協調性を育みたい／関係性を円滑にしたい

その他 冷静な思考を保ちたい

Part 3 チャクラ別パワーストーン

167

CHAKRA 7 STONE

――第7チャクラ――

チャロアイト
ラベンダーアメジスト
ティファニーストーン
スキャポライト
レピドライト
パープライト

第7チャクラストーン

チャロアイト
Charoite ［和名：チャロ石］

自分自身を受け入れ、恐れを克服させる
Keyword ★克服、前進、チャレンジ、感情の解放、浄化

石の特性
・変容の石
・自身の力で克服するための石
・他の石が持つヒーリングとは少し違う

石の特徴

世界三大ヒーリングストーンのひとつ

やわらかな紫色と、白黒が織り成すマーブル模様が美しいチャロアイト。自然が描いた油絵の抽象画ともいえる、芸術品と呼ぶにふさわしい石です。エジリンやティクナクサイト、マイクロクリン等の鉱物が混ざり合うことによって独特のマーブル模様が生まれます。ラリマー、スギライトと並び、世界三大ヒーリングストーンのひとつとされています。

豆知識 シベリアのサハ共和国のみで産出するチャロアイトですが、その名が世に知れ渡るようになったのは1978年以降です。発見自体は1940年代にされていたといいますが、それまで脚光を浴びることがなかったのは、産出されたばかりの原石の見た目があまり魅力的ではなかったためだといわれます。

DATA
色：バイオレット
産地：ロシア、サハ共和国
結晶系：単斜晶系
成分：K(Ca, Na)2Si4O10(OH, F)・H2O
硬度：5-6
浄化法：セージ、月光、クラスター
効果的な使用方法：

石の意味、効果

他の石が持つヒーリングの意味合いとは違う

チャロアイトは変容の石といわれ、自分に向き合い、恐れを克服する準備ができた人が持つと良いといいます。つまり持っているだけで恐れから解放されるのではなく、あなたが恐れを抱いているという状態を受け入れ、それを自身の力で克服していくことをサポートするための石であり、前進する勇気と行動力をもたらしてくれるでしょう。そのような意味でのヒーリングストーンですので、他の石が持つヒーリングの意味合いとは少し違うようです。

相性の良い石

ブルーレースアゲート (P17,64)
信頼関係を高める

エレスチャルクォーツ (P184)
不要となった感情をなくす

セレナイト (P191)
抑圧された感情の解放に

こんな時に使うと効果的

人間関係 相手との真の信頼関係を築きたい時に

その他 現実に向き合う準備ができた時に

健康 抑圧された感情の解放に

Part 3 チャクラ別パワーストーン

第7チャクラストーン

ラベンダーアメジスト

Lavender Amethyst ［和名：紫水晶］

穏やかに、やさしく

Keyword ★ リラクゼーション、ヒーリング、冷静さ、やわらかさ

石の特性
- アメジストと基本的には同じ特性
- 色そのものがヒーリング
- 恋愛に最適

石の特徴

通常のアメジストにはない清清しい透明感

　一般的には色が濃厚なものが高品質とされるアメジストですが、ラベンダーアメジストのようにカジュアルにブレスレットなどのアクセサリーに使えるものも近年高い人気を集めています。色が薄いため、通常のアメジストでは生まれない清清しい透明感が最大の特徴です。

豆知識 色の淡さが特徴のラベンダーアメジストとは対照的なアメジストに、ウルグアイ産のアメジストがあります。ウルグアイ産のものには非常に濃厚なダークパープルのものがあり、通常のアメジストのものより高価ですが、この色が好きな人にとっては価値あるアイテムのひとつとなっています。

石の意味、効果

色そのものがヒーリング

　アメジストと基本的には同じ特性を持ちますが、ラベンダーアメジストは高貴さが漂うアメジストの中でもやわらかさと、清清しさが強調されるため、アメジストの基本的な性質をより穏やかに、優しく取り入れさせてくれるものです。色そのものがヒーリングであり、見ているだけでも心が浄化されていきます。

　またラベンダーアメジストは恋愛にも最適です。冷静な視点で相手を見ることができるため、外見に惑わされやすい人に特におすすめの石といわれています。

DATA
色：バイオレット
産地：ブラジル、南アフリカ、メキシコなど
結晶系：六方晶系（三方晶系）
成分：SiO2
硬度：7
浄化法：塩、水、セージ、月光、クラスター
効果的な使用方法：♉ ☿

相性の良い石

ミルキークォーツ (P190)
心に安定をもたらす

ブラッドストーン (P78)
精神的に消耗している時に

セレスタイト (P34,156)
負の感情を手放す

オブシディアン (P29,51)
前向きな気持ちに変える

こんな時に使うと効果的

恋愛：相手の外見に惑わされることを回避したい時に

その他：プラスのエネルギーの取り入れに

健康：精神的な安定に、心のリラクゼーションに

第7チャクラストーン

ティファニーストーン
Tiffany Stone

自由な発想の芸術家をめざして
Keyword ★ 芸術、感性、自由な発想

石の特性
・感受性を強めてくれる
・疲れた精神をほぐしてくれる
・霊能力の開発に利用できる

石の特徴

産出量が少ない非常に希少な石のひとつ

　アメリカ・ユタ州にあるトーマス山脈付近が唯一の産出地であるティファニーストーン。主にフロライトがオパール化したものといわれており、複数の鉱物が集合しているため、混ざり具合によって多様な色彩が生まれます。現在では産出量が少ない非常に希少な石のひとつとなっています。

豆知識　その名はアメリカの宝石店ティファニーの創業者の子息、ルイス・カムフォート・ティファニー氏が製作したステンドグラスのデザインに見た目が似ていたことに由来します。オパライズド・フロライト、アイスクリーム・オパライト、ベルトランダイト、パープルパッションなど、なぜか呼び名が非常に多い石です。黒や茶色が入っていないほど高品質とされます。

DATA
色：バイオレット
産地：アメリカ合衆国・ユタ州
結晶系：不定
成分：フロライト、ベルトランダイト、カルセドニー、オパール、ロードナイトなどの混合
硬度：6.0-7.0
浄化法：セージ、月光、クラスター
効果的な使用方法：

石の意味、効果

芸術関係やクリエイティブ系の人に最適な石

　感受性を強めてくれるため、芸術関係やクリエイティブな仕事に携わる人に最適な石で、高い意識から受け取った情報を、実生活に活用することをサポートしてくれます。

　また神秘的な力を持つとされるティファニーストーンは、疲れた精神をほぐしてくれるヒーリングストーンとして特に神経質になりがちな人や、常に緊張が抜けない人の感情をなだめてくれるほか、霊能力の開発に利用する人もいるなど多才な石です。

相性の良い石

アゲート (P182)
人間関係をスムーズに

フローライト (P36,59)
直感力を高める

エンジェライト (P35,67)
テレパシーによる能力を高める

こんな時に使うと効果的

人間関係　意思疎通を円滑にしたい時に

その他　芸術性を高めたい時に、直感力を高めたい時に

健康　精神的な安定に、心のリラクセーションに

Part 3 チャクラ別パワーストーン

171

第7チャクラストーン

スキャポライト

Scapolite ［和名：柱石］

自分の道を信じる

Keyword ★ 運命、判断力、満足、信念

石の特性
- 自分自身の判断に確信をもてるようになる
- 周囲の人々の意見に惑わされない
- 後悔することが多い人におすすめ

石の特徴

普段は見かけない産出量の少ない希少な石

スキャポライトは紫や薄い黄色、透明、茶色、グレーなどがあり、普段はあまり見かけない産出量の少ない希少な石です。マリアライトとメイオナイトという二種類の鉱物が混ざり合った固溶体であり、中にはキャッツアイ効果が表れるものもあります。特に紫のものが高品質とされ、透明度の高いものはアメジストに非常に良く似ています。

豆知識 柱状の原石で見つかることから、ギリシャ語のスカポス（skapos - "柱、軸"の意）とリソス（lithos - "石"の意）にその名は由来します。クォーツやベリル類と見た目が良く似ていることで有名ですが、長波紫外線ライトを当てると黄色やオレンジ系に発光するために見分けがつきます。

DATA
色：バイオレット
産地：マダガスカル、ケニア、タンザニア、パキスタン、アフガニスタン、インドなど
結晶系：正方晶系
成分：マリアライト Na4(Al3Si9O24)Cl ＋ メイオナイト Ca4(Al6Si9O24)(CO3)　硬度：5.5-6
浄化法：セージ、月光、クラスター、水
効果的な使用方法：

石の意味、効果

後悔することが多い人におすすめの石

スキャポライトは依存心を捨てるよう持ち主に働きかけ、自分自身の判断に確信をもてるように促してくれるといわれています。自分にとって必ずしも当てはまらないかもしれない周囲の人々の意見に惑わされることなく、自分が正しいと信じる道を進むことをサポートしてくれます。

後悔することが多い人や、常に何かと人の意見に従って行動し、後からその選択に疑問を持つようなことがある人におすすめの石といえます。

相性の良い石

タイガーアイ (P23,62)
変化をきちんと受け入れる助けに

セレナイト (P191)
判断力の強化をサポート

サードオニキス (P15,24,47)
強い意志力を育てる

アイオライト (P163)
依存の原因に気付かせる助けに

こんな時に使うと効果的

健康　状況の変化に対応するためにストレスがたまった時

その他　人生を後悔しないために、依存心を捨て自立するために

金運（仕事など）　判断力の強化に起業を計画する時に

第7チャクラストーン

レピドライト

Lepidolite ［和名：リチア雲母、鱗雲母］

変革の石

Keyword ★転機、順応、前進、楽観

石の特性
- 慣れない環境や新しい状況に上手く順応
- 現状を打破したいと感じる時に最適の石
- ストレスや不安、心配事の解消にも良い

石の特徴

ミルフィーユのように薄いプレート状の結晶

マイカ（雲母）と聞くと、小学校の理科の授業に出てきたり、土の中でキラキラと光るあの金色の小さな結晶を思い出す人も多いかもしれません。そのマイカにリチウムが多く混入したものがレピドライトであり、光沢のある独特の灰紫色を生み出しています。まるでミルフィーユのように薄いプレート状の結晶が何層にも重なることで、ひとつの塊を成しています。

豆知識 その結晶がウロコのような輝きをすることから、ギリシャ語のレピドス（lepidos -"ウロコ"の意）に由来します。発見されたのは18世紀で、もともとはリラライトと呼ばれていました。サンスクリット語のリラ（lila -"遊び・娯楽・ゲーム"の意）という言葉から来ているとされます。

DATA
色：バイオレット
産地：ブラジル、アメリカ合衆国、アフガニスタン、南アフリカ、スウェーデン、ロシア、チェコ、モザンビークなど
結晶系：単斜晶系
成分：K(Li, Al)3(Si, Al)4O10(F, OH)2
硬度：2.5-3
浄化方法：セージ、月光、クラスター
効果的な使用方法：

石の意味、効果

現状を打破したい時に最適の石

レピドライトといえば「変革」。人生におけるさまざまな大きな変化やチャレンジの時に、慣れない環境や新しい状況に上手く順応することをサポートしてくれます。これまでに積み上げてきたこだわりや、今では足かせとなっている思い込みを捨て去る勇気をもたらすため、現状を打破したいと感じる時期には最適の石といえます。

またストレスや不安、心配事の解消にも良いとされるレピドライトは、不眠症や拒食症、中毒などの改善にも役立つという意見もあります。

Part 3 チャクラ別パワーストーン

相性の良い石

ピンクカルサイト（P138）
マイナスな気持ちをプラスに変える

ブラックトルマリン
電磁波や有害なエネルギーから身を守る

ジャスパー
不安をよせつけない

ガーネット（P29,33,46）
意志の弱さを強さに変える助けに

こんな時に使うと効果的

恋愛：失恋した時に恋がうまくいってない時に

金運（仕事など）：価値観の転換に浪費癖を直したい時に

健康：ストレス・不安・心配事が続く時に、電磁波からの保護に

第7チャクラストーン

パープライト

Purprite ［和名：紫鉱］

**研ぎ澄まされた思考を持ち、
新たな自分の個性を見つける**

Keyword ★宇宙とのつながり、気づき、思考の明晰、個性

石の特性
・宇宙とのつながりが大変深い石
・芸術関係者には頼もしい味方
・合理的な思考をもたらす

石の特徴

酸による処理が施されていることが一般的

　パープライトはその紫色の発色を強めるため、酸による処理が施されていることが一般的です。というのも、パープライトとして流通しているものの多くは、ヘテロサイトという同種の鉱物を酸によって処理されたもので、同種でも鉄の含有量が多いものをヘテロサイト、マンガン含有量が多いものをパープライトといいます。パープライトの方が見た目が美しく、また希少価値も高いとされています。

豆知識　「パープライト」という名前は、ラテン語で「赤紫」を意味する単語に由来しています。日本名では「紫石（むらさきいし）」と呼ばれています。非常に美しい色を放つものもあり、特に原石では光のあたる場所によって美しい照りを放ちます。

石の意味、効果

芸術などに関係している方には頼もしい味方

　この石は宇宙とのつながりが大変深い石とされています。研ぎ澄まされた思考と全てのレベルにおいての気付きを与えてくれるでしょう。

　また、とても個性的なこの石は、持つ人の個性をも強めますので芸術などに関係している方には頼もしい味方となってくれるでしょう。

　合理的な思考をもたらすので、すぐに他人に振り回されてしまう人、考えすぎてしまう人などのサポートをしてくれるでしょう。

DATA
色：バイオレット
産地：ナミビアなど
結晶系：斜方晶系
成分：$(Mn^{3+}, Fe^{3+})PO_4$
硬度：4-4.5
浄化法：クラスター、セージ、月光
効果的な使用方法：

相性の良い石

パイライト (P53)
自分を表現し、新たな個性を見つける

アクアマリン (P35,57)
思考や感覚を自由に表現

アベンチュリン (P17,70)
健康促進、リラックスに

アイオライト (P163)
気持ちを切り替え本質を見通す

こんな時に使うと効果的

人間関係　個性を強調したい時　リーダーシップを発揮したい時

金運（仕事など）　精神性の向上に、芸術性を高めたい時に

健康　思考過多な頭を休めたい時に

CHAKRA 8 STONE

―第8チャクラ―

ガレナ	ミルキークォーツ
スティブナイト	セレナイト
ギベオン隕石	マザーオブパール
シルバールチルクォーツ	ゼオライト
水晶	ファントムクォーツ
ロシアンレムリアン	ナトロライト
アゲート	フェナカイト
ダンビュライト	まりも水晶
エレスチャルクォーツ	キャンドルクォーツ
アイスクリスタル	スターホーランダイトインクォーツ
アゼツライト	ヒューランダイト
アポフィライト	デンドライト
パール	メタモルフォーシス
ハウライト	

第8チャクラストーン

ガレナ
Galena ［和名：方鉛鉱］

鉛から金へと変容を促す
Keyword ★初心、根源、可能性、グラウンディング

石の特性
- 地球とのつながり
- 霊的な領域にも枝を伸ばす
- 精神性の向上

石の特徴

金属光沢が美しい輝きを放つ

和名を方鉛鉱といいますが、その名の通り四角い結晶をした鉛を主成分とする鉱物です。

石でありながら金属のような光沢があるため美しい輝きを放っており、溶かすと鉛がとれるために古くから鉛の原料として利用されてきました。

豆知識 ガレナはラテン語の同じ言葉「galena -(鉛の鉱石)」から来ています。鉛はその加工のしやすさから広く利用されてきましたが、現在鉛には毒性があることがわかっています。

ローマ帝国の水道管には鉛が使われており、これがローマ帝国衰退の原因のひとつだったのではないかという説もあります。

石の意味、効果

精神性の向上を目指している人に最適

鉛は錬金術では金になるための最初の段階、種の状態を表しているとされます。ガレナにもその性質があるために、特に地球とのつながりを強めるために最適な石といえます。地球に深く根を張ることにより、物質的な世界だけでなく霊的な領域にも枝を伸ばすことができるようになるため、霊的な世界の門をくぐり精神性の向上を目指している人に最適といえます。その際には向かいたい方向性に合わせた他の石も組み合わせて利用することがおすすめです。

DATA
- 色：シルバー
- 産地：アメリカ合衆国、オーストラリアなど
- 結晶系：等軸晶系
- 成分：PbS
- 硬度：2.5-3
- 浄化法：セージ、月光、クラスター
- 効果的な使用方法：

相性の良い石

フローライト（P36,59）
困難な関係に冷静さとやさしさをもって対処する

ブラックトルマリン
ネガティブなエネルギーを取り払い落ち着きを取り戻す

ラブラドライト（P33,202）
霊性を高め、直観力・洞察力を深めるサポートに

こんな時に使うと効果的

人間関係
魂レベルでのコミュニケーションやそのための自己の変容の助けに

健康
問題・病の根源を知るために
深い意識とつながり、精神に落ち着きをもたらす助けに、苦しみや困難の中で光明を見つけ出す助けに

第8チャクラストーン

スティブナイト

Stibnite ［和名：輝安鉱］

和の心を重んじる

Keyword ★ 親切、忍耐、調和

石の特性
- スムーズな人間関係を築く
- 人との調和を大切にする
- 目的達成までの道のりをサポート

石の特徴

取り扱いには注意が必要

　黒味を帯びた金属光沢が美しく、男性的な印象を色濃く持ったスティブナイト。かつては極めて美しい高品質の結晶が国内で多数産出しており、世界最大級の大きさを誇る結晶も日本から出たものです。日本産のスティブナイトの多くは海外へと流出してしまいましたが、それらは海外の有名な博物館に現在も展示されています。レアメタルであるアンチモンの原料となるスティブナイトですが、アンチモンには毒性があるとされているため、誤って口にしないようにするなど取り扱いには注意しましょう。

豆知識 スティブナイトの硬度は2のため非常に柔らかく、また時間の経過とともに酸化が進んで黒くなるという性質があるため、保存が難しい鉱物のひとつです。水晶中に包有されたスティブナイト インクォーツはその心配がなく、アクセサリーやビーズとして売られているので身につけるには便利です。

DATA
- 色：シルバー
- 産地：中国、アメリカ合衆国、ルーマニアなど
- 結晶系：斜方晶系
- 成分：Sb2S3
- 硬度：2
- 浄化法：セージ、月光、クラスター
- 効果的な使用方法：

石の意味、効果

スムーズな人間関係を築く石

　スティブナイトは他者への思いやりの心を育むことによってスムーズな人間関係を築く石とされます。シャープな雰囲気から一見冷たい印象を与えるスティブナイトですが、無口ではあるけれども芯の強い穏やかな性質と、人との調和を大切にするというエネルギーを持っています。また忍耐力も養ってくれるので、何かに向かって真っすぐに進んでいくことが必要な場合にも、周囲との調和を維持しながら目的達成までの道のりをサポートし続けてくれる頼もしい石です。

相性の良い石

モスアゲート (P21,74)
周囲とのコミュニケーションをスムーズに

ジェムシリカ (P155)
お互いに思いやりの心をもたらす

パイライト (P53)
可能性を発揮し仕事運アップ

プレナイト (P75)
忍耐力を高める

こんな時に使うと効果的

人間関係 思いやりの心を育む、スムーズな人間関係に

金運[仕事など] 仕事運の強化に、忍耐力が必要な時に、目標達成のお守りに

Part 3 チャクラ別パワーストーン

第8チャクラストーン

ギベオン隕石

Meteorite ［和名：鉄隕石］

宇宙とつながり可能性を開花させる

Keyword ★ 調和、忍耐力、本来の自分を見つける、グラウンディング

石の特性
- マイナスのエネルギーを防ぐ
- 夢の実現をサポート
- 心身のバランスを整える

石の特徴

独特の班目模様を持つ隕石

ギベオン隕石は、アフリカのナミビア砂漠で、1836年に発見された隕石です。この石の主な成分は鉄とニッケルで、表面を研磨し酸処理を行うことで、"ウィッドマンシュテッテン構造"と呼ばれる独特の網目模様が現れます。他の隕石と同じく、この石も太陽系誕生と同時期に形成され、地球上にはない鉱物が含まれています。

豆知識 昔から、隕石には強力なパワーが宿っていると信じられて来ました。日本では、いくつかの神社が、御神体として隕石を祀っています。カラハリ砂漠の部族は、地面に転がる隕石を拾い、矢じり等の武器として利用していたそうです。時計ブランドのロレックスも、ギベオン隕石を文字盤に利用したモデルを製作していたそうです。

石の意味、効果

宇宙と大地のエネルギーを繋げる

この石のエネルギーは強力で、マイナスのエネルギーを決して寄せ付けません。そのパワーが、持つ者の能力を最大限に引出し、夢が現実となるサポートをしてくれます。頭頂チャクラを活性化し、宇宙エネルギーとのつながりを強めてくれますが、大地にしっかりとエネルギーを繋げるグラウンディングの石でもあります。エネルギーを全身に流し、不要なものを排出し、心身のバランスを整えてくれるでしょう。物事を継続させ、問題解決の手助けにもなってくれるので、経営者にもおすすめの石です。

DATA
色：シルバー
産地：ナミビア
結晶系：不定
成分：不定　硬度：不定
浄化法：クラスター、音、月光
効果的な使用方法：

相性の良い石

エメラルド (P16,41)
安定した関係をもたらす

ロードナイト (P21,45)
あらゆる人間関係に

ハイパーシーン (P107)
エネルギーを高める助けに

クリソコラ (P19,42)
豊かさをもたらし人生を成功へと導く助けに

こんな時に使うと効果的

恋愛：恋人や夫婦間の絆を深める助けに 仲直りしたい時に

健康：グラウンディングのサポート、エネルギー不足を感じる時に

人間関係：絆を強めたい時にトラブル解決の助けが必要な時に

金運[仕事など]：成功を得る助けに 豊かさを得る助けが必要な時に

第8チャクラストーン

シルバールチルクォーツ

Silver Rutilelated ［和名：金紅石入り水晶］

守りをつかさどる強力な保護石

Keyword ★ 制御、堅実、破邪

石の特性
- 金運や財運、商売繁盛
- 守りをつかさどる
- マイナス性質の霊的エネルギーからの防御

石の特徴

産出量が多い、銀針水晶

　ゴールドルチルとは陰陽の関係にあるシルバールチルが水晶に包有されたもので、産出量が比較的多いため、ゴールドルチルよりも安価で入手しやすい傾向があります。ゴールドの金針水晶に対して、銀針水晶と呼ばれます。

豆知識　人が放つマイナスエネルギーとは、その人の中で生じた苦しみ（怒り、悲しみ、憎しみ、恨み、嫉妬、後悔、欲求不満など）や否定的な思考・感情のことを表しています。それらが他者に対して意識的あるいは無意識的に送られることを「サイキックアタック」と呼んでおり、エネルギーを送った本人と、それを受けた他者共にダメージを受けるといわれています。シルバールチルはこのサイキックアタックの保護に優れるといわれていますが、頼りきってしまわないよう注意することも大切です。ルチル（金紅石）自体の結晶系は正方晶系で、硬度は6-6.5です。

DATA
色：シルバー
産地：ブラジル、オーストラリアなど
結晶系：六方晶系（三方晶系）
成分：SiO2 ＋金紅石 TiO2
硬度：7
浄化法：セージ、月光、クラスター、日光、水、塩
効果的な使用方法：♂♀♅

石の意味、効果

金運や財運、蓄えをサポートする石

　ゴールドルチル、シルバールチル共に金運や財運、商売繁盛のお守りとして有名ですが、ゴールドルチルが攻めの性質を強く表しているのに対し、シルバールチルは守りをつかさどるとされます。シルバールチルは自分の元に流れてきた金銭が流出してしまうことを防ぎ、しっかりと蓄えていくことをサポートする石です。

　またシルバールチルはマイナス性質の霊的エネルギーからの防御に優れているともいわれています。

相性の良い石

水晶（P180）
活力をアップさせる助けに

クンツァイト（P17,68）
エネルギーフィールドの保護に

タイガーアイ（P23,62）
金運をアップさせる

こんな時に使うと効果的

恋愛 持ち主の内側の魅力を引き出す、相手をつなぎとめたい時に

金運[仕事など] 指導力を育てる、プラス志向の強化に貯蓄のお守りに

健康 自身のエネルギーフィールドの保護に霊的エネルギーからの防御

Part 3 チャクラ別パワーストーン

第8チャクラストーン

水晶
Quartz ［和名：石英］

エネルギーの増幅と浄化
Keyword ★ 無垢、柔軟性、記憶、進化、神秘

石の特性
- 運気を総合的に上昇
- 物や場所のエネルギーの浄化
- エネルギーの吸収・増幅

石の特徴

古来より神聖視されてきた石の代表格

二酸化珪素が結晶したものを石英と呼び、その中でも透明度の高い結晶をとりわけ水晶と呼んでいます。世界中の様々な場所で産出される水晶は、古来より神聖視されてきた石の代表格であり、魔除けやお守り、儀式等に利用されてきました。日本でも古くから勾玉や丸玉に加工する技術は存在しており、御神体として祀っている神社もあります。

豆知識 文字通り水との関わりが深いことがうかがえる水晶ですが、日本では江戸時代までは水精という言葉が使われており、現在の水晶となったのは明治時代以降とされます。石英は英語でクォーツ(quartz)と表記され、同じ意味のドイツ語であるクォーツ(quarz-"石英")から来ています。

DATA
- 色：ホワイト
- 産地：ブラジル、インド、マダガスカル、アメリカ合衆国、中国、世界各地
- 結晶系：六方晶系（三方晶系）
- 成分：SiO2　硬度：7
- 浄化法：セージ、月光、クラスター、日光、水、塩
- 効果的な使用方法：

石の意味、効果

人や物、場所のエネルギーの増幅と浄化

幅広い用途を持ち、運気を総合的に上昇させてくれるといわれる水晶は、持つ人を選ぶことなく柔軟性の極めて高い石であり、とりわけ人や物、場所のエネルギーの増幅と浄化を行うとされています。原石の状態の水晶は、物や場所のエネルギーの浄化に使われており、魔除けとして玄関先に置く人もいます。また加工されたものはエネルギーの吸収に優れているとされており、意思のプログラミングやエネルギーの増幅に適しているといわれます。

相性の良い石

ロードクロサイト（インカローズ）(P35,43)
心の傷を癒し豊かな愛情をもって深いつながりを

アメジスト(P37,77)
正しい判断で人を見抜き本物の人間関係をつくっていく助けに

ブラックトルマリン
過度な疲労やストレスを癒し身のデトックスを促進する助けに

タイガーアイ(P23,62)
豊かさをもたらし金運アップ

こんな時に使うと効果的

恋愛：パートナーとのつながりをより強化し安定をもたらす

健康：心身を清め生命力を引き出す免疫力を高める

人間関係：ネガティブな関係をクリアにし調和に向かう助けに

金運（仕事など）：魂の奥に眠っていた直観力、創造力に気づかせる

第8チャクラストーン

ロシアンレムリアン
Russian Lemurian Quartz

深いレベルの愛に気づく

Keyword ★ 愛、平和、神秘

石の特性
- 謎の多い石
- 人類に無条件の愛の大切さを教える
- 人類の霊性進化を促すためのツール

石の特徴

比較的新しい水晶

クリスタルヒーラーのキャサリン・クラコリーチェ氏によって命名された比較的新しい水晶です。ロシア・ウラル山脈にある、ブルーエンジェルの伝説にまつわる特定の鉱山から採掘された一部の水晶に限り、ロシアンレムリアンと名乗ることができるとされ、側面にはレムリアンシードと呼ばれる成長線、上部のファセット面には多数のレコードキーパーがついているものが一般的です。

豆知識 ロシアンレムリアンの鉱山はすでに閉山しているとされるため価格が急騰していますが、世界最古の山脈のひとつ、ウラル山脈では、ロシアンレムリアンに限らず個性的な水晶が数多く産出しています。

DATA
色：ホワイト
産地：ロシア（ウラル山脈）
結晶系：六方晶系（三方晶系）
成分：SiO2
硬度：7
浄化法：セージ、月光、クラスター、日光、水、塩
効果的な使用方法

石の意味、効果

古代レムリア人たちの叡智が宿る

ロシアンレムリアンは、この地球を救うために存在するといわれています。アメリカの同時多発テロが起きた翌日、2001年9月12日にアメリカにどこからか届けられたとされる謎の多い石ですが、その目的は人類に無条件の愛の大切さを教えることに尽きるといわれています。

自然との共存を重視していた古代レムリア人たちの叡智が宿るとされるロシアンレムリアン。人類の霊性進化を促すためのツールとして役立てられる時を待っていたのかもしれません。

相性の良い石

ロードクロサイト（インカローズ）(P35,43)
臆病さを乗り越え新しい出会いに向けて

ヘマタイト (P54)
ネガティブなエネルギーをポジティブなエネルギーに

ラブラドライト (P33,202)
集中力や忍耐力を高めるサポートに

フェナカイト (P196)
目標達成への強いエネルギーが必要な時に

こんな時に使うと効果的

人間関係：自分自身を信頼する助けに 自分の良さを知ってもらいたい時

金運（仕事など）：集中力を研ぎ澄ませたい時に 勝負をかける時に

健康：原因のわからない事柄に対する対処法に

その他：瞑想する際のサポートに、古代の叡智へのアクセスをサポート

Part 3 チャクラ別パワーストーン

第8チャクラストーン

アゲート

Agate ［和名：瑪瑙］

人との絆を強め、つながりを感じる

Keyword ★ 安泰、繁栄、一体、絆

石の特性
- 富や長寿、健康のシンボル
- 運気を総合的に向上・維持
- お守りや魔除けの護符

石の特徴

古くから勾玉の材料として利用されてきた

カルセドニーの一種で、縞模様のあるものを指します。水晶と同じ成分である二酸化珪素ですが、水晶のように目に見える程の結晶に成長せず、微細な結晶が密集して塊を作っています。瑪瑙（めのう）としても知られるアゲートは、日本でも古くから勾玉などの材料として利用されてきたもので、染色がしやすいため、赤や青、緑などに染色されたものも多く見られます。

豆知識 瑪瑙という言葉は、石の断面が馬の脳に似ていることから来ています。ルネッサンス時代のヨーロッパでは、アゲートからつくられた容器を蒐集することが皇族の間では一般的で、現在それらの作品はルーヴル美術館をはじめ、ヨーロッパの美術館の多くで所蔵されています。

石の意味、効果

家庭にひとつは置いておきたい縁起物の石

アゲートは富や長寿、健康のシンボルです。小さな結晶が集合して大きな集合体を形作るというエネルギーを持っているため、周囲の人々との絆を深めることによって、持ち主やその家庭の運気を総合的に向上・維持するのに役立ちます。

日本などでも古くからお守りや魔除けの護符としても利用されていて、家内安全を願い、どの家庭にもひとつは置いておきたい縁起物の石といえます。

DATA
- 色：ホワイト
- 産地：ドイツ、ブラジル、チェコ、ウルグアイ、日本など
- 結晶系：六方晶系（潜晶質）
- 成分：SiO_2
- 硬度：6.5-7
- 浄化法：セージ、月光、クラスター、水
- 効果的な使用方法：

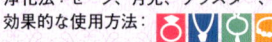

相性の良い石

ターコイズ（P31,58）
大切な人と深い安定した愛を育んでいく助けに

クンツァイト（P17,68）
集団の中で孤独感を感じるときの助けに

アパタイト（P69）
病気療養時に心身の回復を促すサポートに

カーネリアン（P14,115）
身体を温め、健康やエネルギーを高める為の助けに

こんな時に使うと効果的

- **恋愛**：パートナーとの愛と絆を深くしたいときの助けに
- **健康**：健康長寿と家内安全のシンボル、お守りとして
- **人間関係**：新しい環境に馴染めない、孤立感を感じる時に
- **金運**［仕事など］：持つ人に自信と勇気を与え、前に進む行動力を身につける

第8チャクラストーン

ダンビュライト

Danburite ［和名：ダンブリ石］

心に強い輝きと自信を与える

Keyword ★ 浄化、独創性、光輝

石の特性
- 高い波動を持つ
- 強力な浄化作用
- 瞑想する際に使用

石の特徴

ダイヤモンドの代用品としても利用された

その強い輝きと透明感から、かつてはダイヤモンドの代用品としても利用されたダンビュライト。結晶先端はマイナスドライバー状に平たくなっているのが特徴です。原石のまま流通しているものも多く、特に透明度の高いものは眩しいほどの光を反射させます。無色のものが一般的ですが、ピンク色や黄色のものもあります。

豆知識 その名は1839年にアメリカ・コネチカット州のダンベリー（Danbury）で発見されたことに由来しますが、かつて採掘されていた場所はダンベリー市の下に埋まってしまっています。現在流通している無色の高品質ダンビュライトの多くはメキシコ産のものです。

DATA
色：ホワイト
産地：アメリカ合衆国、メキシコ、ミャンマー、マダガスカルなど
結晶系：斜方晶系
成分：$CaB_2Si_2O_8$
硬度：7-7.5
浄化法：セージ、月光、クラスター、水
効果的な使用方法

石の意味、効果

心の中のマイナスエネルギーを浄化

高い波動を持つといわれるダンビュライトは高次元からの情報を受け取るのに役立つとされているため、趣味や仕事に新しいアイディアや、独創性、自分らしさを取り入れたい人におすすめの石です。また強力な浄化作用によって心の中のマイナスエネルギーを浄化するのにも適しており、好ましくない思考や感情によって精神が弱まった時などに身につけたり、瞑想で使用したりするのがおすすめです。ダンビュライトをはじめ繊細なエネルギーを持つ石の力を十分に得るためには、ある程度の感受性を磨くことが必要とされています。

相性の良い石

クンツァイト (P17,68)
新たな出発に

ミルキークォーツ (P190)
温かい思いやりの心をもつ助けに

オブシディアン (P29,51)
本来の自分を知る助けに

アパタイト (P69)
自己主張が苦手な人に

こんな時に使うと効果的

恋愛：過去と決別する時に、純粋な心をもたらす

金運（仕事など）：自分らしさをいかしたい時に

健康：強力な解毒作用に

Part 3 チャクラ別パワーストーン

第8チャクラストーン

エレスチャルクォーツ

Elestial Quartz ［和名：骸骨水晶］

自分の本質に気づき、変化を促す
Keyword ★ 浄化、バランス、変化

石の特性
- パワフルなエネルギー
- 浄化力、心身のバランスを整える力
- あらゆる能力を兼ね備えた石

石の特徴

多くの地球の情報・叡智を持っている

　鰐魚水晶（アリゲーター、ジャカレー）の別名があり、ワニの体の表面のような模様になっているものも存在します。内部に空洞や水が入っているものは、その様子が骸骨のように見えるところから骸骨水晶とも呼ばれています。この石はゆっくりと時間をかけて何層にも重なり成長していきます。他のクリスタルよりも、長い年月をかけて地上にでてくるので、多くの地球の情報・叡智を持っているといわれています。

豆知識　ブラジルでは水晶の結晶内部に閉じ込められた珪酸を多く含む水は UMO（ウモ）と呼ばれ、古来から儀式などに使われたりするなどして珍重されてきました。エレスチャルは「天使からの贈り物」とも呼ばれています。

DATA
色：ホワイト
産地：ブラジル、インド、ロシア、中国、マダガスカル、メキシコ、ナミビア、スイスなど
結晶系：六方晶系（三方晶系）
成分：SiO2　硬度：7
浄化法：日光、水、塩
効果的な使用方法：

石の意味、効果

自分の本質に気づくための道を開いてくれる

　その成長過程において、たくさんの鉱物や水を内包し取り込んでいるので、とてもパワフルなエネルギーを持ち、あなたにとって不必要なものを手放してくれるでしょう。あなた自身の内面と向き合うことを助け、本来もっている自分の本質に気づくための道を開いてくれます。浄化力、心身のバランスを整える力も、持ち合わせています。持つ人がゴールにたどり着くまでの変化の時をサポートするなど、あらゆる能力を兼ね備えたパーフェクトな石としても知られています。

相性の良い石

エメラルド（P16,41）
豊かな愛情を育む

ピンクトルマリン（P31,137）
恋愛運アップ

水晶（P180）
健康運アップ、精神の浄化、魔除けに

アメジスト（P37,77）
直観力を高める、自己成長のサポート

こんな時に使うと効果的

人間関係　自分自身の内面と向き合い、人とのつながりも深める

健康　精神、心身のバランスを整える　疲れがたまった時

金運（仕事など）　重要な選択をする時　独立、起業する時

第8チャクラストーン

アイスクリスタル

Ice Crystal ［和名：ヒマラヤ蝕像水晶］

**高尚な気づきをもたらし、
あなたに人生最高の方向性を促す**

Keyword ★ 智慧、慈悲、究極、悟り、高次

石の特性
- 高次元のエネルギー
- 高い波動
- 悟りの石

石の特徴

現代の人類に重要なメッセージを発する石

溶けたような表面が印象的なアイスクリスタルは、ヒマラヤ山脈にある標高6000メートル級の鉱山で2006年に発見されたとされます。表面はすりガラス状の白、または酸化鉄によってピンクや赤褐色に色づいており、逆向き三角形の印"トライゴニック"が刻まれているものもあります。この石は地球温暖化によって溶けた氷河の中から見つかり、環境問題に直面している現代の人類に対して重要なメッセージを発する石とされています。

豆知識 アイスクリスタルはニルヴァーナクォーツという名前で販売されることもあり、ニルヴァーナ（nirvana）とは古代インド言語のサンスクリット語で"欲望の消滅、解脱"を意味します。

DATA
- 色：ホワイト
- 産地：インド・ヒマラヤ山脈
- 結晶系：六方晶系（三方晶系）
- 成分：SiO2
- 硬度：7
- 浄化法：セージ、月光、クラスター、音
- 効果的な使用方法：

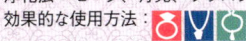

石の意味、効果

悟りや気づきに関すること全般をサポート

高次元のエネルギーを秘めるとされるアイスクリスタル。この石に高い波動を感じるという人が多く、水晶よりも非常にパワフルな石といわれています。悟りや気づきに関すること全般をサポートします。これまで当然と思っていたこと、今の苦しみを生み出している悪循環に気付きを与えて、あなたに人生の方向転換を促してくれるでしょう。また叶わなかった祈りや願い事が何を意味していたのか気づかせてくれる悟りの石ともいわれます。

相性の良い石

テクタイト（P105）
パートナーとの関係に調和をもたらす

モルダバイト（P143）
問題の関係に

アゼツライト（P186）
直感力を高める

ラブラドライト（P33,202）
瞑想の際の助けに

こんな時に使うと効果的

- **恋愛**：辛抱強く待つ事の助けに、古いパターンを抜け出して新しいパターンを取り入れる
- **金運・仕事**：自分自身、他者との関係に新しい気づきをもたらす
- **健康**：精神性の向上に
- **その他**：瞑想する際のサポートに

Part 3 チャクラ別パワーストーン

第8チャクラストーン

アゼツライト
Azeztulite ［和名：石英］

持ち主のエネルギーを浄化する
Keyword ★ 交流、浄化、拡大、第三の眼、霊的進化

石の特性
- 精妙なエネルギーを持つ
- 霊性進化やエネルギーの浄化をする
- 瞑想する際に利用すると良い

石の特徴

普通の水晶より高いエネルギーを持っている

　ヒーリング業界で有名なヘブン&アース社のロバート・シモンズ氏によって近年紹介されたアゼツライト。鉱物学的には水晶（石英）ですが、普通の水晶よりも高いエネルギーを持っているとされます。当初採掘が行われていたアメリカ・ノースカロライナ州の鉱山はすでに閉山しているため、現在は他の産地のものが流通していますが、元々が石英のため偽物も出回りやすい石といえます。正規品には同社の発行する保証書がついてきます。

豆知識　アゼツライトは、石と早く同調するためにもアクセサリーとして身につけておくのが良いとされますが、人によっては最初不快感を覚える人もいるといわれるため、自分の感覚で徐々に慣らしていくのがおすすめです。

DATA
色：ホワイト
産地：アメリカ合衆国（ノースカロライナ州、バーモント州）、インドなど
結晶系：六方晶系（三方晶系）
成分：SiO2　硬度：7
浄化法：セージ、月光、クラスター、日光、水
効果的な使用方法

石の意味、効果

第三の眼を開く助けに

　アゼツライトは一説には「アゼツ」といわれる宇宙存在によってもたらされたともいわれており、次元を越えたエネルギーや知識を取り込むための助けになるといいます。精妙なエネルギーを持つとされるアゼツライトは、持ち主による高次元の光の存在との接触を促し、その人の霊性進化やエネルギーの浄化をする働きがあるとされております。第三の眼を開き、あなたが最も重大な決断をする時の助けになるでしょう。特に瞑想する際には額や頭上に置いて利用すると良いようです。

こんな時に使うと効果的

- **健康**　エネルギーを浄化したい
- **その他**　知らない世界の扉を開く
- **金運（仕事）**　直感力を高めたい時に、決断力をもたらす

相性の良い石

ジェイド (P17,65)
商談を成功に導く

アマゾナイト (P25,73)
重大な決断の時に

スギライト (P37,84)
洞察力を高める

ハーキマーダイヤモンド (P81)
高い波動につなげる

第8チャクラストーン

アポフィライト

Apophyllite [和名：魚眼石]

向上心を高め、未知の世界へ飛び出す
Keyword ★高次元、浄化、心機一転、瞑想

石の特性
- 第7チャクラに対応
- 高次元、宇宙などとの繋がりを強固にする
- 洞察力や直感を高める助けになる

石の特徴

霊力を高める作用が強い

パワフルですが、穏やかで優しさを感じさせてくれるアポフィライトは、無色透明、ピンク色、青緑色などがあり、観賞用としても人気があります。特にピラミッド型の石は、霊力を高める作用が強いといわれています。

豆知識 石名の語源は加熱すると水分が蒸発してフレーク状にはがれ落ちることから、ギリシャ語のアポフィリソ（apophylliso - "はがれる"の意）から来ています。

浄化力に優れる為、不要なエネルギーの浄化や保護のための「プロテクショングリッド」をつくることができます。テーブルの上や部屋の四隅にアポフィライトを1個ずつ配置し、最後に中心部分にひとつ置いて完成です。

石の意味、効果

瞑想に適した石

霊性と深い関わりのある第7チャクラに対応し、ブロックの解放を促す助けとなります。それにより、神聖なエネルギー、高次元、宇宙などとの繋がりを強固にします。

瞑想に適した石で、第3の眼を活性化させ、洞察力や直感を高める助けとなります。精神的にも安定をもたらし、元気を取り戻させてくれるので、過去の出来事を忘れられずに前進するための一歩をなかなか踏み出せない人に、前へ進む勇気と目標を実現させる実行力を与えてくれるでしょう。

DATA
- 色：ホワイト
- 産地：インド、イギリス、スウェーデンなど
- 結晶系：正方晶系
- 成分：KCa4Si8O20(F, OH)・8(H2O)
- 硬度：4.5-5
- 浄化法：セージ、月光、音
- 効果的な使用方法：

こんな時に使うと効果的

健康
呼吸器系、皮膚などの調子を整える助けに、空間の浄化をすることで、心身のバランスを保つ助けに

金運［仕事など］
事業を起こす、未知の分野へ飛び出す力を与える

相性の良い石

クンツァイト (P17,68)
過去の傷を癒し前向きに人との関係を結べるように

ターコイズ (P31,58)
自分の能力を信じ、新たな道を追求していけるように

ブラッドストーン (P78)
決断力を高める。前へ進む力を高める

タイガーアイ (P23,62)
邪心を手放し、洞察力を高める

Part 3 チャクラ別パワーストーン

第8チャクラストーン

パール

Pearl ［和名：真珠］

女性の内面の美しさを引き出し、持つ人を魅力的にする

Keyword ★ 美しさ、母性、健康、癒し、守護

石の特性
- 美しさを表す石
- 幸福な結婚、妊娠や出産などのお守り
- 守護のパワーが強い

石の特徴

人々の生活に関わり合いの深い宝石

日本人に馴染み深い宝石のひとつであるパール。貝の体内で生成される海からの贈り物です。母貝が自分の体内に入りこんだ小さな異物を核としてカルシウムの結晶とタンパク質の層を交互に積み重ね、パールの層が生成され、パール特有の虹色のきらめきが生み出されます。パールの成分のほとんどは炭酸カルシウムであり、古くから粉末にしたものが漢方薬として服用されており、また美容クリームや石鹸などに配合されたりするなど人々の生活に関わり合いの深い宝石です。

豆知識 その美しさから「海に落ちた月の雫」「人魚の涙」などと例えられています。クレオパトラがパールを酢に溶かして美容薬として飲んでいた逸話は有名です。

DATA
色：ホワイト
産地：オーストラリア、中国、日本など
結晶系：斜方晶系
成分：CaCO3 ＋有機成分
硬度：2.5-4.5
浄化法：セージ、月光、クラスター
効果的な使用方法：

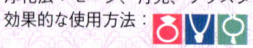

石の意味、効果

穏やかさ、やわらかさ、心の平安のシンボル

パールは、美しさを表す石とされており、女性がもつ内面の美しさ、優しさを引き出し、愛情を高め持つ人を魅力的にしてくれます。母性を高めるとされており、子宝の象徴でもあります。幸福な結婚、妊娠や出産などのお守りにもなってくれます。穏やかさ、やわらかさ、心の平安のシンボルであるパールは、精神疲労などで良く眠れない時などは枕元に置いておくと良いといわれますが、吸収したネガティブなエネルギーを除去するためにも浄化は定期的にしておくことがおすすめです。

相性の良い石

ローズクォーツ (P26,40)
内面の美しさを引き出し、出会いをもたらす

ムーンストーン (P20,79)
女性のサポートに（妊娠・出産）

プレナイト (P75)
思考をクリアにして正しい選択に導く

こんな時に使うと効果的

恋愛：内面の美しさ、本来の優しさを引き出したい時に

その他：冷静な思考を保ちたい時に

健康：妊娠、出産のサポート、精神の安定に、安眠に

第8チャクラストーン

ハウライト

Howlite ［和名：ハウ石］

マイナスなエネルギーを鎮静化し純粋な心を取り戻す

Keyword ★ 無垢、鎮静、理想、自由

石の特性
- 純粋さや無垢であることのシンボル
- マイナスの感情や精神を浄化・鎮静
- 純真無垢の心、素直さを忘れない生き方

石の特徴

表面が素焼きのように多孔質で染色しやすい

純白の地にグレーのラインが特徴のハウライト。現在流通しているもののほとんどは見た目が非常に似ているマグネサイトという別の鉱物であり、混同されていることが多いようです。ハウライトやマグネサイトは表面が素焼きのように多孔質であり染色しやすいため、ブルーに染色されたハウライトトルコやハウライトラピスなども作られています。

豆知識 前述のように、マグネサイトという別の鉱物と混同されることが非常に多く、ハウライトとして売られているものが実際はマグネサイトであることも珍しくありません。購入する際はお店にもしっかりと確認することが大切です。

石の意味、効果

マイナスの性質を負ったエネルギーを鎮静化

ハウライトは純粋さや無垢であることのシンボルとされ、マイナスの感情や精神を浄化・鎮静することを得意としています。怒り、寂しさ、哀しみ、不満、欲望、利己心、精神疲労など、マイナスの性質を負ったエネルギーを鎮静化させ、心穏やかな状態へと持ち主を導いてくれます。また過去の出来事に対する怒りや恨みなどを、心の中にずっと持ち続けている人にもおすすめの石です。マイナスエネルギーを抱え続けて生きるよりも、純真無垢の心、素直さを忘れない生き方の方が素晴らしいということを思い出させてくれるでしょう。

DATA
色：ホワイト
産地：アメリカ合衆国、中国、ブラジルなど
結晶系：単斜晶系
成分：$Ca_2B_5SiO_9(OH)_5$
硬度：3.5
浄化法：セージ、月光、クラスター
効果的な使用方法：

相性の良い石

ジェイド（P17,65） 他者からのネガティブな感情から身を守る

セレナイト（P191） 感情を落ち着かせ安定させる

アラゴナイト（P35,124） 安眠の助けに

アメジスト（P37,77） 不安な気持ちを取り去る助けに

こんな時に使うと効果的

人間関係 他者から向けられたネガティブなエネルギーをとる助け 思考過多で頭を休めたい時に

健康 安眠に 感情の保護に 安心感が必要な時に

Part 3 チャクラ別パワーストーン

第8チャクラストーン

ミルキークォーツ

Milky Quartz ［和名：乳石英］

自分を愛することの大切さに気づく

Keyword ★水、愛、安心、調和

石の特性
- 安らぎや慈愛のヒーリングストーン
- 不安を取り除く
- 子供の守り石

石の特徴

なめらかな乳白色が魅力的

とろりと滑らかな乳白色が魅力的なミルキークォーツ。乳白色の発色はアルミニウムによるものといわれます。ムーンストーンやオパールのような甘い雰囲気から女性を中心に人気の石のひとつであり、安価で手に入れやすいのも魅力的です。

中には光の加減によって透明感のある薄いブルーに見えるものや、スター効果を持つものもあります。

豆知識 マダガスカル産のミルキークォーツの中にはオパールのような雰囲気を持ち、強い光沢を持った美しいものがあります。これらは「ジラソルクォーツ」という名前で流通しています。

石の意味、効果

自分自身を愛する大切さに気付く

母性愛がシンボルのミルキークォーツは、持ち主をリラックスさせ、安らぎや慈愛の心を育んでくれるヒーリングストーンとして知られています。特にヒステリックになりがちな人や、感情のコントロールが効かない人などはミルキークォーツがおすすめです。不安を取り除き、自分自身を愛する大切さに気付かせてくれるといわれます。疲れを感じる時にはミルキークォーツをお風呂に入れて入浴するのがおすすめです。また子供の守り石でもあるミルキークォーツは、お守りとして子供に持たせるのも良いでしょう。

DATA
色：ホワイト
産地：ブラジル、マダガスカル、ロシア、アメリカ合衆国、コロンビアなど
結晶系：六方晶系（三方晶系）
成分：SiO2 ＋その他の微量元素
硬度：7
浄化法：セージ、月光、クラスター、水
効果的な使用方法：

相性の良い石

オパール (P21,27,202)
愛する人との出会いをもたらす

ムーンストーン (P20,79)
持つ人の女性性を高める

ペリドット (P25,141)
内面の魅力を引き出す

ラリマー (P158)
人間関係に調和をもたらす

こんな時に使うと効果的

- **恋愛**：相手の気持ちを理解してあげたい時に 女性らしいやわらかな魅力を引き出したい時に
- **人間関係**：人との調和を求める時に
- **その他**：子供の安全と健やかな成長のお守りに

第8チャクラストーン

セレナイト（ジプサム）

Selenite ［透石膏（とうせっこう）］

神秘的な光を放つ月の石

Keyword ★ 無意識、直感、幻想、女性性、浄化

石の特性
- 強力なヒーリングストーン
- 滞ったエネルギーを迅速に解放
- 外部からの影響から空間を保護する

石の特徴

幅広い用途で暮らしに役立てられてきた

光沢のある半透明なジプサム（石膏）の中でも透明なものをセレナイトと呼んでいます。産出量も多いジプサムは、古くからセメントや彫刻品の材料、窓ガラス、医薬品など幅広い用途で人々の暮らしに役立てられてきました。サハラ砂漠で見つかる不思議な形の石「デザートローズ（砂漠のバラ）」もジプサムの一種です。

豆知識 その見た目が美しい月の光を思わせることから、ギリシャ神話の月の女神、セレーネ（Selene）に因んでいます。セレナイト（ジプサム）はモース硬度が2と非常にやわらかいため、モース硬度2.5の爪で簡単に傷がついてしまいます。水晶クラスターなどでの浄化にも注意が必要です。

石の意味、効果

滞ったエネルギーを迅速に解放する

強力なヒーリングストーンとして有名なセレナイトは、浄化力に優れ、滞ったエネルギーを迅速に解放するといわれます。あまりに精妙なエネルギーのため、その働きを実感することが難しい石のひとつといわれており、知らず知らずの内に問題が消えていたなどということもあるといいます。

また外部からの影響から空間を保護するための防御網のような役も果たしてくれます。その際には球体のセレナイトを部屋の四隅に配置すると効果も高まるといわれています。

DATA
色：ホワイト
産地：オーストラリア、メキシコ、ブラジルなどイギリスなど
結晶系：単斜晶系
成分：$CaSO_4・2H_2O$
硬度：2
浄化法：セージ、月光、クラスター
効果的な使用方法：

相性の良い石

セラフィナイト（P146）
どんな人とも調和をとる為に

ガーデンクォーツ
緊張を和らげ安定した心をもたらす

レッドスピネル
思考をクリアにして集中力を高める

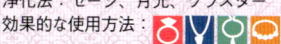

こんな時に使うと効果的

人間関係 柔軟性をもたらす

金運[仕事など] 集中力を高める 直感力・洞察力・先見性を高めたい時に

健康 ストレス・不安・心配事が続く時に

Part 3 チャクラ別パワーストーン

第8チャクラストーン

マザーオブパール

Mother of Pearl [白蝶貝（しろちょうがい）]

パールを産み出す母性愛のシンボル

Keyword ★柔軟性、健康、慈悲、誕生

石の特性
- 柔軟性、慈悲などの女性性
- 感情の高ぶりや苛立ちのエネルギーを吸収
- 子育てのお守り

石の特徴

通常のパールとはひと味違った美しさ

　パールを産み出す真珠貝そのものの殻を加工したものがマザーオブパールです。パールを育てる母貝であるために母性愛や子宝、繁栄のシンボルとして古くから親しまれてきました。

　クリームホワイトやカフェオレのような淡いブラウンのベースにシルクのような光沢を持つラインや模様が入り、通常のパールとはひと味違った美しさがあります。その模様は世界中で愛されており、神秘的かつ力強さを持つ石として人気があります。

豆知識 英語ではネイカー（nacre）とも呼ばれています。パールと同じく柔らかいので、保管する際には注意が必要です。

DATA
色：ホワイト
産地：オーストラリア、インドネシア、ミャンマー、フィリピンなど
結晶系：斜方晶系
成分：Ca2B5SiO9(OH)5
硬度：3-4.5
浄化法：セージ、月光、クラスター、音
効果的な使用方法：

石の意味、効果

感情の高ぶりや苛立ちのエネルギーを吸収

　パールと同じく鉱物ではありませんが、子育てに関わる母性的な要素から、柔軟性、慈悲などの女性性を強く表しています。感情の高ぶりや苛立ちのエネルギーを吸収し、慈悲のエネルギーで持ち主を優しく包み込んでくれるため、精神的な疲労や気が休まらない時にはパールの使い方と同じく、枕元に置いて眠ると良いといわれています。その際、こまめな浄化を行うことがおすすめです。またマザーオブパールは育てのお守りとして利用でき、育児の際に起こりがちな感情の乱れやストレスの蓄積を防いでくれます。

相性の良い石

エメラルド（P16,41）
愛情運アップ

ムーンストーン（P20,79）
女性特有の問題のサポートに

アベンチュリン（P17,70）
子供の成長のお守りに

こんな時に使うと効果的

恋愛 二人の関係をより深めたい時に 婚活を成功させたい

その他 困難を克服したい時に 母性愛のシンボルとして

健康 出産のお守りに 子供の安全と健やかな成長のお守りに

第8チャクラストーン

ゼオライト
Zeolite ［沸石（ふっせき）］

あらゆるものの浄化に
Keyword ★原点、無垢、清浄

石の特性
- 浄化のエキスパート
- ネガティブなエネルギーの浄化
- 石のエネルギー浄化にも利用できる

石の特徴

優れた浄化作用・吸着効果が認められている

ゼオライトは和名を沸石といいます。火山灰が地殻変動による高圧力や、地中の高温の影響を受けながら長い年月をかけて生成されたものであり、スポンジ状の空洞を多数持っています。結晶構造等の違いにより多くの種類が存在しますが、安全性も高く、優れた浄化作用・物質吸着効果が認められているため、環境の浄化や工業用、食品添加物等、さまざまな用途で利用されています。

豆知識 日本でも古くから使われており、校倉造（あぜくらづくり）の倉庫で有名な奈良の正倉院にも、漢方薬として使われていたゼオライトが保存されていました。ギリシャ語のゼオ（zeo - "沸騰する"の意）とリソス（lithos - "石"の意）にその名は由来します。また水道水の浄化や、冷蔵庫、自動車用の脱臭剤、観賞魚用水槽の水質改善など、物質的な浄化に特化したゼオライト商品も販売されています。

DATA
- 色：ホワイト
- 産地：インド、ブラジル、イギリス、アメリカ合衆国、日本など
- 結晶系：不定　成分：不定
- 硬度：5
- 浄化法：セージ、月光、クラスター
- 効果的な使用方法：

石の意味、効果

石のエネルギー浄化にも利用できる

浄化のエキスパートであるゼオライトは、人や物、空間などに蓄積されているネガティブなエネルギー（気）の浄化に優れた効果を発揮するといわれます。空間の浄化のために部屋に置いておくと良いとされ、さらにゼオライトの上に他の天然石を置いておけば石のエネルギー浄化にも利用できるといわれています。また、一部のショップでは「放射能除去に効く」といった謳い文句でゼオライトを販売していることもありますが、現時点では科学的にそういった効果は実証されていません。

相性の良い石

水晶 (P180)
健康運アップ

カルサイト
精神の浄化の助けに

ファントムクォーツ (P194)
石のエネルギーを増幅させる

こんな時に使うと効果的

健康
健康維持の助けに
周囲の環境の浄化に

その他
他の石のエネルギーの強化に
忍耐力が必要な時に
魔除けのお守りに

Part 3 チャクラ別パワーストーン

第8チャクラストーン

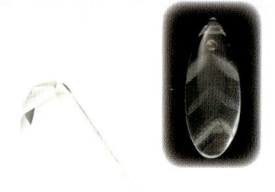

ファントムクォーツ

Phantom Quartz ［和名：幻影水晶（げんえいすいしょう）］

問題を乗り越える力を授け、前進する

Keyword ★ 壁を取り除く、前進、目標達成、瞑想

石の特性
- 問題を乗り越える力
- 困難やブロックを取り除き前進する力
- 瞑想する際に最適の石

石の特徴

水晶の成長過程の痕跡が素晴らしい

　水晶の内側から先端に向かって山のような層がいくつも見られる結晶のことをファントムクォーツと呼んでいます。水晶が成長していく過程の中で、一時的に成長を止め、また成長をはじめた痕跡です。色彩は無色透明の水晶に内包された鉱物により色合いが変わってきます。

豆知識 結晶中に見られる山が結晶の幻を思わせることから、ファントム（phantom‐"幻影・幽霊"の意）と呼ばれます。別名ゴーストクリスタルとも呼ばれています。色々な別名がありますが、「ブーブーガークォーツ」とあまり知られていない呼び方もされています。これは中国語の「ブーブーガオシェン」からきているといわれており「一歩一歩前進する」などの意味をもっています。海外では透聴能力の開発にも役立つという意見もあるようです。ファントム部分がアメジストのものなど、日光により退色するものは日光浴は避けた方が無難です。

DATA
色：ホワイト
産地：ブラジル、アメリカ合衆国、インド、マダガスカル
　　　など、世界各地
結晶系：六方晶系（三方晶系）
成分：SiO_2 ＋包有物の成分　　硬度：7
浄化法：水、セージ、塩
効果的な使用方法：

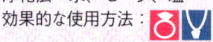

石の意味、効果

困難を乗り越える力を与える

　この成長する過程から見られるように、この石は目標達成、困難な問題など、人生におけるさまざまな妨げとなっている問題を乗り越える力をもっているといわれています。

　あなたに立ちはだかる困難や壁を取り除き前進する力をもたらしてくれるでしょう。思考をポジティブな方向へと導いてくれるため、瞑想する際にも最適の石です。自分の周りの状況が停滞していたり、困難な状況を乗り越える手助けになってくれるため、商売や子供の成長のお守りとして使われることもあります。

相性の良い石

ロードナイト（P21,45）
新しい恋愛に向け心を開く

タイガーアイ（P23,62）
事業を成功へ導く

シトリン（P15,31,60）
商売繁盛

こんな時に使うと効果的

恋愛　前進する勇気が必要な時に

金運［仕事など］　商売繁盛のお守りに事業運の向上に決断力が必要な時に

第8チャクラストーン

ナトロライト
Natrolite ［ソーダ沸石（そーだふっせき）］

**心の声に耳を傾け、
あらゆる情報を受け取る**

Keyword ★霊性、保護、天使との繋がり、楽観主義

石の特性
- 高次元からの情報を受け取りやすい
- ネガティブなエネルギーから身を守る
- エンジェルとの繋がりを助ける石

石の特徴

産出量が少なく、細長い針状の結晶が集合

ナトロライトは和名をソーダ沸石といいます。比較的最近になって発見された新しい石で、優れた高い波動を持つといわれています。また、産出量が少ないため、あまり出回る事も少なく、希少な石のひとつです。

色は無色、白色、灰色、黄色などがあります。細長い針状の結晶が集合して出ることが多く、大きな結晶になることはあまりありません。

豆知識 ナトロライトという名前は1803年、マーティン・ハインリッヒ・クラプロート氏によって命名されました。ギリシャ語のナトロン（natron - "ソーダ・炭酸"の意）とリソス（lithos - "石"）が語源となっています。

DATA
色：ホワイト、グレー、イエロー
産地：インド、ロシア、チェコ共和国、アメリカ合衆国
結晶系：斜方晶系
成分：$Na_2Al_2Si_3O_{10} \cdot 2H_2O$
硬度：5-6
浄化法：クラスター、月光、セージ
効果的な使用方法：

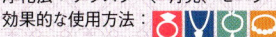

石の意味、効果

エンジェルとのつながりを助ける石

この石は、霊性を高め自分自身の魂との繋がりを強くし、高次元からの情報を受け取りやすくします。また、持つ人にふりかかる霊的な邪念やマイナスな思考、ネガティブなエネルギーから身を守る助けをします。

天使との繋がりを助ける石とも呼ばれ、願いを叶えたり幸運を呼ぶという言い伝えもあるそうです。ナトロライトは、全ての物事の成り行きを良い方に考えさせてくれるので、不運が続いた時、壁にぶつかった時、前に進みたい時などに持つことをおすすめします。

相性の良い石

モスアゲート（P21,74）
思いやりを生み出す助け

アメトリン（P37）
血液浄化作用と活性化に

ヘマタイト（P54）
サイキックアタックを受けやすい人に

ハーキマーダイヤモンド（P81）
自己主張ができるようになる

こんな時に使うと効果的

人間関係：困難な問題が生じた時 関係を修復したい時に

健康：全てのレベルにおける細胞を活性化するサポート

金運[仕事など]：カリスマ性を引き出すために 投資のお守りに

Part 3 チャクラ別パワーストーン

195

第8チャクラストーン

フェナカイト
Phenakite ［フェナス石］

眠っている内側の聖なる力を呼び覚ます
Keyword ★ 直感力、目覚め、霊性、瞑想、力

石の特性
- 変化のサポートをし続ける
- 眠っている領域を目覚めさせてくれる石
- 未来へと進むためのパワーを与えてくれる

石の特徴

ヒーリングストーンとして強力なエネルギーを持つ

フェナカイトは、地球に存在する全ての石の中で最も高い波動を持つひとつとされており、ヒーラー達の間で注目されている石です。この石は花崗岩質の火成岩中に生成される希少な鉱物です。水晶やトパーズと似ており、色は無色、黄色、ピンク色などがあり、透明でガラスのような光沢を放つとても美しい石です。ヒーリングストーンとしては、アゼツライトと相応する強力なエネルギーを持ちます。

豆知識 見た目が水晶と似ていてよく間違えられたことから、ギリシャ語のフェナコス（phenakos - "詐欺師"の意）から来ています。1833年にロシア・ウラル山脈のエメラルド鉱山で発見されたフェナカイトは、発見者のココヴィン氏に因みココヴィナイトと呼ばれたこともありました。

石の意味、効果

眠っている領域を目覚めさせてくれる石

私達がフェナカイトをどんなに持ち続けてもこの石の役割が終わることはなく、長い期間、私達の全てのレベルにおいてどこかで変化のサポートをし続けます。また、直感力を高め、私達の眠っている領域を目覚めさせてくれる石でもありますので、内側にある聖なる力も呼び覚まします。あなたが未来へと進むための力強いパワーを与えてくれるでしょう。あらゆるレベルにおいて勝利者へと導く助けとなります。また、憂鬱な気分を晴らして知恵と勇気を授ける鉱物ともされています。

DATA
- 色：ホワイト
- 産地：ロシア、ブラジル、マダガスカルなど
- 結晶系：三方晶系
- 成分：Be_2SiO_4
- 硬度：7.5-8
- 浄化法：日光、水、セージ
- 効果的な使用方法：

こんな時に使うと効果的

恋愛	マイナス思考をプラス思考に変えたい時に	 金運[仕事など]	勝負運の強化に、直感力を高めたい時に
 健康	気分が晴れない時に、瞑想する際のサポートに	 その他	テレパシーや透視能力などの開発に

相性の良い石

ダンビュライト（P183）
直感力を鋭くする

ルチルクォーツ（P29,87,127）
勝負運アップ

モルダバイト（P143）＋**ハーキマーダイヤモンド**（P81）
スピリチュアルな力を高める

第8チャクラストーン

まりも水晶

Japanese quartz with inclusion ［和名：まりも水晶］

しなやかなエネルギーを感じ、心を落ち着かせる

Keyword ★柔らかさ、しなやか、調和、安定

石の特性
- しなやかなエネルギー
- 人の心を落ち着かせてくれる癒しの石
- 自分の本質に気付くようにサポート

石の特徴

緑泥石の一種が内包されている

水晶の中の内包物（インクルージョン）が「マリモ」のように見えることから、まりも水晶と呼ばれています。緑泥石の一種である「クーカイト（クーケイト、クーク石）」が内包されているものをそう呼んでいましたが、現在では「まりもの形（球状）の内包物」が入っているものを「まりも水晶」と呼んでいます。

豆知識 まりも水晶の原石を観察すると、まりもの粒がファントム様の形状をなぞって点在していることが多いようです。これはファントムの形成プロセスと同じく、水晶の表面にまりもが付着したあとに再び水晶が成長したことによる現象といわれています。まりも水晶の産地としては日本が世界的に有名ですが、ブラジルでも透明度の高いものが産出されています。

石の意味、効果

人の心を落ち着かせてくれる癒しの石

この石は、とてもしなやかなエネルギーで持つ人の心を落ち着かせてくれる癒しの石といわれています。そのエネルギーから周りの環境とのつり合いをとりやすくもします。

また、もともとある自分の本質に気づかせるようあなたをサポートしてくれるでしょう。見た目の印象そのままに、持ち主に癒しを与え、心を安定した状態へと導いてくれます。外部との調和も取れやすくするため、人間関係に悩んでいる人や新しい環境に身を置く人にもおすすめの石です。

DATA
- 色：ホワイト
- 産地：日本、ブラジルなど
- 結晶系：六方晶系（三方晶系）
- 成分：SiO_2 ＋クーカイト（$LiAl_4(Si_3Al)O_{10}(OH)_8$）など
- 硬度：7
- 浄化法：水、セージ、月光
- 効果的な使用方法：

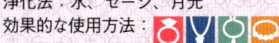

こんな時に使うと効果的

人間関係 調和のある人間関係を育みたい時に、知人と仲違いした時に

健康 ストレス・不安・心配事が続いて眠れない時に、崩れそうな心身のバランスを保つために

相性の良い石

水晶（P.180）
人との間に調和のエネルギーをもたらす

ガーデンクォーツ
疲れた身体を癒す

モスアゲート（P.21,74）
心に安定をもたらす

Part 3 チャクラ別パワーストーン

第8チャクラストーン

キャンドルクォーツ

Candle quartz ［和名：蝋燭水晶］

分離から統合へ

Keyword ★幻影、共存、一体、陰陽

石の特性
- 古代アトランティス人の情報を秘めている
- 持ち主の精神性の向上を促す
- 肉体のダメージへの対処を促す

石の特徴

一風変わった水晶のひとつ

中心に太いポイントがひとつあり、その周囲を細いポイントが多数取り巻いている珍しい形状の水晶で、灯のついたロウソクから蝋が垂れる様子を思わせることからキャンドルクォーツと呼ばれます。マダガスカル産やルーマニア産の水晶に多く見られるキャンドルクォーツですが、中には完全に真っ白で不透明なものもあり、一風変わった水晶のひとつです。

豆知識

"パイナップルクォーツ"、"アトランティアン・ラブスター"とも呼ばれるキャンドルクォーツは、瞑想の際に使用すると良いといわれています。部屋を心地よい環境に整えてから薄暗くし、キャンドルクォーツと共に、心にあかりを灯すようなイメージで瞑想するのもおすすめです。

石の意味、効果

肉体のダメージへの対処を促してくれる

古代アトランティス人の情報を秘めているとされるキャンドルクォーツは、対極がテーマの石です。陰と陽、霊的なものと物質的なもの、魂と肉体、意識と無意識、善と悪などあらゆるものの対極が存在することの意味に気づくことで、持ち主の精神性の向上を促し、統合へと導いていきます。またキャンドルクォーツは私たちの肉体の変化に敏感になり、体が弱っている時や、疲れている時の対処を促してくれるとされています。

DATA

色：ホワイト
産地：ルーマニア、マダガスカル、ブラジルなど
結晶系：六方晶系（三方晶系）
成分：SiO2
硬度：7
浄化法：セージ、月光、クラスター、日光、水
効果的な使用方法：

相性の良い石

モルガナイト（P37,76）
思いやりの心を育てる

ミルキークォーツ（P190）
心に安定と安らぎをもたらす

エレスチャルクォーツ（P184）
不安や恐れをとりはらう

シトリン（P15,31,60）
豊かさを引き寄せる

こんな時に使うと効果的

恋愛
優しい気持ちを育みたい時に
相手を思いやる時に

金運[仕事など]
豊かさや繁栄のシンボルとして
勝負事の際に

健康
マイナス思考をプラス思考に変えたい時に
心配事が続く時に

第8チャクラストーン

スターホーランダイト イン クォーツ
Star hollandite in quartz

必然による偶然の一致をもたらす
Keyword ★ 共時性、移動、運命

石の特性
・偶然の一致、シンクロニシティーを起こす
・持ち主に今、必要な情報を与える
・正しい道へと導く

石の特徴
持ち主に幸運をもたらす

水晶の中にホーランダイトという鉱物が黒い星状となって混入したものをスターホーランダイト イン クォーツと呼びます。主産地のマダガスカルでは持ち主に幸運をもたらす石として珍重されているといいますが、日本ではあまり見かけない珍しい石のひとつです。

石の意味、効果
偶然の一致やシンクロを起こす不思議な石

霊的要素が強い石とされ、持つ人に偶然の一致、シンクロニシティーが起こりやすくなるという不思議ないわれがあります。人生を変えたいと望んだ時、この石が必要な状況や情報をその人にとってベストなタイミングで与え、今の進路を変更するように促してくれるとされています。

相性の良い石
- レピドライト（P173）新しい自分へと変化する為のサポート
- ラブラドライト（P33,202）潜在能力に気付く助けに

DATA
色：ホワイト　産地：マダガスカル、インド
結晶系：六方晶系（三方晶系）
成分：SiO_2 ＋ホーランダイト $Ba(Mn^{4+}, Mn^{2+})_8O_{16}$
硬度：7
浄化法：セージ、月光、クラスター、水、塩
効果的な使用方法：

ヒューランダイト *Heulandite* ［和名：輝沸石］

神秘的な力で持ち主の問題を解決に導く
Keyword ★ 記憶、情報、浄化

石の特性
・古代の記憶を呼び覚ます
・問題解決へと導く
・感情の乱れを鎮める

石の特徴
工業にも用いられるゼオライトの仲間

ゼオライト（沸石）の一種。世界各地で産出する鉱物で、無色のものから肌色、緑、黄色、白などのカラーバリエーションが見られます。ゼオライトの仲間であるために吸着・浄化能力に優れ、また低コストで人工生成が可能な鉱物のため、広く工業用にも利用されています。

石の意味、効果
太古の記憶を呼び戻し問題を解決する

神秘的な力を宿すとされ、前世の記憶をはじめ、古代人が持っていた実用的な技術・伝統に関する情報を呼び戻し、問題を解決するために必要な情報を持ち主へと流し込んでくれるとされます。また、感情の乱れよって起こりがちな身体への悪影響を防ぐのに役立つとされます。

相性の良い石
- ローズクォーツ（P26,40）ネガティブな感情を取り去り、愛をもたらす
- アメジスト（P37,77）感情を安定させる

DATA
色：ホワイト　産地：インド、アイスランドなど
結晶系：単斜晶系
成分：$(Ca, Na)_{2-3}Al_3(Al, Si)_2Si_{13}O_{36} \cdot 12H_2O$
硬度：3-4
浄化法：セージ、月光、クラスター
効果的な使用方法：

Part 3 チャクラ別パワーストーン

第8チャクラストーン

デンドライト（デンドリチッククォーツ）
Dendrite ［和名：忍石］

深いリラクゼーションをもたらす
Keyword ★発見、回帰、安心、無心

石の特性
・心に余裕を持つ意義を教える
・自然とのつながりを取り戻す
・瞑想のお供に

石の特徴
植物の樹皮のような模様を持つ
溶けたマンガン等が鉱物の割れ目に浸透・沈殿して固まったことにより、植物の樹枝を思わせる模様が現れているものを総称してデンドライトと呼びます。これが水晶中にあるものをデンドリチッククォーツといいますが、模様はアゲートやジャスパーなどにも入ることがあります。

石の意味、効果
自然とのつながりを再認識させる
心に落ち着きと深い安らぎもたらす石です。ひとつとして同じものがない独特の模様は、眺めているだけでも時間を忘れるほどの趣があり、心に余裕を持って毎日を過ごすことの意義を教えてくれるとされます。自然との繋がりをもう一度取り戻せるように促してくれる石でもあります。

相性の良い石
- ウォーターメロントルマリン（P27,207）争いに平和をもたらす
- ラリマー（P158）困難を取り去り、ストレスのない心身へ

DATA
色：ホワイト
産地：ブラジル、インド、アメリカ合衆国、マダガスカル、カザフスタンなど
結晶系：六方晶系（三方晶系）
成分：SiO_2＋二酸化マンガン等　硬度：7
浄化法：セージ、月光、クラスター
効果的な使用方法：

メタモルフォーシス *Metamorphosis*

人生に変革をもたらす
Keyword ★変化、変容、前進

石の特性
・変化に順応する勇気を与える
・人生の転機をサポート
・前向きな決断を後押しする

石の特徴
特定の場所のみで取られる石
アメリカのクリスタルヒーラー、メロディ氏によって命名されたメタモルフォーシス。ブラジル・ミナスジェライス州の特定の鉱山のみで産出されるものに限定されており、これらの鉱山以外の場所で産出したものは外見が似ていたとしても正規品ではないとされます。

石の意味、効果
人生の岐路で背中を押してくれる
持ち主の人生における大きな変革の時期をサポートしてくれる石といわれています。人生において大きな変化を望んだ時や、変化の時期に経験する新しい状況、環境の変化に上手く順応しながら前進する勇気をもたらし、人生での向上を後押ししてくれるといわれています。

相性の良い石
- レピドライト（P173）困難を乗り越え、前向きなエネルギーを呼び込む
- ブラッドストーン（P78）持つ人に勇気を与える助けに

DATA
色：ホワイト
産地：ブラジル・ミナスジェライス州
結晶系：六方晶系（三方晶系）
成分：SiO_2＋その他の微量元素　硬度：7
浄化法：セージ、月光、クラスター、日光、水、塩
効果的な使用方法：

MULTI COLOR

その他

オパール
ラブラドライト
アズライトマラカイト
アレキサンドライト
オーシャンジャスパー
スーパーセブン
ハックマナイト
ペトリファイドウッド
ボツワナアゲート
アイアンタイガーアイ
ルビー イン ゾイサイト
ウォーターメロントルマリン

その他

オパール Opal ［和名：蛋白石］
新たな希望を見出し、新しい自分に出会う
Keyword ★ 希望、幸運、疲労回復、創造性

石の特性
・明るい希望や幸せを呼び込む
・創造力を高め、アーティスティックに
・疲労回復を助け、元気づける

石の特徴
幸運を左右する強いパワーの石
名前の由来は諸説ありますが、サンスクリット語で宝石を意味するウパラ（upala）を語源とする説が有力です。幸運の石として古くから愛されたオパールですが、歴史の中では不幸をもたらす石といわれた時期もあり、18世紀のヨーロッパでは需要が半減しました。

石の意味、効果
創造性を育み、明るい未来を導く
明るい希望や幸せを呼び込む石とされているオパールは、色が移り変わる遊色作用（play of color）から新しいアイデアを生み出すのに役立つとされ、アーティストなどの職業に最適な石といわれます。また虹色が各チャクラに働きかけるため、疲労回復を助け、あなたの心を温かい光で包んでくれるでしょう。

相性の良い石
- ムーンストーン（P20,79） 恋愛成就へ導く
- アマゾナイト（P25,73） 意識を健全にする

DATA
色：マルチカラー
産地：オーストラリア、メキシコなど
結晶系：非晶質
成分：$SiO_2 + nH_2O$　硬度：5-6
浄化法：セージ、月光、クラスター
効果的な使用方法：

ラブラドライト Labradorite ［和名：曹灰長石］
宇宙とつながり、インスピレーションを受け取る
Keyword ★ 直観力、創造性、洞察力、宇宙の叡智

石の特性
・月と太陽を象徴する
・潜在能力を引き出す
・負の感情を解消し、日常に変化をもたらす

石の特徴
オーラバランスを整える石
ラブラドライトは光の当たり方や角度により、ピンク色や青色、黄色などさまざまな色彩の輝き（ラブラドレッセンス）を放ちます。鉱物分類上、ムーンストーンなどと同じ長石の一種です。また、全てのチャクラに対応し、オーラバランスを整えてくれます。

石の意味、効果
宇宙とつながり、創造力を高める
月や太陽を象徴する石です。高次の意識へアクセスすることを助けるため、内に眠っていた潜在能力を引き出し、創造力を高めてくれるでしょう。また心の奥のネガティブな意識やストレスの解放、癒しにも力を発揮するので、変化を求めている人にとっても効果を発揮するでしょう。

相性の良い石
- ローズクォーツ（P26,40） 出会い、運命の人との再開
- サファイア（P27,50） 仕事運が高まる

DATA
色：シルバー
産地：カナダ、マダガスカル、フィンランドなど
結晶系：三斜晶系
成分：$(Ca,Na)(Si,Al)_4O_8$　硬度：6-6.5
浄化法：セージ、月光
効果的な使用方法：

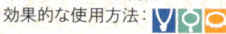

その他

アズライトマラカイト *Azurmalachite* [和名：藍銅鉱孔雀石]

精神と肉体をつかさどる石

Keyword ★ 共生、一体、自制、客観

石の特性
- 直観力・洞察力を高める
- 共生や調和のエネルギーを持つ
- クリエイティブな能力を与える

石の特徴

古代エジプトで顔料に使われた石

アズライトとマラカイトが混在している石です。これらふたつの鉱物は非常に似ており、アズライトが水分を含むなどして反応が起こると、緑色のマラカイトに変化していきます。別名アズロマラカイトとも呼ばれ、古代エジプトでは顔料に利用されていた神聖な石です。

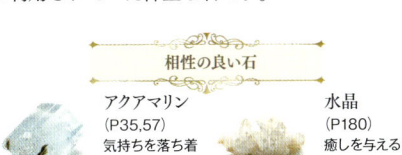

石の意味、効果

魔除けやひらめきを助ける効果

霊性や殊能力の開発、また直感力、洞察力を高める魔除けの石がある一方、共生・調和という性質をプラスしたものです。調和や協調のエネルギーはバランスのとれた物や作品、状態を生み出すために非常に役に立つため、クリエイティブなことに携わる人に最適な石といえるでしょう。

相性の良い石

- アクアマリン（P35,57）気持ちを落ち着かせる
- 水晶（P180）癒しを与える

DATA
色：マルチカラー
産地：コンゴ共和国、南アフリカ、アメリカ合衆国（アリゾナ州）、オーストラリアなど
結晶系：単斜晶系
成分：アズライト $Cu_3(CO_3)_2(OH)_2$ ＋ マラカイト $Cu_2CO_3(OH)_2$
硬度：3.5-4　浄化法：セージ、月光、クラスター
効果的な使用方法：

アレキサンドライト *Alexandrite* [和名：金緑石]

真の魅力を引き出し、さらなる上を目指すために

Keyword ★ 到達、再燃、上昇

石の特性
- 眠っている魅力を引き出す
- 自分自身の潜在能力に気づく
- ステップアップの手助け

石の特徴

大きく変色するものほど希少価値が高い

クリソベリルの変種で、太陽光や蛍光灯下では濃いブルーグリーン、白熱灯下では赤に変色する特殊な鉱物です。変色の差が大きいほど希少価値が高いとされています。最初に見つかったのがエメラルド鉱山であったため、当初はエメラルドと間違われました。非常に希少で高価な宝石のひとつとなっています。

石の意味、効果

才能や魅力を引き出す

アレキサンドライトは才能や魅力など、これまで眠っていた本来の資質を引き出す石です。自分でも気づかなかった特殊な才能や、自分自身の真の魅力を認識できるように働きかけます。潜在能力を引き出し、持ち主に勇気を与えることで、次のステップアップをサポートしてくれるでしょう。

相性の良い石

- エメラルド（P16,41）危険から身を守る
- キャッツアイ（P23,100）集中力を高める

DATA
色：マルチカラー
産地：ブラジル、スリランカ、ロシア、タンザニアなど
結晶系：斜方晶系
成分：$BeAl_2O_4$　硬度：8.5
浄化法：セージ、月光、クラスター、水
効果的な使用方法：

Part 3 チャクラ別パワーストーン

203

その他

オーシャンジャスパー *Ocean Jasper* ［和名：碧玉］
海から届いた芸術作品
Keyword ★個性、安らぎ、創造力、表現

石の特性
・安眠効果をもたらす
・瞑想する際のお供に
・独自性や自己アピール力を高める

石の特徴
手作業で採掘される希少な石

　オーシャンという名前の通り、海で採れる石ですが、引き潮の短い間にだけ手作業で採掘が行われるため、産出量が少なく希少な石となっています。ひとつひとつが個性的で美しく多種多様なデザインがあり、まさに自然が描いた芸術作品と呼ぶにふさわしい石です。

石の意味、効果
安眠をもたらす、高いヒーリング効果

　この石はヒーリングを得意とし、持ち主からネガティブなエネルギーを解放します。そのため、瞑想での利用や、不眠を改善したい人におすすめです。また個性のシンボルでもあるため、あなたが自分自身の独自性や、人とは違った素晴らしさを周囲の人々にアピールしたい時に力となってくれるでしょう。

相性の良い石
- アメジスト（P37,77） 冷静さを取り戻す
- ラピスラズリ（P30,48） さらなる幸せを与える

DATA
色：マルチカラー
産地：マダガスカルなど
結晶系：六方晶系（潜晶質）
成分：SiO2 ＋不純物　硬度：6-6.5
浄化法：セージ、月光、クラスター、日光、水
効果的な使用方法：

スーパーセブン *Superseven*
人生を総合的にサポートする心強い味方
Keyword ★拡大、包括、統一

石の特性
・7つすべての鉱物を含有することは稀
・成分によってエネルギー傾向が変わる
・偏ったバランスを保つ

石の特徴
7つのパワーが集まる貴重な石

　1995年にアメリカで脚光を浴びた石で、水晶をベースに、アメジスト、スモーキークォーツ、ルチル、ゲーサイト、レピドクロサイト、カコクセナイトの6種類の鉱物が合わさったものであり、水晶を含めて7種類の鉱物から成るためスーパーセブンと呼ばれます。

石の意味、効果
総合的なパワーを発揮する

　上方のチャクラに働きかけるアメジストから下方のチャクラを担うスモーキークォーツまで、幅広い範囲の領域をカバーする総合的な力を持った石です。地球との強いつながりを保ちつつも霊的世界へのアクセスを促し、いずれかに偏りがちなこれらの性質のバランスをとるために良いといわれます。

相性の良い石
- 水晶（P180） 自己治癒力を高める
- アイスクリスタル（P185） 瞑想の際のサポート

DATA
色：マルチカラー
産地：ブラジル、インド、マダガスカルなど
結晶系：六方晶系（三方晶系）
成分：SiO2 ＋包有物の成分　硬度：7
浄化法：セージ、月光、クラスター、水
効果的な使用方法：

その他

ハックマナイト　*Hackmanite*　[和名：ハックマン石]

変化の中に喜びを見出す

Keyword ★適応、開拓、喜び、個性

石の特性
・紫外線でカラーチェンジを楽しめる
・楽しさや喜びを表す
・コミュニケーション力が高まる

石の特徴
紫外線で色が濃くなる石

　ハックマナイトは青や紫、白、ピンクといったさまざまな色を持つ石ですが、その最大の特徴は紫外線に当てると色が濃くなるという点です。紫外線によって退色してしまう石が多い中、ハックマナイトは何回でもカラーチェンジを見ることができます。

石の意味、効果
楽しさや喜びを与え、対人関係を円滑に

　ハックマナイトはその特殊な性質から楽しさや喜びの感情を表し、特に集団に溶け込むことが苦手な人に良いとされる石です。初対面の人など、他者とのコミュニケーションを円滑にして順応性を高めてくれるでしょう。社交性を育みたい時にはアクセサリーとして身につけておくのがおすすめです。

相性の良い石
- クンツァイト（P17,68）相手と向き合えるように
- モスアゲート（P21,74）交友関係を高める

DATA
色：マルチカラー
産地：カナダ、ブラジル、ミャンマー、ロシア、アフガニスタンなど
結晶系：等軸晶系
成分：Na8Al6Si6O24(Cl2, S)　硬度：5-6.5
浄化法：日光、セージ、月光、クラスター、水
効果的な使用方法：

ペトリファイドウッド　*Petrified Wood*　[和名：珪化木・化石木]

目標に向かって前進する力

Keyword ★力、勇気、信念、意義

石の特性
・自然そのもののパワーが宿る
・決断力を高める
・障害を乗り越える力を与える

石の特徴
樹木が石化して形成された石

　ペトリファイドとは、英語で"石化した"という意味で、太古の時代に倒れた樹木が地中に埋もれた後に、珪素などが浸透して石化して形成されたことにちなみます。元々が樹木のため茶色やクリームホワイト、黒などさまざまな色や模様が浮き出たものがあり、自然そのものを感じることができる石です。

石の意味、効果
大自然のパワーで持ち主をサポート

　大自然の力強さを閉じ込めたペトリファイドウッドは、強固な決意と信念、決断力をつかさどる石です。一度決めた道を迷わず突き進めるよう、持ち主を力強く後押してくれます。いかなる障害があっても目的に向かって前進する勇気を与えてくれるでしょう。アクセサリーとして身につけるのがおすすめです。

相性の良い石
- シナバー（P112）仕事運を高める
- シトリン（P15,31,60）新しい可能性を見出す

DATA
色：マルチカラー
産地：ブラジル、マダガスカル、ジンバブエ、アメリカ合衆国など、世界各地
結晶系：不定　成分：SiO2 ＋銅、炭素、マンガン等　硬度：6-7
浄化法：セージ、月光、クラスター、日光、水
効果的な使用方法：

Part 3　チャクラ別パワーストーン

その他

ボツワナアゲート Botswana Agate ［和名：縞瑪瑙］
孤独を癒し、豊かさと感謝の心をもたらす
Keyword ★優しさ、落ち着き、ヒーリング、コミュニケーション、強い心

石の特性
・大地とのつながりを深める
・おおらかな優しい心を育む
・感謝の気持ちを取り戻す

石の特徴
縞模様が美しい、大地の石
アゲートの一種で、アフリカのボツワナを産地とする石です。縞模様が特徴で、色はオレンジ色から茶色っぽいものまでさまざまです。中でも茶色のものは母なる大地のエネルギーとつながり、グラウンディング（地に足をつけること）を助けます。

石の意味、効果
豊かさや感謝の気持ちを取り戻す
ボツワナアゲートはおおらかな優しい心を育む石です。持ち主の孤独感を取り払い、心に豊かさをもたらします。包み込むように人を思いやる優しい心がよみがえってくるでしょう。家族や友人、同僚との対人トラブルを防ぐと同時に、大切な人に対する感謝の気持ちを思い出させてくれるはずです。

相性の良い石
- ローズクォーツ（P26,40） 遠距離恋愛の助けに
- アクアマリン（P35,57） ヒーリング効果

DATA
色：マルチカラー
産地：ボツワナ
結晶系：六方晶系（潜晶質）
成分：SiO2　硬度：6.5-7
浄化法：水、セージ、クラスター
効果的な使用方法：

アイアンタイガーアイ Irontiger ［和名：鉄虎目石］
自信に満ち溢れる力強さをあなたに
Keyword ★活力、再生、決断力、自信

石の特性
・創造と芸術の才能を拓く
・洞察力、直観力、決断力を高める
・恐れや不安を鎮める

石の特徴
大地のパワーが合わさった石
アイアンタイガーアイはヘマタイト、ジャスパー、タイガーアイと大地の力を秘めた石が一つになって産出される強力な鉱物です。混合している鉱物によってひとつひとつ異なった表情を持つことから、創造と芸術の性質を持つとされています。

石の意味、効果
エネルギーと自信に満ちた人間に
この石は持つ人の恐れや不安を取り除き、心身のエネルギーを再生、活性化させます。洞察力、直感力、決断力を高め、力強い自信を与えてくれるでしょう。また内に秘めていた才能を開花させ、物事を成功へと導くサポートをしてくれるでしょう。ヒーラーやカウンセラー、リーダーなどにおすすめの石です。

相性の良い石
- サンストーン（P22） 迷いを取り除く
- ミルキークォーツ（P190） 邪念を振り払う

DATA
色：マルチカラー
産地：オーストラリアなど
結晶系：不定
成分：タイガーアイ、ジャスパー、ヘマタイトの混合石　硬度：7
浄化法：セージ、月光、クラスター
効果的な使用方法：

その他

ルビー イン ゾイサイト
Ruby In Zoisite ［和名：灰簾石］

霊と肉体のバランスをとりエネルギーを再生する
Keyword ★ 陰陽、健全、原点、生命力

石の特性
・紫外線でカラーチェンジを楽しめる
・楽しさや喜びを表す
・コミュニケーション力が高まる

石の特徴
緑と赤のコントラストが美しい石
ゾイサイトにルビーが入っているものですが、ゾイサイトの割合がルビーより多いものが一般的です。カットされたものにはあえてルビーの部分を多く含めたものもあり、鮮やかな赤のルビーに淡いグリーンが所々に入り、コントラストが美しい石です。

石の意味、効果
霊力と生命力を高める強力なパワー
非常に霊力の高いゾイサイトと、ルビーのグラウンディング力、生命力の活性化、カリスマ性がプラスされるため、強力なエネルギーを持った石です。スピリチュアルなものに関わりつつも、物質の世界で生き抜く力を維持していくよう促してくれるため、陰陽のバランスをとるのに適しています。

相性の良い石
- ピンクトルマリン（P31,137）愛を引き寄せたい時に
- ルビー（P23,63）困難を乗り切る力を与える

DATA
色：マルチカラー
産地：インド、ブラジル、タンザニアなど
結晶系：斜方晶系
成分：$Ca_2Al_3(SiO_4)_3(OH)$　硬度：6-7
浄化法：セージ、月光、クラスター、日光
効果的な使用方法：

ウォーターメロントルマリン
Watermelon Tourmaline ［和名：リチア電気石］

ふたつの世界の架け橋となり調和を築く
Keyword ★ 陰陽のバランス、調和、快活、ハート

石の特性
・対極の世界をつなげる
・負の感情を抑え、余裕をもたらす
・ハートチャクラに癒しと活力を与える

石の特徴
二色の調和でヒーリングパワー倍増
「エルバイト（電気石）」と呼ばれるトルマリングループに属します。ピンク色と緑色の二つの色彩が、お互いの質を高め合うように調和されています。単独でも強力なヒーリングストーンですが、他の石と組み合わせることでさらにその力を発揮します。

石の意味、効果
異なる世界をつなげる石
陰と陽、善と悪、女性と男性などふたつの異なる世界をつなげる役割を果たします。対立、緊張感、ストレスを緩和させ、心身共に調和を育む余裕を与えてくれます。またハートチャクラに癒しと活力を取り戻すことを得意とするため、実りある人間関係を築けるようサポートしてくれるでしょう。

相性の良い石
- 水晶（P180）円滑な人間関係を築く
- ルチルクォーツ（P29,87,127）金運、仕事運を高める

DATA
色：マルチカラー
産地：ブラジル、スリランカ、アフガニスタン、マダガスカルなど
結晶系：六方晶系
成分：$(Na, Ca)(Mg, Li, Al, Fe2+)_3Al_6(BO_3)_3Si_6O_{18}(OH)_4$　硬度：7-7.5
浄化法：水、セージ、クラスタ、月光
効果的な使用方法：

Part 3 チャクラ別パワーストーン

パワーストーンの基礎知識

上手な石選びのコツとは

本書でも紹介しているように、世の中には「パワーストーン」と呼ばれる石が数多く存在しています。同じ石でも品質やお店によって値段も違いますし、どうやって石を選んでいいのか悩んでいる方も多いはず。ここでは、そんな悩みを解消する「上手な石選びのコツ」を紹介します。

インスピレーションと情報のバランスが大切

　石を選ぶ方法は人によってさまざまです。願い事に応じて、それに適したエネルギー特性を持つ石を選んだり、好きな色や模様で選んだり、他人からのアドバイスを聞いて選んだり……。実はこの選び方、どれも「正解」です。

　石選びで最も重要なのは、あなたがその石を選んだことを「納得しているか」です。極端な話、どんな理由であれ、あなたが納得してその石を選んだのであれば、その時点で石とあなたをつなぐエネルギーラインが作られ始めたといっても過言ではありません。

　もちろん、最低限の情報は頭に入れておくことも大切です。石によっては相性が悪い組み合わせや、例えば男性向き、女性向きなど、本来のエネルギー特性が、ある程度持ち主を「選ぶ」ようなものもあります。そういった基礎的な知識を頭に入れた上で、あなたの「願い」や「フィーリング」に合った石をチョイスすることが、上手な石選びの第一歩です。

実際にその目で見て触れてみるのも大切です

　お店で石を選ぶ際は、できれば実際に石をその目で見て、触れることをおすすめします。例えば、同じ石が複数あった場合、実際にその手に持ってみると、模様も形も同じなのに、なぜかしっくりくる石があったりします。それは、純粋にあなたと石の「相性」が良い証です。石の名前だけ見て何も考えずに購入するのではなく、数多くある石の中からあなたが実際に手にして選ぶことが大切です。

　お店ではなかなか手に入らない希少な石が欲しい時や、近くにパワーストーンを売っているお店がない場合、ネットショッピングなどで石を購入する人も多いはずです。その場合も「インスピレーション」は大切になってきます。例えば、いつも探しているのに見つからない石を偶然ネットで発見した時、きっとあなたは「やっと出会えた」と思うはず。それは、大げさにいってしまえば運命のようなもの。実際に手に取らなくても、「欲しい」と想えば迷わず手に入れることをおすすめします。逆に、大げさな謳い文句で半信半疑の状態で買ったり、「良い事があれば儲けもの」ぐらいの感覚で手に入れたものの場合、石とのエネルギーラインをつなぐのは、少し難しくなってしまいます。

プログラミングをしよう

石を手に入れた際、まず行って欲しいのが「プログラミング」です。
プログラミングとは、石と自分のエネルギーラインをつなぎ、想いを石に伝える作業のこと。
これを行うことで、石とのつながりも深まり、エネルギーを活用できるようになります。

あなたという「人間」を石に記憶させる手段

　パワーストーンは手に入れたからといって、何もしなくても幸運が訪れたり、願いが叶うものではありません。

　私たちが神社に初詣に行く際、しっかりと手を合わせて願い事をするように、石に対しても自分の願いや想いを伝えることが大切です。ただ持っているだけでは、石もあなたの願いを理解できないからです。手に入れたばかりのパワーストーンは、いわば何も書き込まれていないまっさらな状態。そこに、あなたの情報をしっかりと書き込む。文字通り「プログラミング」することが、パワーストーンとの付き合いの第一歩です。

　プログラミングの手順としてまず最初に行って欲しいのが「浄化」です。P210に主な浄化の方法を掲載していますので、そちらを参考にして頂ければと思いますが、石があなたの手元にやってくるまでには、実はたくさんの人の手を経由してきています。最初に石を採掘した人、それを運んだ人、お店に納品した人、店頭に石を並べた店員、または配送するために梱包した人……。密な関係性を持ったわけではないのでそこまで大きな影響はありませんが、それでも少なからず、石はそれまで出会ったたくさんの人々の情報を「記録」しています。

　そんな石に対して、新たにあなたの情報を書き込むため、古いデータを一度消去してあげる必要があるのです。その方法が、浄化なのです。

プログラミングをした後も情報は上書きされる

　浄化を行ったら、あなたの情報、想いを石に込める「プログラミング」の本番です。といっても、実際に何かを書き込むわけではなく、石を手に取り、あなたの願いを頭の中で繰り返す、いわば儀式的なものです。

　理想をいえば、瞑想をするような感覚で石とあなたにエネルギーのラインがつながるのをイメージしながら行うのがよいでしょう。

　ここで注意してほしいのが、一度プログラミングをしたからといって、石があなたの「全て」を記録できるわけではないということ。あなたの日々の行いや言動、思考を、石はしっかりと見ているのです。最初に願いを込めたからといって、それに向かって何も行動を起こさなかったり、想いが薄れてしまったりすると、石はその情報を上書きしてしまいます。つねに前を向いて、目標に向かって進む。継続的にプログラミングを続けるイメージを持ち続けることで、石はあなたの力になってくれるはずです。

パワーストーンの基礎知識

パワーストーンの浄化

パワーストーンは日常的に身につけていたり部屋に置いておくと、さまざまなエネルギーを吸い取り、それが石の中に溜まっていきます。そのため、定期的に浄化を行い、石に溜まったものを一度リセットしてあげる必要があります。しっかりとメンテナンスを行うことで、石は再び力を取り戻し、本来持つ力を発揮できるようになるのです。

主な浄化の方法

塩で浄化する
ネガティブなエネルギーを取り除き、石をリセットする

お皿に塩をもって、石を10分間ほど埋めます。取り出したらしっかりと石をふき取りましょう。浄化の方法の中ではかなり強力なもので、強いマイナスエネルギーもしっかりと取り除くことができます。石によっては塩分に弱いものもあるので、注意しましょう。
（※P88参照）

流水で浄化する
水の力でマイナスエネルギーを流し落とす

グラスなどに石を入れ、そこに水を流しっぱなしにして5～10分ほど置きます。水の力で、マイナスエネルギーを文字通り「流して」くれます。ただし、水流が強すぎるともろい石の場合は欠けてしまったりすることもあるので注意しましょう。

音楽で浄化する
ヒーリングミュージックで石を癒す

音叉やベルなど、いわゆる「癒し」の音や、ヒーリングミュージックを石に聞かせることで浄化する方法です。激しい音楽などは逆にストレスを与えてしまうこともあるので、自身がリラックスしたいとき、石と一緒に音楽を聴くのもおすすめです。

アロマを使って浄化する
精油の力で石をリラックスさせる

スプレー容器に精製水（天然水、ミネラルウォーターでもOK）を入れ、精油を1滴たらしてよく振り、石にスプレーして浄化します。ただし、石や精油の成分によっては変色する可能性もあるので、注意しましょう。
（※P88参照）

月光浴で浄化する

月の力で穏やかに石を浄化

日光浴と同様に、ベランダや窓際に石を置き、月の光を当てて浄化する方法です。満月であればより効果的といわれていますが、そうでなくても、十分効果は期待できます。夜の静けさの中、穏やかな月の光が石に溜まったマイナスエネルギーをゆっくりと放出してくれます。

日光浴で浄化する

太陽の力で蓄積したものを解き放つ

ベランダや窓際に石を置き、日光に当てて浄化する方法です。できれば早朝、午前中の太陽の光に当ててあげるとよいでしょう。時間は10分～1時間程度でOKですが、日光や紫外線に弱い石もあるので注意が必要です。

（※P88参照）

お香の煙で浄化する

煙にくぐらせて石を浄める

石のそばでお香をたき、煙に数回くぐらせてあげる浄化方法。何度かくぐらせたら、あとはお香をたいた同じ空間で石を1時間程度置いてあげます。また、お香ではなくハーブに火をつけ、その煙にくぐらせる浄化法もあります。

土に埋めて浄化する

石が本来持つ力を取り戻す

石を土に埋めることで浄化する方法です。擬似的に自然に返してあげることで石が生まれた時の状態に戻り、本来の力を取りもどさせることができます。さまざまな浄化方法の中でもかなり強力なものですが、できるだけ清浄な土で行うことをおすすめします。

> パワーストーンの
> 基礎知識

石の形状によるエネルギーの違い

パワーストーンは、石そのものが持つエネルギーだけでなく、
その形状によってもエネルギーの性質に特徴が出る場合があります。
ここでは、石の形別にエネルギーの傾向を紹介します。

丸玉 ● 全方向に放出し エネルギーを安定させる

「完全性」を意味する丸玉は、全方向にまんべんなくエネルギーを放出するので、その場のエネルギーを安定させ、落ち着かせてくれるといわれています。パワーストーンの中では比較的ポピュラーな形状で、原石を研磨した置き石タイプのものから、ブレスレットなどに使われる小さめのものまで、さまざまな大きさがあります。

ハート型 ♥ 自己愛を高めてくれる "愛と癒し"の象徴

自己愛を高めてくれることで、周りとの調和、繋がりをもたらしてくれます。遠距離恋愛の方などは、ハート形の石をお互いに持つことで気持ちが繋がりやすくなり、関係も落ち着くといわれています。

卵型 ● "再生と復活"を意味し 新しいものを生み出す

再生と復活を意味する卵型は、新しいものを生み出す力を持っており、チャレンジや環境の変化など、何かを始めるときに持つと最適です。また、子供の健康を願うお守りとしても力を発揮してくれます。

勾玉　古代から使われる"魔よけのお守り"

太陽と月が重なり合った形を表す勾玉は、持つ人に「陰と陽」のふたつのエネルギーをもたらすといわれ、古くから魔よけのお守りとして重宝されてきました。邪気や外的なエネルギーの悪影響から持ち主を守ってくれます。

正方形　エネルギーのバランスをとりネガティブなものから身を守る

正方形は男性性を象徴する形です。「四方で固める」という意味を持ち、エネルギーのバランスがとりやすくなるため、ネガティブなエネルギーから身を守るためにも最適です。

六角柱　その場を浄化させ空間を安定させる

ポイントの先端からエネルギーを発するのが特徴で、持つ人の力を増幅させてくれます。この形の石を玄関などに置いておくと、その場を浄化し、安定させるエネルギーを放つといわれています。

六芒星　ユダヤ教由来の由緒ある形

ユダヤ教に由来する物でユダヤ教の旧約聖書に出てくるほど由緒あるものです。占いなどでもよく見かける形ですが、悪を退け、正義を貫き、幸運を呼ぶとされています。

パワーストーンの基礎知識

アイテム別パワーストーンの
エネルギー特性

パワーストーンを購入する際、ブレスレットや置石、ネックレス、ピアスなど、さまざまなアイテムがあってどれにしようか悩む方も多いはず。ここでは、アイテム別にエネルギーの特性を紹介。実際に石を選ぶ際の参考にしてみてください。

ブレスレット

エネルギーを発揮しやすいもっともポピュラーなアイテム

　パワーストーンのアイテムの中でも、もっともポピュラーといえるのがブレスレット。日常的に身につけるものなので、持ち主とエネルギーのラインをつなぐことにも最適ですし、日本的にどんな石のエネルギーにも対応してくれるので、使い勝手の良いアイテムといえます。パワーストーン初心者の方には、ぜひおすすめしたいアイテムのひとつです。また、ひとつの石だけでなく、さまざまな石を組み合わせて持てるのもブレスレットの利点のひとつ。ただし、相性の悪い石同士を組み合わせてしまうとエネルギーも半減してしまうので、組み合わせには注意しましょう。

丸玉

エネルギーバランスがよく持ち運びもできるアイテム

　石の形としては最も多いのが丸玉。天然の形状のもの、研磨加工されたものがありますが、「丸（球）」という形は「安定」を意味し、石の持つエネルギーを常に一定の状態に保ってくれる役割を果たします。一般的に、部屋に飾られることが多いですが、サイズによっては布に包んでカバンやポーチに入れて持ち運ぶことも可能です。外出時には持ち歩き、帰宅後は部屋に飾る、という使い方をすると、よりエネルギーも発揮されやすくなります。

原石

石が持つエネルギーを最大限まで発揮させる

　一切加工しない原石タイプのものは、その石が本来持っているエネルギーを発揮させるためには最も適した形です。もちろん、加工したり組み合わせることで相乗効果が生まれることもありますが、石の種類や加工方法によってはエネルギーを損なってしまうことも。単純に「石本来の力」ということであればやはり原石のまま使うのが、最も信頼できる使い方といえるでしょう。

指輪

指先から石のエネルギーを体内に取り込む

指先は石が持つエネルギーを身体に入れる際、もっとも入りやすい入口のひとつです。そのため、石の大きさが比較的小さくても指輪として身につければそのエネルギーを非常に効率的に取り込むことができます。また、指輪に使う金具はできればシルバー、ゴールド、プラチナといったものがおすすめです。

ネックレス

石の力が持ち主を癒し精神を安定させてくれる

首周りに石が直接触れるネックレスは、「癒し」や「精神的な安定」をもたらしてくれます。首は、人間の精神と非常に密なつながりを持つ部位といわれており、そこに直接石のエネルギーが作用することで精神面で大きな影響を与えてくれます。

指輪をはめる指別の効果

左手
- 親指　自分の信念を貫く
- 人指し指　積極性をアップ
- 中指　人間関係が改善
- 薬指　恋人との絆を深める
- 小指　恋の出会い

右手
- 親指　自己アピール
- 人指し指　情緒安定
- 中指　邪気から守る
- 薬指　集中力アップ
- 小指　困難を乗り越える

ピアス・イヤリング

「感覚」に鋭く作用し持ち主の才能を引き出す

耳にはとても多くの神経が通っており、そこにつけるピアス、イヤリングなどは、持ち主の「感覚面」に大きく影響します。眠っている才能を引き出したり、創造性を掻き立てたり、特にクリエイティブな分野で活躍する方におすすめしたいアイテムのひとつです。

ブローチ

心臓に近い位置に付けることで感情面に働きかける

胸につけるブローチは、感情と深い繋がりを持つことが多いといわれています。恋愛面はもちろん、ストレスや心の傷などのダメージを負った際にも、その傷を癒してくれます。身につける石としては、やはり恋愛や感情にかかわりの深いエネルギーを持った石がおすすめです。

パワーストーンの基礎知識

パワーストーンで
オリジナルアクセサリーを作ろう

最近では、パワーストーンを使って自分だけのオリジナルアクセサリーを作る人も増えています。自分で石選びから行うので思い入れも強くなりますし、なにより世界でひとつのアクセサリーとして、きっとあなたの力になってくれるはずです。

石選びから始めることでさらに密な関係を築ける

　パワーストーンをただ単に「願いを叶えてくれる石」としてではなく、おしゃれやスタイルの一環として身につけるようになった昨今。自分で選んだ石で、自分だけのオリジナルアクセサリーを楽しむ人も増えてきました。願い事や悩みに応じて、自分にぴったりの石をカスタマイズできるのも魅力ですし、なにより「自分で作った」ことで石への思いも強まり、石とあなたの関係がより密接なものになっていきます。

　最近では、自作でアクセサリーを作るキットも色々なところで購入できますし、使いたい石を選べば、オリジナルアクセサリーを作ってくれるお店も増えてきています。

　初心者におすすめなのは、やはりブレスレット。ゴムやひもに石やチャームを通すだけで手軽にできるので、手作りアクセサリーの定番になっています。

ブレスレットの作り方

◆用意するもの
　・天然石ビーズ
　・ブレスレット用ゴム（80〜100センチ）
　・手首を測るメジャー
　・ゴム通し用のワイヤー（10センチ程度）
　・はさみ

◆作り方
①メジャーで手首のサイズを測ります。手首のサイズよりも1〜1.5センチ長いサイズが理想的なブレスレットの長さになります。
②ゴムの両端を合わせて二重にし、真ん中の位置にワイヤーをかませます。
③ワイヤーを使ってビーズを通します。
④ビーズをすべて通したらゴムを結び、余った部分をはさみで切り落とします。
※ビーズだけでなく、チャームや金具を使ってもOKです。

アクセサリー作りのコツ

1 使う石はどうやって選ぶ？

あなただけのオリジナルアクセサリーですから、あなたの好みで選んでOKです。願いや悩みに適したエネルギーを持つ石、単純に好きな色、あなたや、あなたの大切な人の誕生石……。せっかくなので、色々な方法を試してみて、石選びから「楽しむ」ことをおすすめします。そうすれば、きっとあなたにぴったりの、世界でひとつだけのアクセサリーができるはずです。

2 アクセサリーを作る上での注意点は？

基本的には、NGなしと考えていいですが、やはり石同士の相性は事前に調べておくことをおすすめします。また、ブレスレットなど石が連なるタイプのアクセサリーの場合は、あまり石と石の間に異物を挟まないほうがよいでしょう。石同士のエネルギーの流れが悪くなるため、本来の力を発揮しにくくなってしまいます。ただし、シルバーやゴールドなどであれば、その影響は最小限に抑えられますし、アクセントとしていくつかチャームなどをつけるのは問題ありません。

3 作ったアクセサリーは常に身につけなければいけない？

作ってからしばらくの間は、常に身につけることをおすすめします。完成したばかりのアクセサリーは、「作る」行為そのものがプログラミングに近い役割を果たしてくれるため、エネルギーラインが繋がりやすくなっています。ですので、まずはしっかりと石とあなたをつなぐためにも、1週間程度は出来るだけ身につけて、以降はTPOに応じて使い分けることをおすすめします。

4 人にプレゼントしてもいいの？

誰かにプレゼントすることを前提として作ったアクセサリーであれば、全く問題ありません。ただし、プレゼントする前にはしっかり浄化を行い、相手にもプログラミングの方法などを伝えることで、より効果は期待できます。自分のために作ったアクセサリーの場合は、人にあげることはあまりおすすめできませんが、その場合も、しっかりと浄化をしてから譲るのが最低限守りたいマナーです。

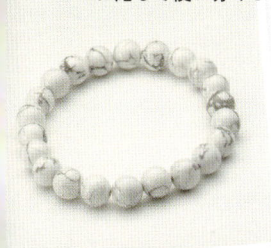

217

パワーストーン Q&A

お店で購入する際の選び方、パワーを発揮させる方法、ケアの仕方&扱い方、ここでは、パワーストーンに関するさまざまな疑問にお答えします。

パワーストーンはつねに身につけた方が良い？

A メンテナンスも兼ねて、休みを与えることも大切です。

ブレスレットなどのアクセサリーとしてパワーストーンを身につける場合、入浴や就寝時もつねに身につける方がいますが、実はあまりおすすめできません。持ち主と石の間にしっかりとした繋がりが形成されていれば、多少は外していてもその繋がりが切れることはありません。逆に、つけっぱなしにする事で石に負担をかけ過ぎてしまうこともあります。また、エネルギーを活性化させる傾向の石の場合、就寝時につけていると逆に眠りが浅くなったりすることもあります。身につけている石は、定期的に外して休息させてあげたり、浄化を行ってメンテナンスしてあげることが、石と上手に付き合っていく秘訣です。

プレゼントされたパワーストーンでも効果はあるの？

A あなたのために購入してくれた石なら、効果はあります。

誰かからパワーストーンをプレゼントされた場合も、送り主のあなたに対する思いが込められているので、そのエネルギーは十分期待できます。ただし、もともと送り主が日常的に使っていたものを譲り受けた場合は、すでに石と元の持ち主の間にエネルギーのラインができ上がっている可能性が高いので、あまり効果は期待できないかもしれません。

価格が高い石の方がエネルギーは強い？

A 関係はあるが、必ずしもそうではありません。

パワーストーンは石の種類や大きさによって、その価格はさまざまです。何百円単位で買えるものから、何十万、中には何百万もするものまで……。金額の高さは、品質と希少性が関係しています。同じパワーストーンでも、産地や品質によって価格が違いますし、単純に産出量が少なく、世の中にあまり出回っていないものは高くなる傾向があります。しかし、比較的安価な石の中にも、エネルギーの高いものはあります。また、持ち主とのエネルギーの相性もあるので、一概に「価格が高い=エネルギーが高い」とはいえません。価格はあくまでも私たち人間が決めた目安です。ただし、高額のお金(対価)を払ったことによる持ち主の「意思」が、エネルギーに影響することはあります。それなりの対価を払って手に入れたものであれば、当然大切に扱いますし、その「意思」も強くなります。逆に、あまり対価を払わずに手に入れたものであれば、扱いも雑になりがちですし、「意思」も弱まるので、パワーストーンのエネルギーがその「意思」に影響されることはあるようです。

Q4 傷がついたパワーストーンでも効果はありますか？

A 最初からついている傷なら、特に問題はありません。

天然のパワーストーンの中には、最初から表面に傷がついていたり、中に亀裂が入っているものもあります。それ自体は、特にエネルギーに影響することはないので、問題はありません。手に入れた後についた傷も、気にならないようであればそのまま使っても大丈夫ですが、装飾品としては使えないほどの大きな傷ができたり、割れてしまった場合は、その役目を終えたともいえます。そういった場合は、しっかりと浄化したうえで保管しておくか、処分しても問題ありません。

Q5 パワーストーンの効果はどのぐらいで現れますか？

A 人それぞれなので、あせらず石と付き合ってみてください。

手に入れたその日に効果を感じる人もいれば、数カ月後、1年後に感じる人もいます。効果を実感しやすくするには、石と触れ合い、大切にすることで、石との波長が合い、サポートを受けやすくなるといわれています。石を持ってすぐの段階は、目に見えないエネルギーレベルで願い事がかなっていく過程が始まります。日常の小さな幸運や、物事がスムーズに運ぶなど、小さな変化を見逃さないようにしながら、石を信頼し、感謝の気持ちをわすれずに接するよう、心がけましょう。

Q6 アクセサリー以外で身につける方法は？

A ポケットやカバンに入れて持ち歩く方法があります。

パワーストーンを身につける方法は、ブレスレットなどのアクセサリーが一般的ですが、石そのものをポケットの中に入れたり、バックに入れて持ち歩くこともできます。バックに入れるときは柔らかい布に包んだり、ポーチに入れて、傷がつかないように気をつけましょう。身につけない時は、部屋に石を置くスペースを作って、セージやお香などで浄化し、触ったり、眺めたりしてできるだけ石とのコミュニケーションをはかりましょう。

Q7 石を失くしてしまいました。

A 役目を終えたと思って、お別れしましょう。

パワーストーンが失くなってしまった時は、その役目を終えたと考えてもよいでしょう。願い事が叶ったり、あなたの身代わりになってくれたり、護符のような役目を果たしてくれたのです。もしくは、あなたにとってその石を手にするのはまだ早過ぎたか……。いずれにせよ、失くしてしまった場合は、あなたにとって必要なくなったのだと考え、感謝の気持ちを込めてお別れしましょう。

パワーストーン用語集

インクルージョン

よく使われる「インクルージョン」とは、結晶の成長段階で含まれる水や空気、他の鉱物などが取り込まれた状態。主に水晶（石英）系に多く、天然のものはほとんどこのインクルージョンが含まれ人工の物と見分ける判断材料として用いられる場合もあります。トルマリン水晶やルチルクォーツなどもインクルージョンとなり、含まれるものによっては通常より値段が高くなる場合も。水晶では苔や岩石などが含まれ地形のような模様が入っているものを「ガーデン」、一度成長がとまり、再度成長することにより内部に山のような模様が入っているものは「ファントム」と呼ばれます。木の樹液が結晶となった琥珀には虫入りなどが有名ですが、これもインクルージョンとなります。

スター効果

共通の中心から放射線状に伸びた数本の光の帯がまるで星に見えます。その光の帯は光源（ペンライトなど）を揺らすと星も動きます。別名アステリズムともいいます。

波動

石が持つ「振動」（バイブレーション）のことを波動といいます。

硬度

硬度とは物質の硬さの程度を表す尺度です。物質の硬さは別の物質と、こすりつけることによって調べます。ダイヤモンドは最も硬い物質です。全ての物質にキズをつけることができます。硬さと強さは同じものと思われがちですが、全く異なったものなので注意してください。硬いとは、ひっかいた相手にキズをつけるという意味であって、衝撃に対して強いという意味ではありません。

イリデッセンス

光の干渉によって、鉱物が虹色に輝く光学現象です。鉱物には、結晶内部に周期的な構造を持っており、光に照らされると、発生します。名称はギリシャ神話の虹の女神 Iris に因んでいます。

プログラミング

石に自分の思いや思念を込め、それを叶えるためにどんな行動をすればいいのかを石に記憶させることをいいます。

石と時間を共有することで、自然とプログラミングされていきますが、意図的にエネルギーを強化するような方法もあります。プログラミングによって強化されるのは、もともとその方向の性質を持つ石だけです。

キャッツアイ効果

猫目効果（キャッツアイ効果）とは、宝石内部で反射された光が宝石の外部に集まって、線条（白い光の帯）が出現する効果です。中央の山高部に上下方向の白い線が見えます。これが線条です。正面から覗くと、線条は中央部に位置していますが、宝石を少し動かして角度を少し変えると、線条の位地は予想以上に大きく動きます。

男性性・女性性

仕事運や金運など男性的なエネルギー傾向が強い石を「男性性が高い」、恋愛運など女性的なエネルギー傾向が強い石を「女性性が高い」といいます。あくまでもエネルギーの特性を指すので、例えば女性が男性性の高い石を持っても、特に問題はありません。

宇宙的エネルギー

宇宙から降り注いでいるといわれるエネルギーのことです。

隕石などは宇宙に繋がるエネルギーを発しているとされています。

アバンダンス

小さなポイント（石のとがった部分）が集まったクラスターから大きなポイントがでているものをアバンダンスと呼びます。この形は「豊かさ」を象徴する石とされています。

INDEX

あ

アイアンタイガーアイ ……………206
アイオライト …………………………163
アイスクリスタル ……………………185
アクアオーラ …………………………153
アクアマリン …………………… 35,57
アゲート ………………………………182
アズライト ………………………56,164
アズライトマラカイト ………………203
アゼツライト …………………………186
アパタイト ……………………………69
アベンチュリン ………………… 17,70
アホイ イン クォーツ ………………154
アポフィライト ………………………187
アマゾナイト ………………………25,73
アメジスト …………………………37,77
アメトリン ……………………………37
アラゴナイト …………………… 35,124
アレキサンドライト …………………203
アンバー ……………………………25,61

い

イエローフローライト ………………125
インペリアルトパーズ ………………118

う

ウォーターメロントルマリン ……… 27,207

え

エピドート ……………………………144
エメラルド …………………………16,41
エレスチャルクォーツ ………………184

エンジェライト ………………… 35,67

お

オーシャンジャスパー ………………204
オニキス ………………………… 32,99
オパール ……………………… 21,27,202
オブシディアン ……………………29,51
オレンジカルサイト …………………120

か

ガーネット …………………… 29,33,46
カーネリアン …………………… 14,115
カバンサイト …………………………165
ガレナ …………………………………176

き

ギベオン隕石 …………………………178
キャッツアイ ………………………23,100
キャンドルクォーツ …………………198

く

クリアクォーツ ………………………72
グリーンガーネット …………………145
グリーントルマリン …………………149
クリソコラ …………………………19,42
クリソプレーズ …………………… 15,52
クロコアイト …………………………111
クロムダイオプサイト ………………147
クンツァイト ………………………17,68

こ

コーラル ……………………………25,80
ゴールデンオーラ …………………128
ゴールデンオブシディアン ……………98
ゴールデントパーズ …………… 23,31,86
ゴールデンヒーラーズレムリアン……… 119
ゴールデンベリル ……………………19
ゴールド ………………………………123
コスモオーラ …………………………166

さ

サードオニキス …………………15,24,47
サーペンティン ………………………129
サファイア …………………………27,50

221

サルファー …………………………… 130
サンストーン …………………………… 22

し

シーブルーカルセドニー ……………… 159
ジェイド …………………………… 17,65
ジェット …………………………… 33,101
ジェムシリカ …………………………… 155
シトリン …………………………… 15,31,60
シナバー …………………………… 112
シャーマナイト ………………………… 110
シュンガイト …………………………… 102
ジララライト イン クォーツ ……………… 160
シルバールチルクォーツ ……………… 179

す

水晶 ……………………………………… 180
スーパーセブン ………………………… 204
スキャポライト ………………………… 172
スギライト …………………………… 37,84
スターホーランダイトインクォーツ …… 199
スタウロライト ………………………… 82
スティブナイト ………………………… 177
スティルバイト ………………………… 55
ストロベリークォーツ ………………… 132
スノーフレークオブシディアン ………… 103
スパイダーウェブオブシディアン ……… 104
スフェーン ……………………………… 140
スモーキークォーツ …………………… 96

せ

ゼオライト ……………………………… 193
セラフィナイト ………………………… 146
セレスタイト …………………………… 34,156
セレナイト ……………………………… 191

た

ターコイズ …………………………… 31,58
ダイオプテーズ ………………………… 44
タイガーアイ ………………………… 23,62
ダイヤモンド ………………………… 15,47
タンザナイト …………………………… 167
ダンビュライト ………………………… 183

ち

チャロアイト ………………………… 29,85,169
チューライト …………………………… 139

つ

ツインクォーツ ………………………… 27

て

ティファニーストーン ………………… 171
テクタイト ……………………………… 105
デザートローズ ………………………… 71
デンドライト …………………………… 200

と

トルマリン ……………………………… 83

な

ナトロライト …………………………… 195

ぬ

ヌーマイト ……………………………… 106

ね

ネフライト ……………………………… 148

は

ハーキマーダイヤモンド ……………… 81
パープライト …………………………… 174
パール …………………………………… 188
ハイパーシーン ………………………… 107
パイライト ……………………………… 53
ハウライト ……………………………… 189
ハックマナイト ………………………… 205

ひ

ピーターサイト ………………………… 108
ヒューランダイト ……………………… 199
ピンクオパール ………………………… 133
ピンクカルサイト ……………………… 138
ピンクカルセドニー …………………… 139
ピンクスミソナイト …………………… 134
ピンクトパーズ ………………………… 135

ピンクトルマリン ……………… 31,137

ふ
ファイヤーアゲート ……………… 117
ファントムクォーツ ……………… 194
フェナカイト ……………………… 196
フックサイト ……………………… 151
ブラックスピネル ………………… 110
ブラッドストーン ………………… 78
ブルーアゲート …………………… 19
ブルーカルセドニー …………… 19,66
ブルートパーズ …………………… 157
ブルートルマリン ………………… 18
ブルーレースアゲート ………… 17,64
プレナイト ………………………… 75
フローライト …………………… 36,59

へ
ベスビアナイト …………………… 150
ペトリファイドウッド …………… 205
ヘマタイト ………………………… 54
ヘミモルファイト ………………… 161
ペリドット ……………………… 25,141

ほ
ホークスアイ …………………… 33,49
ボージーストーン ………………… 93
ボツワナアゲート ………………… 206

ま
マーカサイト ……………………… 122
マザーオブパール ………………… 192
マラカイト ……………………… 28,142
まりも水晶 ………………………… 197

み
ミルキークォーツ ………………… 190

む
ムーンストーン ………………… 20,79

め
メタモルフォーシス ……………… 200

も
モスアゲート …………………… 21,74
モスコバイト ……………………… 113
モリオン …………………………… 109
モルガナイト …………………… 37,76
モルダバイト ……………………… 143

ゆ
ユーディアライト ………………… 114
ユナカイト ………………………… 150

ら
ラピスラズリ …………………… 30,48
ラブラドライト ………………… 33,202
ラベンダーアメジスト …………… 170
ラリマー …………………………… 158

り
リビアングラス …………………… 130
リンガム …………………………… 94

る
ルチルクォーツ ……………… 29,87,127
ルビー …………………………… 23,63
ルビーインゾイサイト …………… 207

れ
レインボーオブシディアン ……… 109
レピドライト ……………………… 173
レモンクォーツ ………………… 21,126

ろ
ローズオーラ ……………………… 136
ローズクォーツ ………………… 26,40
ロードクロサイト ……………… 35,43
ロードナイト …………………… 21,45
ロシアンレムリアン ……………… 181

わ
ワーベライト ……………………… 151
ワイルドホース …………………… 95

著者紹介

天晶　礼乃（てんしょう・あやの）

パワーストーンと占術を組み合わせることによりその人に合った石の選び方を提唱。「カイロンカフェ」「占術スクールカイロン」を運営する株式会社カイロン代表。著書に『パワーストーン幸せ事典』、『幸せになる！パワーストーンハンドブック』（ともに池田書店）がある。

●カイロンカフェ　https://www.chiron-school.com/

須田　布由香（すだ・ふゆか）

ネイチャーワールド株式会社・取締役。2003年にフラワーエッセンスに出会い、次第にその魅力に惹かれる。以来、エッセンスの普及活動に専念しながら、パワーストーンをはじめ、様々なヒーリングを実践している。また、フラワーエッセンスとパワーストーンを使用したヒーリングに精通している。パシフィック、パワーオブフラワーヒーリング等、多くのフラワーエッセンスプラクティショナーであり、クリスタルヒーリング認定ヒーラー、プラニックヒーリング認定ヒーラー、エナジーダウンジング認定ダウザー、オラクルカードリーダーでもある。

●ヒーリングショップ・ピュアリ　https://natureworld.co.jp/

監修者紹介

玉井　宏（たまい・ひろし）

天然石やフラワーエッセンスなどヒーリンググッズを取り扱うネイチャーワールド株式会社の代表取締役。直営店・ピュアリでは、お客様の立場での品揃えをモットーに、高品質でリーズナブルな価格の商品を数多く揃えており、顧客からの信頼が厚い。「購買代理店」「マーケットアウト」「持たざる経営」「オープンポリシー」など、ユニークな経営戦略で知られる株式会社ミスミにて、常務取締役として長年新規事業戦略に携わり、「経営の原点は"お客様のニーズ"である」をモットーとしている。

デザイン	真野デザイン事務所 （真野恵子、三宅政吉）
撮影	山下令
イラスト	小巻
画像協力	Shutterstock .com
編集協力	株式会社テンカウント （成田すず江、花田雪、鈴木昌洋、保ངa恵那）
編集担当	梅津愛美 （ナツメ出版企画株式会社）

一番くわしいパワーストーンの教科書

2014年7月10日　初版発行
2024年12月1日　第16刷発行

著　者	天晶礼乃／須田布由香　©Tenshou Ayano,2014　©Suda Fuyuka,2014
監　修	玉井宏　Tamai Hiroshi,2014
発行者	田村正隆
発行所	株式会社ナツメ社 東京都千代田区神田神保町1-52 ナツメ社ビル1F （〒101-0051） 電話 03-3291-1257（代表）　FAX 03-3291-5761 振替 00130-1-58661
制　作	ナツメ出版企画株式会社 東京都千代田区神田神保町1-52 ナツメ社ビル3F （〒101-0051） 電話 03-3295-3921（代表）
印刷所	株式会社リーブルテック

ISBN 978-4-8163-5628-5　　Printed in Japan
＜定価はカバーに表示してあります＞
＜乱丁・落丁本はお取り替えします＞

本書の一部または全部を著作権法で定められている範囲を超え、ナツメ出版企画株式会社に無断で複写、複製、転載、データファイル化することを禁じます。

本書に関するお問い合わせは、書名・発行日・該当ページを明記の上、下記のいずれかの方法にてお送りください。電話でのお問い合わせはお受けしておりません。
・ナツメ社webサイトの問い合わせフォーム
　https://www.natsume.co.jp/contact
・FAX（03-3291-1305）
・郵送（左記、ナツメ社宛て）
なお、回答までに日にちをいただく場合があります。正誤のお問い合わせ以外の書籍内容に関する解説・個別の相談は行っておりません。あらかじめご了承ください。

ナツメ社Webサイト
https://www.natsume.co.jp
書籍の最新情報（正誤情報を含む）はナツメ社Webサイトをご覧ください。